꺼지지 않는 오월의 불꽃

5·18 광주혈사

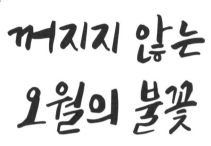

꺼지지 않는 오월의 불꽃

5 · 18 광주혈사

김삼웅

두레

'형이상학적인 죄'의 부채감에서

2020년은 5·18 광주민주화운동 40주년이 되는 해다.

'5·18'이라는 숫자, '광주'라는 지명, '민주화운동'이라는 사회과학
용어, 그리고 '40년'이라는 시공時空이 우리를 여리게 한다. 광주폭동
또는 광주사태라 일컫던 이름은 이제 광주항쟁, 광주민주화운동으
로 정명正名을 찾았다. 그러나 40년 세월이 지나는 동안에도 여전히
진실이 밝혀지지 않고 의문으로 남은 게 있다. "누가? 왜? 어떻게?"

역사적으로 큰 사건이나 사태는 대체로 '진상 규명→책임자 처벌
→보상(배상)→바른 기록'이라는 과정을 거쳐 마무리되는 것이 상례
이다. 그런데 유독 5·18 광주민주화운동은 첫 단계인 진상 규명에
서부터 벽에 부딪혀 한 걸음도 떼지 못하고 있다.

그 이유는 여러 가지이다. 그러나 그중 가장 큰 원인은 '가해세력
의 존재'일 것이다. 광주학살의 원흉은 여전히 왕년의 부하(공범)들과
어울려 골프를 치고, 허위사실로 역사를 버젓이 왜곡하는 회고록을
쓰고, 그가 만들었던 정당의 후예들은 광주에 대한 망언을 일삼고
민주화의 발목을 잡는다.

2018년 9월, 국회는 국가 차원에서 5·18 광주민주화운동의 진실

을 밝히기 위한 '5·18진상규명조사위원회' 구성의 결의안을 채택하고 관련 입법도 마련했다. 그러나 자유한국당(지금의 미래통합당) 소속 의원들이 잇달아 5·18 망언을 쏟아내고, 국회가 추천하는 조사위원으로 자격 요건조차 갖추지 못한 인물을 추천하는 등 딴지를 걸었다. 그래서 1년이 넘어서야 간신히 '5·18진상규명조사위원회'가 출범한 상태이다.

소속 의원들이 "종북좌파들이 판을 치며 5·18 유공자라는 괴물을 만들어 우리의 세금을 축내고 있다"라거나 "5·18은 폭동"이라는 망언을 내뱉어도 당은 솜방망이 징계로 일관했다. 제1야당의 이 같은 분위기에서 극우세력들은 '5·18 북한군 개입설'이라는 가짜뉴스를 꾸준히 퍼뜨리고 있다.

그동안 정부 차원의 5·18 진상조사가 없지는 않았다. 1988년 국회 청문회, 1995년 검찰 수사와 1997년 재판, 2007년 국방부 과거사진상규명위원회 활동 등이 있었다. 그러나 발포 명령자, 민간인 희생자 숫자, 행방불명된 사람들, 암매장 장소, 헬기 총격 실태, 미국의 역할 등 핵심 사실들은 여전히 베일에 싸인 채 밝혀지지 않고 있다. 그래서 국회가 뒤늦게나마 5·18진상규명조사위원회를 구성했으나, 아직까지 제대로 성과를 내지 못한 상태이다. 이제 2020년 총선으로 발목잡기 수구세력이 크게 약화되었으니, 제대로 활동할 수 있게 되기를 기대한다.

광주항쟁은 해방 이후 제주 4·3 항쟁, 6·25 한국전쟁에 이어 가장 많은 국민이 희생된 비극적인 사건이다. 6·25는 전쟁이고, 제주 4·3은 엄격한 의미에서 미 군정기에 시작된 참사이기에, 사실상

'5·18 광주민주화운동'이 최대의 국민 대량학살 사건이다. 4·19 혁명보다 더 많은 희생자를 냈고, 훨씬 더 잔혹하게 진행되었다.

광주민주화운동은 1979년에 12·12 군사반란을 주도한 정치군인들의 헌정파괴 행위인 5·17 쿠데타에 맞선 광주시민과 전남도민의 위대한 항쟁으로 시작되었다. 국내적으로는 '동학농민혁명→3·1 혁명→4·19 혁명'으로 이어지는 민중혁명의 계승이요, 국제적으로는 1789년 프랑스 혁명에서 기원하는 시민저항권 사상의 계승이다. 그리고 이러한 정신은 촛불혁명으로 승화되었다.

박정희의 품에서 자란 전두환을 수괴로 하는 신군부 반란세력은 박정희 정권이 조장한 호남차별의 그릇된 사고에서 광주를 희생양으로 삼았다. 자신들이 집권하는 데 최대 걸림돌로 인식한 김대중을 제물로 만들기로 했다.

광주를 콕 찍어 분란지점으로 택한 것은 박정희 정권이 18년 동안 조성한 '호남적대' 정책으로 인해 설혹 저항이 일어나더라도 그 불씨가 여타 지역으로 번져나가지 않을 것이라고 내다보았기 때문이다. 여기에 김대중을 엮어서 정적을 제거하는 일석이조一石二鳥의 효과를 노린 것이다.

5·17 쿠데타에 서울을 비롯해 모든 지역이 침묵했다. 반유신투쟁을 줄기차게 전개해온 서울의 대학가도 마찬가지였다. 그럴 때 광주의 대학생들이 유일하게 저항의 횃불을 들었다. 학생들이 처참하게 진압당하자 이를 보다 못한 시민들도 학생들과 함께하며 마침내 무장을 갖췄다. 해방 이후 시민들이 무장하고, 민주헌정을 짓밟은 폭력적 공권력과 맞서기는 처음 있는 일이었다.

조직되지 않은 '비조직'의 광주시민군은 신군부 반란군과 대치하면서 도청을 중심으로 시민들과 공동체를 이루었다. 이것은 동학혁명 때 호남 53개 군현에서 실시한 집강소의 정신이고, 프랑스 혁명 때 파리 근교에서 실행한 공동체(코뮌) 운동과 크게 다르지 않았다.

광주시민들은 부상자를 도우려고 헌혈을 하기 위해 길게 줄을 섰다. 여성들은 '주먹밥'을 만들어 음료수와 함께 군인들에게도 나눠주었다. 많은 시민이 무장을 했는데도 시내 은행이나 백화점, 금은방 등 어느 곳 하나도 털리지 않는, 뛰어난 도덕성과 공동체 의식을 보여주었다.

광주민주화운동은 엄청난 희생을 치르면서 1980년대 이후 한국의 민주화를 이끄는 활화산이 되었고, 마침내는 전두환을 몰락시킨 1987년 6월항쟁의 도화선이 되었다. 또한 미국의 책임을 묻고 남북화해를 촉진하는 신민족주의 사상이 싹트는 토양이 되었다. 향후 어떠한 독재자도 용납하지 않는다는 불굴의 저항정신은 촛불혁명의 불씨로 이어졌다.

그러나 광주민주화운동은 이와 같은 역사성과 함께 반역사 현상도 남겼다. 5·17 쿠데타의 주범 전두환과 그 공범들은 여전히 건재하다. 광주항쟁을 폭도로 몰았던 언론과 망언을 계속하는 정치세력은 광주가 살린 민주주의 체제를 무너뜨리기 위해 민주제도를 악용하고 있다.

봉건군주시대 사람인 맹자도 "백성을 학대한 죄는 반드시 물어야 한다以討虐民之罪"라는 시민저항권 사상을 주창했다. 그렇다. 죄는 물어야 하고, 용서는 죄지은 자가 잘못을 반성할 때에만 가능하다.

5·18 전경화 〈대동세상〉. 시민군이 도청을 장악하고 광주는 질서를 회복하기 시작했다.

5·17 신군부 쿠데타 주동자, 즉 '죄지은 악당들'은 한 사람도 사죄하지 않았다. 사죄는커녕 기회만 있으면 광주 희생자와 유족들을 향해 망언을 일삼는다.

'척구폐요跖狗吠堯'라는 말이 있다. 도척盜跖(중국 춘추시대의 도적 우두머리)의 밥을 먹는 개는 아무리 자기 주인이 악당이라도 주인이 시키면 요堯임금과 같은 성인에게까지 서슴없이 짖어댄다는 뜻이다. 5공의 악인들과 그 후예들은 민주주의를 향해, 광주를 향해 여전히 짖어대고 있다.

철학자 칼 야스퍼스는 전후 독일인의 '4가지 죄'를 들어 일대 참회운동을 전개하자고 역설했다. 4가지 죄는 형사상의 죄, 정치상의 죄, 도덕상의 죄, 형이상학적인 죄를 말한다. '형이상학적인 죄'란 히틀러 치하에서 싸우지 않고 살아남았다는 것을 일컫는다.

필자는 동시대인으로 당시 서울에 살면서 광주항쟁 때 싸우지 못한 부채감에서 '5·18 광주혈사'를 쓴다.

5공 정권을 비정통으로 만든 광주항쟁

전두환 신군부의 5·17 쿠데타 당시 광주항쟁이 없었다면 우리는 민주주의를 누릴 자격이 없는 국민으로 의심받을 수 있고, 이후 민주화운동은 크게 지체되었을지도 모른다.

박정희의 5·16 쿠데타와 유신정변을 겪은 한국민이 또다시 그의 후계자들에 의한 '예고된 쿠데타'를 당하고도 저항에 나서지 않았다면 국제사회에 부끄러움을 면키 어려웠을 것이다. '예고된'이라는 표현은 1979년 신군부가 12·12 사태로 군권을 탈취할 때부터 정권 찬탈이 충분히 예고되었기 때문이다.

5·18은 민주주의를 지키려는 국민저항권의 발동이었다.

박정희의 무소불위한 18년 독재가 '박정희의 암살'이라는 뜻밖의 사태로 막을 내리고 국민은 '서울의 봄'을 맞이했다. 독재자가 부하에게 암살되는 모습을 지켜보면서, 국민은 다시는 이 땅에 어떠한 형태의 독재도 용납하지 않겠다는 결연한 의지를 다지고, 민주정부가 하루빨리 수립되기를 기대했다. 그런데 뜻밖에도 화창한 5월에 일진광풍이 휘몰아치고, 국민은 비상계엄령의 공포 속에서 숨을 죽여야 했다.

그때 광주시민들과 전남도민들이 떨치고 일어났다. 중무장한 계엄군에 시민과 학생들이 맨손으로 도전한다는 것은 여간 어려운 일이 아니다. 국회가 해산되고, 각급 언론사와 정부기관에 탱크가 진을 친 상황에서는 아무리 대범한 사람이라도 말할 수 없는 공포에 휩싸이기 마련이다.

1960년대와 70년대에 아시아·아프리카 제국에서 잇따라 발생한 군부 쿠데타는 무장한 위력으로 국민을 겁주면서 진행되었다. 군부는 국민을 공포감에 떨게 하면서 권력을 장악하고, 그 뒤에는 폭력으로 정권을 유지했다. 이렇게 막강한 힘으로 억압하는 독재권력에 저항하는 사람들은 힘없이 목숨을 빼앗겨야 했다.

지금도 일부에서는 광주민주화운동을 지역적인 문제라고 폄훼한다. 김대중이 구속되자 이를 못마땅히 여긴 광주와 전라남도 지역의 일부 사람들이 일으킨, 지역주의에 기반한 사건이라고 말이다. 광주항쟁은 당시 '김대중 석방'을 요구하는 주장도 포함되지만, 그것이 광주항쟁의 원인이거나 동기, 목표는 아니었다.

물론 그 지역 출신의 유력 정치인이 박정희 군사독재정권으로부터 모진 탄압을 받으면서도 간신히 살아남아 활동하던 중에 다시 전두환 신군부에 의해 체포된 사실에 지역민들이 분노하고 저항하는 것은 당연한 일이다.

그러나 광주항쟁이 추구한 가치와 큰 목표는 김대중 석방이 아니라 쿠데타의 주범 전두환 타도와 계엄령 해제였다. 민주주의를 짓밟은 전두환을 타도하고, 불법적인 계엄령을 해제하고, 민주화를 이루자는 것이었다. 한마디로 집약하면 '민주화'였다. 민주주의는 3·1 혁명으로 출범한 대한민국 임시정부로부터 대한민국이 추구해온 '민주공화'의 기제에 속한다.

광주항쟁은 이승만과 박정희가 훼손하고, 다시 전두환이 짓밟은 민주주의의 회복을 요구하는 국민저항권의 발로였다. 지역성과 정파성을 뛰어넘는 보편적인 가치였다. 국민의 세금으로 운영되는 군인들이 독재자의 하수인으로 전락하여 주권자에게 총질을 하자, 시민들은 마침내 시민군을 편성하고 무장을 하게 되었다. 그야말로 정당방위 차원이다.

현대사 연구에 해박한 한 연구가는 5·18 광주항쟁을 다음과 같이 분석했다.

"지금의 시점에서 우리가 보는 광주민중항쟁은, 첫째, 우리의 근·현대사를 통해 꾸준히 이어져온 피지배 민중층의 부당한 권력, 포학한 권력에 대한 항쟁의 연속선상이며, 둘째, 그것은 역시 우리 근·현대사 위에 지속적으로 추진되어온 민족운동의 일환으로서의 민주화운동의 폭발이며, 셋째, 그것은 또 우리 근·현대사를 통해 반일운동에 한정되다시피 한 반외세운동의 하나의 새로운 전환점이 되었고, 넷째, 그것은 또 이 시대 민족운동의 중요한 요소로서의 민족통일운동을, 특히 그 민간운동을 활성화시킨 하나의 계기가 되었다. 다섯째, 이 항쟁은 또 이 시대의 종합적인 의미에서 민중민족운동의 하나의 표본이라 할 수 있을 것이다."[1]

광주항쟁은 독재자 박정희의 암살이라는 사태에서도 군부 일각이 교훈을 배우지 못하고 권력에 눈이 멀어 역사를 반동으로 몰아가는 반역에 저항하는 의거였다. 이 의거가 비록 성공하지는 못했으나 전두환 5공 정권을 비정통적·반동세력으로 규정함으로써 향후 한국 민주주의 발전의 지향점을 제시했다.

광주민중항쟁은 그것이 실패한 것이었음에도 불구하고 군부집단의 소위 5공을 비정통적 집단으로 규정하는 확고한 근거를 주었다는 데서 중요한 역사적 의의를 지니고 있다. 5공 수립을 위한 군부의 반동적 시도에 저항함으로써 역사에서 민족민중적 세력은 소위 5공의 비정통성을 규정하고 역사 앞에 이것을 제기할 수 있는 근거를 마련한 것이다. 이런 의미에서 5공 수립 이후 오늘에 이르는 민족민중운동의 저항논리의 근거는 광주민중항쟁에서 획득한 것이라고 말할 수 있다.

광주민중항쟁은 저항에 의해 군부정권의 비정통성을 규정함으로써 민족민중운동의 합법성을 쟁취했다는 것이다. 역사에서 억압당했던 민족민중적 요구는 광주민중항쟁을 계기로 역사의 정면에 제기되고 이것은 연이어지는 투쟁을 통해 광주민중항쟁의 정당성을 모두에게 인정케 함으로써 민족민중운동의 정당성을 확고히 한 것이다.

즉 이제 부당한 것에 대해서는 민중이 항쟁할 수 있다는, 또 항쟁해야 한다는 근거를 마련한 것이다. 광주민중항쟁의 공인은 그런 측면에서 우리의 역사에서 중요한 의미를 지니고 있다.[2]

스페인의 독재자 프랑코가 죽었다는 소식을 듣자, 프랑스의 철학자 장 폴 사르트르는 《르몽드》에 기고한 글에서 "저런 살인마가 어떻게 자기 침대에서 죽다니……"라며 개탄했다고 한다. 오래전에 읽은 이 말이 새삼 가슴을 울리는 것은 무슨 까닭일까?

차례

신군부 쿠데타의 전사 前史

전두환은 어떤 인물인가?

1961년 5·16 군사 쿠데타를 주동한 인물은 박정희였다. 그로부터 만 19년 뒤인 1980년 5·17 군사 쿠데타를 주동한 인물은 전두환이다.

쿠데타를 일으킬 당시 박정희는 44살이었고, 전두환은 49살이었다. 두 사람 모두 육군 소장이었다. 박정희는 경북 선산군 구미 출신이고, 전두환은 경남 합천에서 태어났다. 만주군관학교에 이어 일본 육사를 나온 박정희는 육사 2기였고, 전두환은 육사 11기였다. 전두환에게 박정희는 본받고 싶은 인물이었다.

전두환이 30살 때인 1961년 4월에 육군본부 특정감실 기획과 장대리로 전속되어 ROTC 창단준비위원으로 활동하고 있을 즈음 5·16 군사 쿠데타가 일어났다.

전두환은 5월 18일 당시 육사 교장 강영훈의 반대에도 생도들의 쿠데타 지지 데모를 주도해 성사시켰다. 강영훈은 '반혁명 장성 1호'로 서대문교도소에 수감되었다가 미국으로 강제 유학을 떠났다. 장도영이 축출되고 박정희가 실권을 장악한 뒤 국가재건최고회의 의장이 되면서 전두환은 의장실 민원담당 비서관으로 전속되었다.

30살에 현역 군인 대위의 신분으로 '나는 새도 떨어뜨린다'는 국가재건최고회의 의장 민원담당 비서관이라는 권력 핵심부에 들어간 것이다. 그의 권력욕은 이때부터 싹트기 시작했다. 이듬해 중앙정보부 인사과장으로 5개월간 근무한 뒤 육군본부 인사참모부에 배속된다.

전두환은 국가재건최고회의, 중앙정보부, 육군본부에서 모두 요직 중의 요직만을 거쳤다. 박정희의 입김이 있었을 것이다. 그 무렵 5·17 쿠데타를 함께 일으킨 육사 11기 동기인 노태우는 육군 방첩대에서 근무했고, 손영길은 박정희 의장 전속 부관이었다.

전두환은 1966년 11월에 중령으로 진급한 뒤 1공수특전단 부단장을 거쳐 1967년 8월에 수도경비사령부 30대대 대대장이 된다. 1969년에 육사 11기생 동창회인 북극성회 회장이 되고, 대령으로 진급하고, 서종철 육군참모총장의 수석부관을 지낸 뒤 1970년에 9사단 29연대 대대장으로 베트남전에 참전한다. 1년 뒤에 귀국하여 1공수특전단 단장이 되고, 1973년에 준장으로 진급하여 청와대 경호실 차관보가 되어 박정희의 지근거리로 돌아온다. 이때 청와대 경호실장은 '피스톨 박종규'였다.

1974년 8월 15일, 박정희 부인 육영수가 광복절 기념식장에서 괴한의 총에 사망하자 경호실장이 박종규에서 차지철로 교체되었다. 전두환은 1977년에 소장으로 진급하고, 1978년에 보병 1사단장이 되고, 1979년 3월에는 보안사령관에 임명된다. 박정희는 중앙정보부와 국군보안사령부의 양축으로 유신체제를 유지했는데, 전두환이 한 축을 맡게 된 것이다. 당시 중앙정보부장은 김재규였다.

1979년은 한국 현대사의 일대 변곡점이 되는 해이다. 10월 26일에 박정희가 부하였던 김재규의 손에 암살되자, 정부는 제주도를 제외한 전국에 계엄령을 선포했다. 계엄법에 의거해 전두환은 합동수사본부장이 된다. 전두환은 10월 27일 새벽 1시에 김재규를 체포하고, 12월 12일에 정승화 계엄사령관을 체포했다. 다음 날인 13일, 이희성이 계엄사령관에 취임한다.

1980년 2월 6일에 정승화는 계엄보통군법회의에서 내란방조죄로 기소되고, 4월 14일에 전두환은 최규하 대통령에 의해 중앙정보부장서리에 임명된다. 현역 군인은 중앙정보부장이 될 수 없었다. 그런데도 '서리'라는 꼬리표를 달고 중앙정보부장이 되는 탈법을 저질렀다. 이로써 국군보안사령관과 중앙정보부장이라는 국가의 양대 정보기관을 전두환이 꿰차게 된다.

전두환의 개인적 전력도 살펴보자.

그는 경상남도 합천군 율곡면 여천리에서 일곱 남매 중 다섯째로 태어났다. 1940년, 가족이 중국 간도로 이주했다가 1941년에 다시 대구로 이주했다. 1944년에 희도공립국민학교에 편입하고, 1947년 대구공립공업중학교 기계과에 입학했다.

1954년 6월, 전두환은 육사 참모장이던 이규동의 딸 이순자를 처음 만났다. 육사가 태릉교정으로 옮겼을 때였다. 그때 이순자는 중학생이었다. 이순자는 이후 이화여자대학교 의과대학을 졸업하고, 두 사람은 1959년 1월에 결혼한다.

전두환은 중령으로 진급할 때까지 8년간 처가살이를 했다. 전두환에게 집권을 부추긴 사람은 처가 쪽이었다. 결혼하던 해에 첫째 아들 재국이, 1964년에 둘째 아들 재용이 태어났다. 전두환이 승승 장구하는 데에는 박정희의 뒷배와 함께 처가 쪽 인맥이 있었다. 그들은 사위가 집권한 뒤에 부패의 패밀리가 되었다.

이규동은 육사 2기다. 1911년 11월 7일생으로 알려져 있다. 그의 젊은 시절은 알려지지 않았다. 해방 뒤 육사 2기로 박정희와 함께 훈련받았다. 전두환이 아직 육사 생도이던 1954년 육사 참모장이 됐다. 군 생활 내내 보급과 살림을 도맡았다. 육군본부 경리감을 끝으로 육군 준장으로 예편했다. 대한노인회장을 지냈다. 동생 이규승과 이규광도 둘 다 군인이다.

이규광은 훗날 박정희의 사설 정보대를 이끈다. 1979년 말 전두환에게 집권을 권유한 게 이규광이었다고 작가 천금성은 주장한다. 이순자의 동생 이창석까지, 전두환의 장인 집안이 패밀리 비즈니스를 책임졌다.[1]

박정희는 쿠데타를 일으키고 '원대복귀'의 공약을 저버리면서 민정참여를 앞두고 전역을 했다. 전역식에서 다시는 자신과 같은 불행한 군인이 없기를 바란다고 말했다. 진정성이 없는 레토릭이었으나 그 울림은 적지 않았다.

박정희의 권력 아래서 성장한 전두환과 그 일당은 20여 년 뒤 다시 '불행한 군인'이 되었다. 그러나 정작 '불행'은 그들이 아니라 국민과 역사의 몫이었다.

군부의 암세포 사조직, 하나회

암살행위는 혼자서도 가능하지만 반란이나 쿠데타는 조직과 집단이 있어야 가능하다.

전두환은 조직을 중시했다. 육사 11기 동기생 동창회인 북극성회 회장을 시작으로 군부 내에 사조직을 만들고 관리했다. 군부의 사조직은 악성 암세포와 같은 존재다. 이런 사조직을 전두환은 하나회, 오성회, 칠성회 등 하나도 아닌 여러 개를 조직했다. 결국 이 사조직 회원들과 함께 12·12와 5·17 쿠데타를 감행하고, 그들을 중심으로 정권을 유지했다.

12·12 쿠데타의 총주모자는 단연 전두환이었고, 쿠데타를 주동하는 주요 인맥은 세칭 '하나회'와 '9·9 인맥'으로 크게 나뉜다.

하나회는 육사 11기 가운데 영남 출신들이 생도 시절에 만든 오성회와, 그들이 위관 시절에 회원을 추가해 만든 칠성회가 그 모체이다. 하나회는 집권자의 친위세력이면서 군부 내 정치 지하단체라고 보는 것이 현재의 통설이다.

오성회는 육사 11기의 전두환(용성), 노태우(관성), 김복동(여성), 박승하(용성), 최성택(혜성)이 모여 만든 동향 출신 모임이다. 이들의 응집력은 진해 육사 시절 유달리 눈에 띄었다. 이들이 졸업한 뒤 위관으로 근무하던 시절에 또 다른 영남 출신 11기인 손영길, 권익현, 정호용 등이 가세해 칠성회를 구성한다(오성회의 박승하가 같이 졸업을 못해 탈락하고 3명이 가세해서 7명이 됨).

이들은 1961년 5·16 군사 쿠데타 이후 줄곧 정국의 추이를 예의

주시하면서 군사정권에서 일정 역할을 확보하기 위한 서클을 조직하기로 의견을 모은다.

마침내 1963년 2월, 전두환(당시 소령)의 집에서 칠성회 멤버에 박갑용(대령 예편, 전 수경사 30대대장), 남중수(대령 예편, 전 에너지관리공단 감사), 노정기(소장 예편, 전 필리핀 대사) 등 3명을 추가해, 10명으로 하나회를 조직한다.

하나회의 첫 번째 세력화는 1963년 3월 18일, 육사 총동창회 모임인 북극성회 운영위원회에서 11기 운영위원인 노정기의 강력한 추천 발의로 노태우(당시 대위)가 북극성회 회장에 선출되는 것으로 시작된다.

하나회는 63년 7월 6일 4대의혹 사건으로 육사 8기 그룹의 김종필계가 궁지에 몰리고 육사 5기의 김재춘(당시 중앙정보부장)이 부상하자 육사 총동창회의 이름을 빌려 육사 8기를 거세하려는 친위 쿠데타를 기도했으나 북극성회 운영위원회의 반대에 부딪쳐 수포로 돌아가고 만다. 소위 7·6 사건이다.

그러나 이 사건을 계기로 하나회는 육사 출신 장교들 사이에 노출된다. 그러니까 하나회의 존재가 최초로 알려진 것이 지금부터 30년 전의 일이다. 아이러니컬하게도 당시 방첩대장이 정승화(12·12 당시 육군참모총장·계엄사령관)다.[2]

하나회는 다시 1973년 '윤필용 사건'에 연루되어 위기를 맞는다. 그러나 청와대를 비롯해 권력 요직에 포진한 동향 선배들의 도움으

로 살아남았다. 하나회가 전두환 중심의 사조직으로 12·12와 5·17
의 주도세력이라면, '9·9 인맥'은 노태우 정권기의 주도세력이다.
이 사조직은 노태우가 거쳐 간 부친 9공수여단과 9사단 출신 인맥
을 일컫는다.

하나회의 인맥을 기수 별로 살펴보면 다음과 같다.

11기: 전두환, 노태우, 김복동, 정호용, 최성택, 권익현, 손영길, 노정
  기, 박갑룡 등

12기: 박준병, 박세직, 안필준, 최웅, 황인수, 임인식, 정동철, 이광근
  등

13기: 윤태균, 정동호, 정진태, 신세기, 최문규, 오한규, 조명기, 우경
  윤, 이우재 등

14기: 이종구, 이춘구, 안무혁, 장흥렬, 문영일, 장기하 등

15기: 고명승, 나중배, 이대희, 이진삼, 민병동, 김상구, 이상수, 권병
  식, 박태진, 김중영 등

16기: 신말업, 이필섭, 장세동, 최평욱, 정순덕, 정만길, 양현두, 최원
  규, 이지윤 등

17기: 김진영, 허화평, 허삼수, 안현태, 이현우, 이병태, 임인로, 이문
  식, 김태섭, 강명오, 이해룡 등

18기: 조남풍, 김재창, 김정헌, 구창회, 이학봉, 성환옥, 배대웅, 이사
  용, 반준석 등

19기: 서완수, 김상준, 이택행, 김택수, 최부웅, 최준식, 최윤수, 김정
  환, 김진섭 등

20기: 안병호, 김종배, 김길부, 함덕선, 장호경, 김무웅, 안광렬, 허청일 등

이들은 대부분 장성급 출신으로 군 핵심과 전두환·노태우 정권에서 정부의 요직을 거치거나 국회의원을 지냈다.

이처럼 하나회 1세대라 불리는 11기부터 20기까지는 김영삼 정부가 출범하기 전까지 주요 요직을 골라가며 독차지한 것으로 드러났다.

5공 이후 역대 육군참모총장을 보면, 황영시, 성호용, 박희도, 이종구, 이진삼, 김진영 중에 황영시만 후원자이고 나머지는 모두 하나회 회원이다. 또 5공 이후 보안사령관도 전두환, 노태우, 박준병, 안필준, 이종구, 고명승, 최평욱, 조남풍, 구창회, 서완수 등 전원이 하나회 회원이고, 수경사령관도 노태우, 박세직, 최세창, 이종구, 고명승, 권병식, 김진선, 안병호 등 10명이 전원 하나회 회원이다.

청와대 경호실장도 정동호, 장세동, 안현태, 이현우, 최석립 등 전원이 하나회 회원이고, 5공 이후 육군 인사참모부장을 거쳐 간 15명 가운데 13명이 하나회 회원이다.[3]

전두환의 우상 박정희 암살되면서

1979년의 '10·26 사건'은 박정희 대통령이 측근인 김재규 중앙정보부장에 의해 살해된 현대사의 큰 사건이다.

이 사건으로 군사 쿠데타를 일으켜 18년 동안 무소불위한 전횡을 일삼아온 독재자가 사망하고 유신체제가 무너졌다. 김재규는 내란죄 등의 이유로 이듬해인 1980년 5월 24일에 박정희의 계승자인 전두환에 의해 처형되었다.

박정희는 국상의 절차를 거쳐 국립묘지에 안장되었으며, 김재규는 광주항쟁의 와중에 신군부가 개입한 대법원의 확정판결로 처형되어 경기도 광주군 오포면 능평리 남한산성 공원묘지에 묻혔다.

박정희에게는 전직 대통령에 대한 최상의 예우가 베풀어졌고, 김재규에게는 '국부를 시해한 패륜아'라는 가혹한 사법적 평가가 내려졌다. 박정희는 거대한 기념관이 세워지고, 그 딸이 대통령이 되었다가 탄핵당했다. 박정희는 출생지에서 신격화되어 '반신반인'의 경지에 올라 있다.

그러나 김재규 사건에 대한 대법원의 심리과정 중 형사 3부의 양병호 · 서윤홍 판사가 '내란목적 살인죄'에 반대의견을 냈고, 최종판결 때도 민운기 판사 등 6명의 판사가 김재규에게 내란죄 불성립 의견을 냈다. 이들은 5 · 17 쿠데타 뒤 모두 강제로 사직당하는 수모를 겪었다.

10 · 26 사건은 이후 박정희에 의해 사육된 정치군인들과 그 아류들의 집권으로 엄정한 재평가 작업을 거치지 못한 채 '국부'와 '시해범'으로 자리매김해 오늘에 이르게 되었다.

박정희는 18년 동안 헌정질서를 유린하며 민주주의를 짓밟고 인권을 탄압하면서 지역차별과 극단적인 냉전논리로 민족분열책을 추구했다. 그의 '업적'으로 치는 경제건설의 논리는 부분적으로 긍

정의 측면도 없지 않다. 그러나 같은 시기의 대만·싱가포르·홍콩 등 '아시아 4룡'과 스페인, 이탈리아 등의 발전상과 비교할 때 박정희가 독점할 품목은 아니다.

해방 후 교육받은 한글세대가 성장하면서 우수한 산업예비군이 사회에 많이 진출했는가 하면, 한·일 굴욕외교의 결과로 식민지배 35년의 죗값으로 일본으로부터 무상 3억 달러, 유상 2억 달러가 유입되었으며, 5,000여 명이 희생되는 대가를 치른 베트남전쟁 참여로 10억 달러 정도가 들어왔다. 또한 저곡가와 저임금 정책으로 농민과 노동자들이 희생되었고, 국제유가가 1960년대 내내 1배럴에 1달러의 헐값으로 유지되었다. 박정희 정권의 경제성장은 이 같은 요인들이 종합적으로 어우러져 이루어진 성과였다.

김재규 재판을 담당했던 양병호 전 대법원 판사가 "민주주의의 회복을 위해 저격할 수밖에 없다는 주장을 뒤집을 증거는 발견되지 않았다"라고 10·26 사건을 평가한 바 있다.

김재규는 처형 직전에 유언으로 자신의 무덤 앞에 '의사 김재규 장군지묘'라고 써주기를 원했다. 그러나 신군부 세력은 이것마저 허용하지 않았다. 사망한 지 몇 해 뒤 광주·전남 송죽회가 세운 비석 뒷면에는 다음과 같은 추모시가 새겨졌다.

먹구름이 하늘을 덮고 광풍 몰아 덮칠 때
홀로 한 줄기 정기를 뿜어 어두운 천지를 밝혔건만
눈부신 저 햇살을 다시 맞지 못하고
슬퍼라 만 사람 가슴을 찢는구나

아! 회천의 그 기상 칠색 무지개 되어 이 땅 위에 길이 이어지리.

"박정희라는 인물은 우리나라 역사상 세종대왕과 이충무공을 합해놓은 인물로 후세의 사람들은 반드시 평가할 것이다." 이것은 『위인 박정희』라는 책에 나온 수사인데, 박근혜 집권 시기 이른바 뉴라이트 계열의 역사관이기도 했다. 많은 사람이 그의 덕택으로 감투를 쓰고 돈을 벌어 영화를 누렸으므로 그를 이렇게 극단적으로 평가할 수 있을지 모르겠다.

그러나 경제성장의 공을 어느 정도 인정하여 5·16 쿠데타 이후의 일을 이해한다 치더라도 일제시대 그의 행적은 용서할 수도, 잊어서도 안 된다는 주장도 적지 않다.

민족이 가장 어려웠던 시기에 박정희는 조국을 배반하고 왜적의 편에 섰다. 그뿐만 아니라 일본군 장교로서 우리 독립군을 포함하여 많은 항일군을 적대하는 인물이었다. 박정희의 창씨개명 이름은 '다카키 마사오'이다.

박정희가 일본군 장교로 활동하던 무렵에 장준하는 일본군을 탈출하여 광복군 장교가 되었다. 그는 "박정희란 사람은 일제시대에 독립군과 싸운 일제 만주군의 일원이었으며 나는 그걸 똑똑히 알고 있다. 다른 사람은 모르지만 박정희만큼은 이땅에서 무슨 일이 있어도 대통령을 시켜서는 안 될 사람이다"라고 주장하는 등 박정희와 유신체제를 결사반대했다. 장준하는 결국 1975년에 등산하다가 의문의 사고로 사망했는데, 누군가에게 살해당한 것으로 추정된다.

이와 같은 독립군 출신의 절규에도 불구하고 '다카키 마사오'는 대통령이 되고, 유신 쿠데타를 하고, 민주주의를 짓밟다가 살해되었다. 그래서 10·26은 이런 사실까지를 포함하여 재평가되고 정리되어야 한다는 주장이 제기된다.

"야수의 마음으로 유신의 심장을 쏘았다"라고 하는 김재규는 1979년 12월 18일 고등군법회의 법정에서 변호인들과 가족대표 4명만이 방청한 가운데 최후진술을 남겼다. '10·26 거사'에 관한 장시간의 진술 가운데 중요한 부분이다.

저의 10월 26일 혁명의 목적을 말씀드리면 다섯 가지입니다.

첫 번째가 자유민주주의를 회복하는 것이오.

두 번째는 이 나라 국민들의 보다 많은 희생을 막는 것입니다.

세 번째는 우리나라를 적화로부터 방지하는 것입니다.

네 번째는 혈맹의 우방인 미국과의 관계가 건국 이래 가장 나쁜 상태이므로 이 관계를 완전히 회복해서 혈맹우방으로서의 관계를 회복해서 돈독한 관계를 가지고 국방을 위시해서 외교 경제까지 보다 적극적인 협력을 통해서 국익을 도모하자는 것입니다.

다섯 번째는 국제적으로 우리가 독재국가로서 나쁜 이미지를 갖고 있습니다. 이것을 씻고 이 나라 국민과 국가가 국제사회에서 명예를 회복하자는 것입니다.

전두환 신군부의 엄청난 압력에도 굴하지 않고 끝까지 김재규를 변론했던 강신옥 변호사는 '10·26 재평가론'을 주장한다. 그 내용은 다음과 같다.

"김재규는 3심 재판에서는 졌지만 4심인 역사의 법정에서는 이길 것이라고 말하고 형장의 이슬로 사라졌다. 우리는 역사와 진실 앞에 더 솔직해야 한다. 그에게 민주회복의 공로를 인정하고 그의 죽음 앞에 겸허해야 한다.

12·12와 5·17 단죄로 시작된 '역사 바로 세우기'가 바로 서기 위해서는 그 시발이 됐던 김재규 사건의 재조명을 빼놓을 수 없는 일이기 때문이다. 전두환에 대해 광주시민 학살 등 내란 행위를 추궁하면서 김재규 문제에 대해 아무런 역사의 검증과 조치가 없다는 것은 모순이 아닐까."

신군부의 꼭두각시 최규하 과도정부

1979년 10월 27일 새벽, 헌법(당시) 제48조의 규정에 따라 최규하 국무총리가 대통령 권한대행이 되었다. 최규하는 정치적 야심이나 정치세력이 전혀 없는 직업 외교관 출신이라는 것이 장점이 되어 1975년 국무총리에 기용된 인물이다.

최규하는 10월 27일 새벽 4시를 기해 전국에 계엄령을 선포하고, 대통령 권한대행에 취임하여 '대권'의 자리에 앉게 되었다. 최규하 대통령 권한대행의 취임으로 우리나라는 4·19 혁명 뒤 꼭 20년 만에 또 한 차례의 '과도정부'를 맞게 되었다.

최규하는 12월 6일 통일주체국민회의 제3차 회의에서 단독 입후보하여 제10대 대통령에 선출되었다. 최 대통령의 임기는 당선 즉시 개시되어 박정희 대통령의 잔여임기인 1984년 12월 26일까지였다. 그러나 12월 10일 특별담화를 통해 잔여임기를 다 채우지 않고 가능한 한 빠른 기간 내에 헌법을 개정하고 제11대 대통령 및 국회의원 총선을 실시, 정권을 이양하겠다고 밝혔다.

그러나 최규하 체제는 순탄하지 않았다.

대통령에 당선된 지 1주일도 채 안 돼 전두환이 주도한 12·12 사건이 발생했다. 권력의 기반이 없는 최규하에게 공화당이나 유정회는 이미 정치적 기능이 상실된 불임정당일 뿐이었으며, 신민당은 마치 새 집권당이나 되는 듯이 꿈에 부풀어 있었다.

이런 정치적인 상황에 선 최규하는 12월 21일 제10대 대통령 취임식에서 취임사를 통해 "앞으로 1년 정도면 국민의 대다수가 찬성할 수 있는 내용이 담긴 헌법을 마련할 수 있을 것"이라며, 과도정부의 기간을 1년으로 늘려 잡았다. 최 대통령의 이 같은 발언은 '3김'을 비롯해 여야 정당과 재야 인사들의 비판의 대상이 되었다. 최규하는 대통령 취임과 더불어 긴급조치 제9호를 해제했다.

재야 세력과 일부 정치인들은 1979년 11월 24일, 명동 YWCA에서 '통일주체대의원에 의한 대통령 선출저지를 위한 국민대회'를 열어 최규하의 대통령 선출을 반대했으며, 신민당도 과도정부의 정치 일정에 심히 반발하고 나섰다. 권력욕이 발동된 것인지 과도정부는 정부 주도의 개헌안을 마련한다는 방침을 세워 국회헌법개정특별위원회와 마찰을 빚기도 했다.

자체적인 정치기반도 없이 신군부의 등에 업힌 꼴인 최규하 정권은 민주화를 바라는 국민의 염원을 제대로 수용할 수가 없었다. 학생·노동자·재야 인사들은 정치 일정의 단축과 유신잔재 청산을 요구하며 대대적인 시위를 벌였고, 김대중·김영삼·김종필로 대표되는 정치집단에서는 각기 이해가 엇갈린 상태에서 마찰을 빚어 정국은 혼미 상태에 빠져들었다.

게다가 신현확 총리의 이원집정부제 발언과 출처 불명의 구여권 신당설이 나돌고, 5월 15일의 서울역 앞의 대규모 시위와 사북사태까지 겹쳐 위기설이 증폭되어갔다.

전두환 신군부의 시나리오에 따라 최 대통령은 5월 18일 '5·17 계엄확대조치'와 관련해 대통령 특별성명을 발표한다. 즉 "최근의 학원소요로 야기된 혼란상태가 더 이상 계속되면 국기를 근본적으로 흔들리게 할 우려가 있어" 계엄확대조치를 취한다고 했다.

사실상 전두환의 쿠데타였다.

광주항쟁이 일어나고, 그 와중에 신현확 국무총리를 비롯해 전 국무위원이 사퇴서를 제출하고, 최규하는 1980년 8월 16일에 대통령직을 사임했다.

최규하는 박정희의 사망 소식이 전해진 10월 27일부터 이듬해 신군부에 의해 5·17쿠데타가 벌어지기까지 203일 동안 전두환 측의 꼭두각시놀음을 하면서 국민의 민주화 요구를 외면하다가 물러났다.

국민은 10·26 사태로 선포된 비상계엄과 정국의 추이에 불안해하면서도 절대독재자의 사망으로 모처럼 해방감을 느끼게 되었고, 해빙과 더불어 날이 갈수록 민주화의 열망은 확대되었다.

'서울의 봄'은 체코의 '프라하의 봄'에서 비유되어 많은 사람의 입에 오르내리면서 민주회복을 기대하는 국민의 대명제가 되었다. 그러나 프라하의 봄이 소련군의 탱크에 짓밟혔듯이 서울의 봄도 신군부의 장갑차에 산산조각이 나고 말았다.

5·17 계엄령 선포 직전까지 서울뿐만 아니라 전국 각지에서 민주화의 물결은 봇물 터지듯이 솟구쳤다. 4·19 혁명 직후처럼 민주회복의 물결이 도도하게 흘러 유신독재의 모든 적폐를 씻어내는 듯했다.

1980년 3월 신학기부터 각 대학에서 학생회와 평교수회가 부활하고, 2·29 복권조치에 따라 긴급조치로 해직이나 제적되었던 교수와 학생들이 학원으로 돌아왔다. 그러자 학원가에서는 '학원민주화'를 외치는 토론회·농성·교내시위가 일기 시작했고, 3월 27일의 조선대학교 교내시위를 시작으로 서울과 지방의 각 대학으로 번져나갔다. 구호도 학원 내 언론자유, 어용교수 퇴진, 재단운영 개선 등으로 구체화되었다.

4월 14일, 전두환 보안사령관이 중앙정보부장서리를 겸임하는 등 유신잔당과 신군부 세력의 체제개편 음모가 노골화하자 학생들은 학원민주화투쟁에서 사회민주화투쟁으로 이슈를 전환했다. 5월 2일에 학생 1만여 명이 참가한 서울대 '민주화대총회'를 시작으로 각 대학이 '민주화대행진'에 돌입하여, '유신세력 퇴진, 계엄령 철폐, 이원집정부제 반대, 정부 주도 개헌 반대' 등의 정치적인 이슈를 내걸고 거리로 진출하기 시작했다. 학생들의 거리시위는 5월 15일 전국 대학생의 계엄해제 요구시위에서 절정에 다다랐다.

5월 13일 밤, 서울 광화문 일대에서 6개 대학 2,500여 명의 학생들이 '계엄 철폐'를 외치며 거리시위를 감행하고, 서울 시내 27개 대학 학생대표들은 13일 밤에 회의를 소집해 14일부터 일제히 거리시위에 돌입할 것을 결의했다.

이에 따라 14일 서울 시내 21개 대학 학생 5만여 명은 빗속에서 밤늦게까지 서울의 종로, 광화문, 시청 앞 등 도심지에서 거리시위를 벌였다. 지방 10개 도시의 11개 대학도 일제히 거리시위에 돌입했다.

전국적으로 물결친 격렬한 시위는 15일에도 이어졌다. 이날 저녁 서울역 광장에는 학생 10만, 시민 5만 명이 집결해 계엄 철폐와 유신잔당 퇴진을 요구하며 격렬한 시위를 벌였다.

정부는 2월 29일 긴급조치 등 정치적 이유로 공민권이 제한되어 있던 윤보선, 김대중, 함석헌, 정일형, 이우정, 문익환, 문동환, 서남동, 윤반웅, 리영희, 백낙청, 김찬국, 지학순 등 687명(정치인 22명, 종교인 42명, 학생 373명, 교직자 24명, 언론인 9명, 기타 217명)에 대한 복권조치를 단행했다.

1979년 11월 17일에 김영삼과 김종필이 만나 평화적 정권교체의 기틀을 마련하는 데 서로 노력하기로 합의했다. 이듬해 2월 12일에 김영삼은 신민당 충남도지부 결성대회에서 대통령 후보 출마를 간접적으로 시사하는 발언을 했다.

김대중은 복권 후인 3월 1일 기자회견에서 "신민당에 들어가 경쟁을 벌일 경우 민주화를 바라지 않는 세력들에게 어부지리를 줄 것"이라며 신민당 입당 문제를 유보했다. 신민당과 재야의 통합이 난항을 겪는 상태에서 두 사람이 각기 독자행보에 나섰고, 김종필도 대통령 후보 출마를 선언하여 정국은 이른바 '3김시대'의 각축이 전개되었다.

5월 중순에 접어들면서 군부에 의한 '위기설'이 나돌자 학생운동 지도부는 학교로 돌아가기로 결정했다. 5월 16일에는 이화여대에서 제1회 전국대학총학생회장단회의를 개최하고, 17일부터 정상수업을 받기로 결정했다.

그러나 권력장악을 기도해온 전두환 신군부는 17일 새벽 쿠데타를 일으켜 '서울의 봄'은 일진광풍에 산산이 찢기고 말았다. 최고 통치권자가 된 최규하의 무능·무책임이 일조했다.

5·17 군부 쿠데타 일으킨 전두환 일당

10·26 사태 이후 군부 일각에서 "차제에 정치군인을 제거해야 한다"라는 주장을 제기하고, 정승화 참모총장은 계엄사령관에 취임하면서 곧바로 수도권 지역 군부 주요 지휘관을 자파세력으로 개편했다. 그러자 박정희 정권 시대에 청와대 경호실·보안사·수경사·특전단 등 수도권 핵심부서에서 독재자의 비호 아래 세력을 키워온 육사 11기 출신의 '정치군인'들은 이에 불만을 품고 국군보안사령관 겸 합동수사본부장인 전두환 소장을 중심으로 쿠데타를 모의하기 시작했다.

전두환 중심의 '하나회' 출신인 이 정치군인들은 4월 14일에 전두환이 공석이던 중앙정보부장(서리)에 취임하여 내각에 합법적인 영향력을 행사하게 되면서 본격적으로 쿠데타를 모의했다. 또한 그 전 단계로 12월 12일에 계엄사령관 정승화를 체포함으로써 군권을 장악했다.

12·12 하극상을 통해 군권을 장악한 신군부 세력은 13일 새벽부터 국방부·육군본부·수경사 등 국방 중추부를 차례로 장악하는가 하면, 각 방송국·신문사·통신사를 점거하여 자신들이 통제했다.

이들은 정승화를 비롯해 그의 추종세력인 3군사령관 이건영, 특전사령관 정병주, 수도경비사령관 장태완 등을 1980년 1월 20일 자로 모두 예편시키고, 정승화에게는 징역 10년형을 선고했다.

군권을 장악한 전두환 세력은 거칠 것이 없었다.

1980년 5월 17일 저녁 9시경, 중앙청 국무회의실에는 비상국무회의 소집 연락을 받은 국무위원들이 모여들었다. 그들은 무엇 때문에 늦은 저녁에 갑자기 국무회의가 소집되는지, 무슨 안건을 심의해야 하는지도 모르고 회의에 참석했다.

이날 저녁, 광화문 중앙청 일대에는 전에 없이 무장군인들의 삼엄한 경비가 펼쳐졌다. 국무회의실 복도 양편에는 칼을 장착한 소총을 든 살벌한 군인들이 공포 분위기를 자아내고 있었다. 국무위원들은 외부와 자유롭게 전화 통화조차 할 수 없었다.

신현확 총리는 9시 42분에 제42회 임시국무회의 개회를 선언했다. 이어 국방부에서 '의안 360호'로 제출한 비상계엄 전국확대 선포안을 의안으로 상정하여 의결해줄 것을 요청했다.

김옥길 문교부장관이 의안에 대한 설명을 요구했지만 찬반토론은 전혀 없었다. 신 총리는 곧 이 의안의 가결과 국무회의의 산회를 선언했다. 그때 시간은 9시 50분이었다. 일체의 찬반토론도 없이 단 8분 만에 비상계엄 전국확대 선포안이 의결된 것이다. 실로 최규하 정부는 신군부의 꼭두각시에 불과했다.

이렇게 토론 한마디 없이, 헌법기구인 국회를 쓸어버리고 민주화를 짓밟는, 그리하여 5·17 쿠데타를 뒷받침하는 계엄포고령이 국무회의에서 어이없게 처리되었다. 신군부의 이른바 '싹쓸이 작전'은 이렇게 시작되었다.

임시국무회의가 계엄포고령을 의결한 것은 요식절차에 불과했다. 이보다 앞서 이날 오전 11시부터 전군주요지휘관회의가 소집되었다. 전군지휘관회의는 최성택 합참정보국장의 정세보고와 현황설명 후 자유토론 형식으로 진행되었다.

이 자리에서 정호용 특전사령관과 노태우 수경사령관, 박준병 20사단장 등이 강경발언을 계속했다. 일부 신중론이 있었으나 대세에 영향을 미치지는 못했다. 신군부는 회의가 끝날 무렵 백지를 돌려 참석자들의 연서명을 받았다.

회의를 마친 주영복 국방장관과 이희성 계엄사령관은 전군 주요지휘관들의 연서명이 첨부된 신군부의 시국대책안을 들고 오후 5시경 신현확 국무총리를 찾아갔다. 신현확 총리는 국보위설치안에 대해서만 반대하고 나머지는 모두 받아들였다.

세 사람은 곧바로 청와대로 가서 최규하 대통령에게 군부의 시국대책방안을 설명했다. 최규하는 오후 7시경에 이를 승인하고 신현확 총리에게 비상국무회의를 소집하라고 지시했다.

이보다 앞선 16일 밤 10시 30분경, 최규하 대통령이 사우디 방문에서 앞당겨 귀국하자, 전두환은 신현확 총리, 이희성 계엄사령관, 주영복 국방장관, 김종환 내무장관 등과 함께 청와대로 들어가 비상계엄 확대조치의 필요성을 주장했다. 최규하는 그저 가만히 듣고

만 있었다고 한다.

청와대를 나온 전두환은 보안사의 권력장악 시나리오 준비팀인 권정달 정보처장, 이학봉 대공처장, 허화평 비서실장, 허삼수 인사처장 등 심복들을 가동하여 군지휘관회의에서 결정할 사항과 민주세력을 말살하기 위한 작전을 준비시켰다.

신군부는 5월 초순부터 이른바 '충정작전'의 구실로 충정부대의 서울 인근 투입을 5월 17일 이전에 이미 완료했다. 특히 광주에는 공수부대의 핵심부대를 은밀히 파견키로 했다.

신군부는 치밀하게 짜인 작전계획에 따라 5월 18일 0시를 기해 지역계엄을 전국계엄으로 확대하고 계엄포고령 제10호를 발표해, '모든 정치활동의 중지 및 옥내외 집회·시위의 금지, 언론·출판·보도 및 방송의 사전검열, 각 대학의 휴교령'을 내렸다.

이에 앞서 17일 밤에는 김대중, 김상현, 김종필, 이후락 등 26명의 정치인을 학원·노사분규 선동과, 권력형 부정축재 혐의 등으로 합동수사본부에 연행하고, 김영삼을 가택연금시키는 등 정치적 일대 탄압을 감행하기 시작했다.

신군부는 5월 18일부터 전국계엄 확대와 함께 이미 소집 공고된 임시국회를 무산시키기 위해 수도군단 30사단 101연대 병력으로 국회의사당을 봉쇄하고, 헌법에 규정된 국회 통보 절차조차도 밟지 않은 채 사실상 국회를 해산시켜버리는 국헌문란을 자행했다.

실제적인 군통수권을 장악한 신군부는 정치사회 일반에 대한 모든 권력을 찬탈하고자 국가보위비상대책위를 설치하고, 전두환이 상임위원장에 취임했다. 국보위는 초법적인 권력기관으로 등장, 정권을 탈취해 5공정권 수립에 받침대 노릇을 했다. 이로써 유신체제보다 더 포악무도한 5공시대가 시작되었다.

박정희 밑에서 권력의 단맛을 탐닉해온 독재자의 충견들은 10·26 사태로 주군이 쓰러지자 국민적 염원인 민주화 대신 정권을 노렸다. 12·12 군사반란을 통해 군권을 장악하고, 무능한 최규하를 겁박하여 세력을 확대하고, 마침내 5·17 군사 쿠데타를 일으킨 것이다. 5·17 군사 쿠데타는 박정희 18년 독재체제가 낳은 정치적 사생아였다.

4·19 혁명 후 집권한 민주당이 분당과 무능으로 박정희에게 쿠데타의 기회를 제공한 측면이 있듯이, 10·26 사태 후 야권의 일부 지도자들은 신군부의 움직임을 꿰뚫지 못한 채 각기 집권욕에 사로잡혀 분열·분당을 일삼은 측면도 없지 않았다. 역사에서 전혀 교훈을 배우지 못한 것이다.

그럼에도 국토방위에 전념하라고 국민의 세금으로 무장한 일부 군인들이 권력에 눈이 멀어 군사력을 동원하여 헌정질서를 파괴하고, 이에 저항하는 광주시민들을 학살한 것은 어떤 명분·이유로서도 용납될 수 없다.

광주학살의 배경

충정부대 사전훈련, 미국의 이율배반

정권 탈취의 야심을 품은 전두환 신군부는 1980년 2월 18일에 충정부대 및 후방 주요 부대에 충정훈련을 강력히 실시하라고 명령했다. 군병력을 동원해서 정권을 탈취하려는 지침이었다.

소위 충정훈련은 공수부대라는 특전부대를 중심으로 대도시 부근에 주둔한 일반부대에 이르기까지 광범하게 실시되었다. 이때 이 훈련을 실시한 부대를 가리켜 '충정부대'라고 했다.

충정훈련의 내용을 보면 1980년 5월 광주에서 공수부대가 저지른 양민학살 만행이 결코 우발적인 사태가 아니라 사전에 잘 계획되고 조직된 범죄행위라는 사실을 명백히 알 수 있다.

1980년 2월 18일, 육군본부는 충정부대 및 후방 주요 부대에 충정훈련을 실시하라고 지시했다. 이 지시에 따라 해당 부대는 강력한 충정훈련을 실시했다. 공수부대의 경우 원래 교육과정에서 1주일에 4시간 정도의 충정훈련이 포함되어 있었다. 그러나 이때부터는 거의 모든 교육훈련을 포기하고 충정훈련만을 집중적으로 실시했다.

이때 공수부대 병사들은 진압봉을 사용했다. 그런데 1980년 5월 18일부터 20일 사이에 진압군이 대검과 함께 시민을 살상하는 데 가장 많이 사용한 흉기가 바로 이 진압봉이다.[1]

전두환 측은 5·17 군사 쿠데타에 앞서 정권을 탈취하기 위한 시나리오를 치밀하게 준비했다. 그 실행은 노태우가 사령관인 수도경비사령부였다.

노태우 수도경비사령관은 3월 6일에 특전사령관, 4개 공수여단, 3개 사단의 부대장과 작전참모, 수도기계화사단장, 치안본부장, 시경국장 등을 소집했다. 2박 3일 동안 열린 회의는 수도권 소요사태 대비태세를 점검하기 위한 자리였다.

이들은 학생운동 주도세력을 맹목적 저항세력으로 규정하고, 사회로부터 격리해야 하며, 강경한 응징조치를 내려야 한다는 데 의견을 모았다. 4월 12일 이후에는 충정훈련을 위한 차량 배치를 비롯해 항공기와 다양한 진압도구들이 지원·보급되었다. 5월 6일부터 9일까지는 '소요진압 준비태세'를 점검했다.

경찰과 달리 공수부대가 5·18 민중항쟁의 시위대를 잔인하게 진압했던 배경에는 이처럼 오랜 기간의 준비와 훈련이 있었다. 한편, '화려한 휴가'는 광주 지역 일원에서 전개된 충정훈련의 별명으로 알려졌으나, 군의 공식문서에서는 확인되지 않는다.[2]

육군의 특전부대는 전두환 등과 인연이 깊다. 전두환이 이 부대 창설의 주역 중의 하나이고, 광주학살에 동원된 부대도 이 부대이기 때문이다.

특전부대는 또 연혁이 매우 오래된 부대이다. 이 부대의 창설 주역은 전두환, 최세창, 장기오, 차지철 등이다. 이들은 1960년 6월부터 6개월간 미국 포트배닝의 특수전 교육기관에서 늪지, 산악 생존 훈련 등 이른바 '레인저 트레이닝 코스'를 거치고 낙하훈련을 받은 뒤 귀국하여 최초의 특전부대를 창설했다.

그리고 그 후 부대가 커지면서 1969년에 특전사령부가 구성되었고, 1공수여단을 모체로 3, 5, 7, 9, 11, 13여단이 계속 생겨나 1980년 당시의 체제를 갖추었다. 특전부대는 실제로 대간첩작전에서도 활약했다. 그러나 그보다는 박정희 정권이 정치적 위기에 봉착할 때마다 민중의 저항을 분쇄하는 '중앙정부의 기동타격대'로서 더 탁월한 효용을 발휘하곤 했다.[3]

전두환의 정권 탈취 시나리오는 치밀하게 진행되었다.

12·12 군부반란을 통해 군권을 장악한 뒤 자신은 계속해서 보안사령관을 맡고, 육사 동기이면서 하나회의 멤버인 9사단장 노태우를 수도경비사령관에, 역시 동기이며 하나회 중축인 50사단장 정호용을 대구에서 불러다 특전부대사령관에 앉혔다. 시민들의 시위진압 부대 책임자를 최측근들로 채운 것이다.

박정희가 그랬듯이 전두환에게도 마지막 걸림돌은 역시 미국이었다. 한국군의 작전지휘권을 쥐고 있는 미국을 어떻게 설득하느냐에 승패가 달려 있었다. 전두환은 5월 13일 존 위컴 한미연합령관과 만났다.

위컴 장군은 5월 13일 전두환 장군과 만났다. 전 장군은 (중략) 북한이 학생 시위를 뒤에서 조종하고 있다고, 남침의 결정적인 시기가 가까워졌

을는지도 모른다고 위컴 장군에게 말했다. 이에 대해 위컴 장군은, 미국은 언제나 그러하듯 한국을 방위할 태세를 갖추고 있으나 북한으로부터의 침공이 임박했다는 징조는 없다고 대답했다. (중략)

위컴 장군은 국내 정세에 대한 전 씨의 비관적인 평가와, 그가 북한으로부터의 위협을 강조하는 것은 청와대의 주인이 되기 위한 구실에 불과한 것 같다고 보고했다. [4]

위컴은 사안을 제대로 파악하고 있었던 것 같다. 그러나 그는 정반대로 행동했다.

위컴 한미연합사령관은 14일 아침 일찍 '미국 정부 당국자들과 한반도 주변정세와 한국 사태를 협의'하기 위해 갑자기 본국으로 돌아갔다. 그는 '운명의 나흘'이 지나간 18일 밤에 귀국했는데, 그동안 미국은 신군부의 병력사용 요청을 승인했다.

이는 미국 행정부가 "전두환 장군이 청와대의 주인이 되기 위한 구실을 찾고 있음"을 잘 알면서도, 그리고 겉으로는 한국의 민주화를 끊임없이 이야기하면서도, 실제로는 신군부의 쿠데타를 굳이 말리지 않았다는 의미로 해석할 수 있다. 뒤에서 다시 논하겠지만 이와 같은 미국 행정부의 태도는 광주항쟁의 전 기간과 그 이후 전두환 정권에 대한 지지와 지원정책에서 반복적으로 확인되었다. [5]

미국은 평소 한국의 민주화를 지지하는 듯하지만 군부 쿠데타 등 결정적인 시기에는 발을 빼거나 쿠데타 주동자를 지지하는 등 이율

배반적인 모습을 보여주었다. 5·18 광주민주화운동 이후 광주 미
문화원 방화 사건(1980년 12월 9일) 등 반미운동이 거칠게 벌어진 것은
이 같은 이유 때문이었다.

신군부에 빌미 안 주려고 대학가 교외시위 자제

1980년 봄, 신학기가 시작되면서 대학가는 정치상황에 민감하게 반
응했다.

반유신투쟁의 진원지이기도 했던 대학가는 최규하 정부가 민주
화를 지연시키고, 신군부가 12·12 사태를 통해 군권을 장악한 뒤
충정부대 특수훈련을 시키는 등 각종 흉흉한 소식이 전해지면서 민
주화를 요구하는 집회와 시위를 벌였다.

5월 1일부터 전국의 대학에서 시위가 벌어졌다. 학생들의 민주화
요구가 거세지면서, 특히 서울에서는 학생들이 시내 중심가까지 진
출했다. 학생들은 12일에 서울 및 지방 26개 대학총학생회장단 회
의를 열어 신군부에 빌미를 줄 우려가 있다는 이유로 교외시위를
않기로 결의하는 등 크게 자제하는 모습을 보였다. 특히 15일 저녁
에는 경인지역 총학생회장단이 거리시위에서 철수하기로 결정했
다. 이른바 '서울역 회군'이었다.

5월 1일부터 13일까지 학생운동의 상황을 요약하면 다음과 같다.

5월 1일 서울대학교 아크로폴리스에서 '민주화를 위한 시국 대토론회'
　　　 개최

5월 2일 성균관대학교 1,500여 명 '유신잔당 퇴진' 교내시위 / 서울대학교 1,000여 명 철야농성 / 고려대학교 2,000여 명 철야농성 / 전북대학교 1,000여 명 교내시위 / 서울대학교 총학생회 '병영집체훈련 일단 응소' 결정

5월 3일 지방 20여 개 대학 교내시위 전개

5월 4일 서울대학교 2,277명 병영집체 훈련소 입소 / 충남대 철야농성

5월 6일 연세대학교 철야농성 / 서울 시내 6개 대학 교내시위 / 전북대학교 3,000여 명 '비상계엄 해제하라' 교내시위

5월 7일 서울 시내 10개 대학 및 지방 4개 대학 교내·외 시위 / 한국외국어대학교 교수 일동 '비상계엄 해제' 등을 요구하는 시국선언문 발표

5월 8일 서울 시내 6개 대학 및 지방 5개 대학 교내·외 시위 / 이화여대 교수 300여 명 시국선언문 발표

5월 9일 한신대학교 교수 16명 '계엄해제' 등을 요구하는 시국선언문 발표 / 중앙대학교 교수 250명 시국선언문 발표 / 서울 및 지방 대학 교내·외 시위

5월 10일 서울과 지방의 23개 대학 총학생회장단 "당분간 평화적이고 비폭력적인 교내시위를 원칙"으로 한다는 공동성명 발표 / 서울 및 지방 대학 정상수업하며 시국성토 진행 / 동국대학교 교수 198명 시국선언문 발표 / 고려대학교 총장 김상협 '교수·학생·협의회 구성' 용의 있다고 발표

5월 12일 서울 및 지방 26개 대학 총학생회장단 "15일 교외시위 않기로" 하는 3차 결의안 발표 / 서울과 지방의 대부분 대학 오전

정상수업, 오후 농성 등 교내시위 자진해산 / 고려대학교 교수
236명 교수협의회 결성 / 인하대학교 교수 140여 명 교수협의
회 결성 및 시국선언문 발표
5월 13일 연세대생 주축이 된 서울 시내 6개 대학 2,600여 명 세종로 일
대에서 야간 가두시위 / 고려대학교 등 서울 시내 7개 대학 철
야농성.[6]

쿠데타 음모가들은 대학생들의 민주화 요구를 사회혼란으로 몰
아 거사의 명분으로 삼으려다 예상외로 학생들이 자제하고 나서자
충격에 빠졌다. 그렇다고 음모를 중지할 자들이 아니었다. 더 철저
히, 치밀하게 거사를 서둘렀다.

신군부는 1980년 5월 17일 밤 11시 40분, 최규하 정부 대변인인
이규현 문화공보부장관을 통해 20분 뒤인 17일 24시를 기해 전국에
비상계엄을 발표했다. "북괴의 동태와 전국적으로 확대된 소요사
태" 등을 이유로 들었다.

1961년 5·16 쿠데타의 명분과 똑같았다. 그때도 학생들은 학원
으로 돌아가고 혁신계 등 재야의 시위도 자제된 상태였다. 앞에서
소개한 대로 1980년 5월 15일부터 전국의 대학가는 거리시위를 중
지하기로 결정했다.

신군부는 5월 3일부터 특전부대를 주요 부처와 지역에 은밀히 배
치했다(자세한 내용은 다음 쪽의 표 〈5·17 군사 쿠데타 직전 충정부대의 이동 및 배치
상황〉 참조).

5·17 군사 쿠데타 직전 충정부대의 이동 및 배치 상황[7]

일 시	내 용
5월 3일	· 9특전여단 수도군단 배속
5월 5일	· 육군참모총장이 국방부장관에게 해병 1사단의 1개 연대를 소요사태에 대한 진압부대로 사용할 수 있도록 건의
5월 6일	· 위 건의 승인 · 11, 13특전여단 이동 지시
5월 7일	· 13특전여단 거여동 배치, 11특전여단 김포 배치
5월 9일	· 육군참모총장이 국방부장관에게 해병 1사단 1개 연대의 추가 투입 건의 · 국방부장관이 위 건의 승인
5월 13일	· 경장갑차 차출(1군의 26대 수경사 배속, 3군의 24대 수도군단 배속)
5월 14일	· 소요사태 진압부대 투입 준비 지시 · 소요진압본부 개소 · 특전부대 이동을 위한 차량 245대 지원 · 2군 500엠디 헬기 5대 지원 · 3특전여단 12대대 국립묘지 배치 · 청와대 특정 경비지역 봉쇄 · 7개 방송국 경계 강화
5월 15일	· 20사단, 60연대와 포병단을 제외하고 잠실종합운동장과 효창운동장으로 이동
5월 16일	· 육군참모총장이 국방부장관에게 수도권 질서유지를 위한 20사단 60연대와 포병단을 사용할 수 있도록 요청 · 한미연합사령관이 국방부장관에게 20사단 60연대와 포병단 사용 승인 · 국방부장관이 육군참모총장에게 20사단의 60연대와 포병단 사용 승인
5월 17일	· 20사단 60연대 태릉으로 이동

광주에 7공수여단 사전 투입

신군부가 쿠데타 음모를 꾸미면서 가장 우려했던 지역은 서울과 전남 광주였다.

서울은 대학이 밀집되고 반유신 저항운동의 진원지가 되고, 광주는 학생운동의 전통과 함께 반유신에 이어 10·26 이후에도 학생·노동자·농민운동이 활발하게 전개되고 있었다.

신군부는 비상계엄 전국확대 조치(5월 17일 24시) 이전에 이미 전국에 충정부대를 극비리에 급파하여 주요 대학을 점령하도록 했다. 특히 광주에는 충정부대에서도 정예라는 7공수여단을 투입했다(자세한 내용은 다음 쪽의 표 〈5월 17일 24:00 현재 충정부대 대학점령 현황〉 참조).

반란세력은 광주가 호락호락하게 신군부에 복속하지 않을 것을 예상하고, 또한 그리되기를 기대(?)하면서 음모를 진행했다.

5·18 반란 사건에 대한 재판과정에서 전두환 등은 구차하게 변명하기를, 광주민주화운동은 시위와 진압이 예상외로 악화되어 발생한 것일 뿐 미리 강경진압을 공모하거나 계획한 일이 없다고 주장했다.

그러나 전두환 신군부는 5월 초에 시국수습 방안을 모색할 당시부터 이미 국민이 크게 반발·저항할 것을 예상하고, 이에 대비하여 '강력한 탄압'의 방법으로 시위를 진압하도록 평소에 훈련된 공수부대를 투입할 것을 계획하고, 비상계엄을 전국으로 확대하기 전에 미리 전국의 대학과 주요 보안목표에 계엄군을 투입했다는 사실이 재판과정에서 밝혀졌다.

5월 17일 24:00 현재 충정부대 대학점령 현황[8]

1공수여단 4개 대대	연세대, 서강대, 홍익대	
5공수여단 4개 대대	고려대	
11공수여단 3개 대대	동국대	수경사 사령부 작전통제 하에 임무 수행
13공수여단 2개 대대	성균관대	
보병 20사단 3개 대대	국민대, 산업대, 경희대, 한양대, 외대	
9공수여단 3개 대대	서울대, 중앙대, 숭전대	수도군단 작전통제
3공수여단 5개 대대	육군 중앙 기동 예비부대로 거여동 주둔	육군본부 작전통제
7공수여단 4개 대대	광주(전남대, 조선대), 전주(전북대), 대전(충남대)	2군 사령부 작전통제
해병 1사단 2개 연대	대구(경북대), 부산(부산대, 경남대)	

17일 밤에 이미 특전사 7공수여단 소속 장교 94명, 사병 680명이 M16 소총 등으로 무장한 채 전남대학교와 조선대학교를 점거하고, 당시 학교에 있던 학생들을 구타했다.

더구나 지역 정서상 커다란 반발이 예상되는 김대중을 계엄확대와 동시에 체포한 것 등에 비추어볼 때, 이들은 처음부터 광주시민들의 저항이 있을 것을 충분히 예상하고, 계엄군의 조기투입과 강경진압을 획책했음이 명백하다.[9]

신군부는 광주의 저항을 내다보고 음모를 꾸몄다. 호남 출신의 유망한 정치인 김대중을 17일 저녁에 전격 구속한 것도 화약고에 불을 던진 격이었다. 이 또한 사태를 키우려는 음모의 소산이다. 광주를 희생양으로 삼아 정권을 찬탈하려는 천인공노할 음모는 전두환과 5·17 군사 쿠데타 수뇌 그룹의 작품이다.

계엄령이 선포되자 세상은 쥐죽은 듯 조용해졌으나 광주에서는 시위가 끊이지 않았다. 신군부는 특전사 소속 7여단과 11여단 병력을 광주로 내려보냈다. 이른바 '충정훈련'을 받아 이미 '인간폭탄'이 되어 있는 병력이었다.

5월 17일 오후, 광주 상무대 전투교육사령부에선 공수부대 병력 1천여 명이 작전 개시 준비를 마치고 명령이 떨어지기를 기다리고 있었다. 작전명령은 '화려한 휴가'였다. 그러나 그 '휴가'는 차마 말과 글로 다하기 힘든 '인간사냥'을 위한 것이었다.[10]

전두환 신군부는 왜 하필 광주를 찍었나?

'분할해서 통치'하는 수법은 독재자나 제국주의나 다르지 않다. 피지배층이 한 덩어리로 뭉쳐 있으면 다스리는 게 쉽지 않다. 그래서 지배자는 한쪽을 적대하거나 옹호하면서 자체분열 현상을 시도한다. 박정희가 이 수법을 활용했고, 전두환이 이를 따라 배웠다. 박정희는 18년 독재정권 기간 내내 특정 지역 인사들을 중용하고 다른 지역 출신들을 배제했다.

박정희 정권 당시 정부의 인사정책에서 '호남 푸대접'과 '충청·강원 무대접론'이 나돌았다. 인사 등용뿐만이 아니었다. 경제개발 5개년 계획 등 각종 정부 정책에서도 이 같은 현상은 다르지 않았다. 그래서 박정희 집권기에 지역감정과 지역갈등이 심화되고, 남북분단에 이어 동서분단이라는 현대사의 모순구조가 깊게 뿌리내렸다. 그리고 아픈 상처는 쉽게 아물지 않았다.

평야가 기름지고 물산이 풍부한 호남 지역은 조선왕조 이래 지배층의 수탈이 극심해 1894년에 동학농민혁명이 일어나고, 일제강점기에는 일제가 쌀과 면화 등을 제 나라로 실어가기 위해 목포항과 군산항을 축조하고 이에 저항하기 위해 벌이는 각종 농민운동을 심하게 탄압했다.

이런 상황은 일제 식민지 통치하에서도 지속된다. 일제하 일본인 지주가 밀집되고 그것에 기생하는 기생적인 식민지 지주가 군생하고 있었던 호남지역에서 봉건적 모순관계는 첨예한 것으로 될 수밖에 없었고 이것이 이 지역을 항일농민운동의 중요한 거점으로 만들었다. (중략)

계급적 이해와 민족적 이해의 결합 속에 광범한 피억압계층으로 되는 호남의 민중은 반제민족해방, 자주, 반봉건민주주의와 민족통일의 길에 섰다. 그리고 그 후 역사의 전개는 우리가 몸소 체험한 바다.

민중은 억압받았기에 민족민중적으로 보상받았어야 함에도 불구하고 보상은커녕 도리어 낡은 체제에 저항하여 그것을 추구했기에 철저히 보복받아야 했다. 여기에서도 역사에서의 좌절은 다시 주어진다.[11]

일제 강점기 때 조선 8도가 저들의 수탈의 대상으로 전락한 건 별반 다르지 않았다. 그러나 그중에서 호남지역은 특히 수탈이 심했다. '먹잇감'이 상대적으로 많았기 때문이다. 그런데 해방이 되고 이승만에 이어 박정희 정권이 산업화를 추진하면서 시작된 저곡가

5월 19일 오후 3시경, 금남로와 충장로로 출동하는 계엄군.

정책은 다시 한번 호남 사람들의 생활을 더욱 빈곤하게 만들고 사회적으로 낙후하게 만드는 요인이 되었다. 정부의 저곡가 정책과 미국에서 들여온 값싼 잉여농산물은 호남의 경제구조를 파탄상태로 만들기에 충분했다.

산업적 대체 없이 농업에 전업하고 있는 호남지방의 경제적 몰락의 원인으로 된 것이다. 여기에 농공 간의 불균형은 지역 간 불균형으로 확대되고 이미 역사적으로 전승되면서 각기 생활과 경험에 의한 전승 속에 다양한 변종을 갖는 민중의식과의 결합 속에 여러 형태의 반영으로 되고 그 가운에 큰 것이 지역감정으로 되는 것이다.

이것은 자본주의적 자기논리에 대한 민중의 명확한 인식이 부재할 경우, 민중적인 내생적 요구는 왜곡된 외피를 스스로 갖게 됨을 말하는 것이다. 지역에 있어서 경제적 소외, 이것이 역사와의 결합과 정치적 상황 속에서 한 사회 안에서의 모순의 내용과 질을 규정하면서 내일의 항쟁의 역사적 계기를 준비하는 것이다.[12]

5·18 광주항쟁은 역사적, 정치적, 경제·사회적 모순구조에서 일어난 봉기였다. 그러나 이런 사실史實에는 눈을 감은 채 '반역의 도시'인 양 눈을 흘기는 사람들도 없지 않다. 망언을 일삼는 이들도 있었는데, 이는 침략군에 저항하는 의병義兵을 욕하는 격이다.

전라도는 동학혁명의 발상지인 데다 토지가 넓어 소작인도 많았다. 일제는 동학혁명의 뿌리를 뽑고, 전라도의 격렬한 소작 쟁의를 억누르기 위해 전라도 사람들을 집중적으로 수탈하고 핍박했다. 바로 이것이 전라도 사람들이 유랑의 길에 나서게 된 가장 큰 원인이었는데, 이거야말로 우리나라 사람들 모두가 처해 있던 식민 통치의 멍에를 전라도 사람들이 도맡다시피 해서 져준 게 아니고 무엇이랴. 그러나 그 결과 어떤 일이 벌어졌는가?

여자 여럿이 어디 놀러 가서 집단 강간의 위기에 처하게 되었다. 한 여자가 맹렬히 싸워준 결과 다른 여자들은 도망을 갈 수 있었다. 결국 그 싸운 여자만 강간을 당하게 되었는데, 나머지 여자들이 그 강간당한 여자에게 '더러운 년'이라고 욕한다면? 실제로 그런 기막힌 일이 벌어졌다. [13]

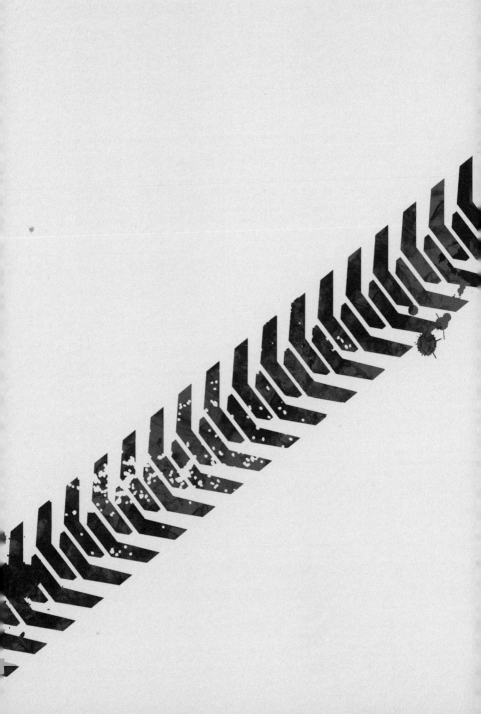

항쟁과 학살의 전주곡

광주의 5·18 항쟁 전야

광주의 시민들도 10·26 사태 이후 평온한 가운데 민주주의가 회복되고, 더 이상 차별받지 않는 지역이 되었으면 하는 기대에 차 있었다. 그럼에도 '서울의 봄', 아니 대한민국의 봄은 쉽게 오지 않았다. 신군부의 정권 야심 때문이었다.

이 지역은 박정희 시대, 학생·지식인·농민·노동자들의 반유신 투쟁과, 특히 1980년 봄에는 민주화운동이 거세게 전개되었다.

광주의 대학가는 신학기가 시작되면서 병영집체훈련 거부, 재단 비리 척결, 어용교수 축출, 학생회 부활 등 학원민주화를 시작으로 유신잔재 청산과 과도정부의 조속한 종식, 그리고 정치민주화를 요구하는 시위를 벌였다.

그 중심에 전남대가 있었다.

5월 14일 오후에는 교문 앞을 둘러싼 경찰 저지선을 뚫고 학생들이 광주 시내로 진출했다. 도청 앞 광장에 집결한 학생들은 12·12 군부반란의 진상과 신군부의 음모를 폭로하고, 유신잔당과 전두환·신현확 등의 퇴진을 요구하는 성명서를 발표했다. 시위집회를 평화적으로 마친 학생들은 질서정연하게 학교로 돌아왔다.

15일에도 학생들의 시위는 이어졌다. 이날의 시위는 그동안 재단 비리에 집중해 있던 조선대와 광주교대생들까지 더해져 시위의 규모가 커졌다.

15일에는 전남대뿐만 아니라 조선대와 광주교대 학생들까지 시위에 가담하여 도청 분수대 앞에는 1만 6천여 명의 학생과 수많은 시민들이 운집했다. 전남대의 시국성토선언문과 광주교대·조선대 민주투쟁위원회의 선언문이 낭독되었으며 교수들까지 참여했다.

학생들의 주된 구호는 "비상계엄 해제하라!" "유신잔당 물러가라!" "정치일정 단축하라!" "노동삼권 보장하라!" 등으로 다른 지역과 아무런 차이가 없었다. 시위대는 집회를 마친 후 대형 태극기를 앞세우고 학교로 돌아왔다.

태극기 뒤에는 50여 명의 전남대·조선대 등 주요 대학 교수들이 행진하고 그 뒤에 수만 명의 학생과 시민들이 뒤따랐다. 경찰은 시위진압을 아예 포기하고 학생대표들에게 질서를 당부하는 형편이었으며 전날에 비해 시민들의 호응은 크게 늘어나 집회나 시위 도중에는 박수를 치거나 구호를 함께 외쳐 학생들을 격려했다. 이것 하나가 서울이나 여타 지역과 조금 다른 점이었다.[1]

이날도 학생들은 평화적으로 집회를 마치고 학교로 돌아왔다.

학생회 지도부는 신군부가 곧 전국 대학에 휴교령을 내릴지 모른다는 정보에 따라, 만약 그럴 경우 그다음 날 오전 10시에 각 대학

전남대학교 정문에서 대치하고 있는 학생들과 전경들.

정문 앞에 모여 시위를 벌이고 정오에 도청 앞 분수대 앞으로 집결
하자는 방침을 밝혔다.

이와 같은 방침은 서울의 대학들도 거의 비슷했다. 1차로 각 대
학 정문 앞에서 모이고, 정오에는 영등포·신촌·청량리 등 가까운
도심지에 모이기로 했다. 그러나 막상 5월 17일 휴교령이 내려지자
서울의 대학생들은 움직이지 않았다.

서울과 달리 광주의 대학생들은 5월 16일에도 시위를 계속했다.
이날은 5·16 군사 쿠데타 19주년이 되는 날이다.

5월 16일 오후, 도청 앞 분수대에는 전남대, 조선대, 광주교대, 동신실
업전문대, 송원전문대, 성인경상전문대, 기독병원간호전문대, 서강전문

대 등 9개 대학 3만여 명의 학생이 집결했다.

여기서 후일 계엄사가 김대중 씨를 '광주사태의 배후조종자'로 몰기 위해 희생양으로 선택한 전남대 복학생 정동년 씨는 「제2시국선언문」을 낭독했다.

학생들은 이 집회를 마친 뒤 대규모의 거리행진을 벌이고 다시 도청 앞에 모였다. 오후 8시부터 학생들은 횃불시위에 돌입했다. 조선대생을 선두로 한 1개조는 금남로를 따라 행진하고, 전남대생을 선두로 한 다른 1개조는 '광주체신청 ─ 산장입구 ─ 산수동오거리 ─ 동명파출소 ─ 노동청'을 거쳐 다시 도청 앞으로 돌아왔다.

광주 시내는 400여 개의 횃불과 시위대의 함성으로 불야성을 이루었다. 경찰은 충돌을 피하기 위해 평화시위를 보장하고 교통정리를 해주는 등 협조를 해주었다.[2]

이즈음, 광주를 향해 거대한 먹구름이 덮쳐오고 있었다. 또한 시민과 학생들은 알 리가 없었지만, 5·17 직전 광주 지역 미국인들이 철수하고 미 공보관이 폐쇄되었다. 신군부가 광주에서 살육전을 펴기 전에 취한 조처였다.

'두견을 울게 하고 꾀꼬리 미치게 하는 재앙의 달'

1980년 5월 18일, 이날 오전의 광주는 어느 해 못지않게 화창한 봄날이었다.

초록이 물든 가로수는 더욱 싱싱하고 공기는 맑았다. 공수부대

저승사자들만 아니었으면 학생들은 캠퍼스에서 책을 읽고, 산책을 하거나, 시국토론으로 청춘의 열정을 쏟았을 것이다. J. W. 괴테는 5월을 다음과 같이 생명이 뛰고 무수한 노랫소리가 나무 그늘에 가득한 날들이라 노래했다.

얼마나 명랑한가
자연의 빛
해는 반짝이고
들은 웃는다.
꽃과 꽃들
가지에 피어나고
무수한 노랫소리
나무 그늘에 가득 찼다.
용솟음쳐 오르는
기쁨, 이 환희
오오 땀이여 태양이여
행복이여 희망이여
(중략)
그대 명랑히 축복한다
생명이 뛰는 들을—
꽃이 그득 핀
충만된 5월을—
얼마나 명랑한가.

정비석은 "하늘에 환희가 넘치고 땅에는 푸른 정기가 새로운 오월"이라 했고, 김영랑은 "두견을 울게 하고 꾀꼬리를 미치게 하는 달"이라 했다.

5월!

오월은 푸른 하늘만 우러러보아도 가슴이 울렁거리는 희망의 계절이다. 오월은 피어나는 장미꽃만 바라보아도 이성이 왈칵 그리워지는 사랑의 계절이기도 하다.

바다같이 넓고 푸른 하늘을 기만히 바라보고 있으면 어디선가 구성진 흥어리 타령이 들려올 것만 같고 신록으로 성장한 대지에도 고요히 귀를 기울이고 있으면 아득한 숲속에서 아름다운 희망의 노래가 들려올 듯도 싶다.

하늘에 환희가 넘치고 땅에는 푸른 정기가 새로운 오월! 오월에 부르는 노래는 그것이 아무리 슬픈 노래라도 사랑의 노래와 희망의 노래가 아니어서는 안 될 것이다.

오월에 꾸는 꿈은 그것이 아무리 고달픈 꿈이라도 사랑의 꿈이 아니어서는 안 될 것이다.

－정비석, 『청춘산맥』 중에서

5월은 두견을 울게 하고 꾀꼬리를 미치게 하는 재앙 달. 더러는 사람으로 하여금 과한 탈선도 하게 하지 않는가.

－김영랑, 〈두견과 종다리〉 중에서

그러나 1980년 5·17 군사 쿠데타로부터 한국 사회의 5월은 만물이 용솟음치는 생명의 계절을 빼앗기고, 죽임과 반역의 절기로 바뀌었다. 여기에 1980년 5·18 광주항쟁에서 벌어진 끔찍한 대학살이 덧칠되면서 더욱 고착화되었다.

5월 18일 오전 9시를 전후해 광주 시내 요소요소에 무거운 분위기가 감돌 무렵, 전남대학교 정문 앞엔 학생들이 하나둘씩 모여들기 시작했다.

일요일인데도 불구하고 많은 학생들은 "휴교령이 내리더라도 10시에 학교 앞에서 만나자"는 약속을 기억하고 사태추이를 알아보기 위해 평일이나 다름없이 등교자세를 취하고 있었다.

그러나 학교 정문 앞에는 이미 공수특전단이 완전무장한 모습으로 학생들의 출입을 저지하고 있었다. 이들은 "오늘은 학교에 들어갈 수 없으니 각자 집으로 돌아가라"고 종용했다. 학생들은 학교 문 앞을 삼삼오오 서성이며 쉽사리 귀가하려 들지 않았다. 30여 분이 지나자 학생들의 숫자는 1백여 명으로 불어났다.

학생들은 동료들의 수가 불어나자, "점차 겁이 없어지고," 공수부대원들은 긴장된 자세를 취하기 시작했다. 책임자급으로 보이는 공수부대원이 직접 학교 정문 다리 앞까지 나와서 메가폰으로 귀가를 종용했다.

그러나 50여 명의 학생들은 이에 아랑곳하지 않고 다리난간에 걸터앉아 〈정의가〉, 〈투사의 노래〉 등을 합창하며 "계엄군 물러가라" "○○○ 물러가라" 등의 구호를 외치기 시작했다.

10시를 전후해서 학생들의 숫자가 2~3백 명 선으로 불어나자, 대치 중이던 공수부대 책임자는 메가폰을 통해 "지금 즉시 해산하지 않으면

무력으로 해산시키겠다"고 위협적인 경고를 발했다.[3]

한국 현대사의 최대 비극은 이렇게 시작되었다. "계엄군 물러가라"라고 외친 학생들도, 본인 의지와는 상관없이 동원된 군인들도 대한민국의 젊은이들이었다.

학생들은 의분에서, 군인들은 명령에 따라 대치하게 되었다. 권력욕의 광기에 찬 전두환과 그 일당이 군인들에게 특수임무를 맡기면서 반동의 역사가 시작되었다.

"○○○ 물러가라"의 '○○○'은 전두환이다.

5·18 밤중에 신군부 광주 요소 점령

전남대생들이 5월 18일 자신들이 주인인 학교 안으로 들어가려 할 때 제지한 군인들은 누구이고, 이들은 언제 교정 안으로 들어왔을까?

국가안보를 책임져야 할 군부대가 밤중에 대학에 들어가 학생회 간부들을 체포하고, 이튿날 등교하는 학생들의 출입을 막았다.

18일 새벽 1시에 전북 금마에 주둔하던 특전사 제7여단(여단장 준장 신우식) 제33대대와 제35대대 장교 82명, 사병 604명이 전남대에 도착해 도서관, 총학생회실 등에 있는 학생들을 급습하고 곤봉과 군홧발로 구타한 뒤 체포했다.

이날 새벽 2시에는 제33대대(대대장 권승만 대령) 장교 45명, 사병 321명이 전남대와 조선대를 동시에 점령하고, 관내에 있던 학생 43명

을 체포했다. 구속영장은커녕 체포 이유도 제시하지 않았다. 제35
대대(대대장 김일욱 중령) 장교 29명, 사병 285명도 조선대를 점령하고
학생 43명을 체포했다.

"17일 밤 전남대 총학생회 사무실을 지키고 있는데, 11시경에 군부대
트럭이 교내로 들어왔다. 그들은 통신점검차 들렀다고 하면서 횡설수설
했다. 자정이 되자 공수들이 정문과 후문으로 계속 밀어닥쳤다. 총학생
회 사무실에 있던 7명 중 3명은 무사히 빠져나가고, 권창수·오진수·나
외에 1명이 새벽 1시경 공대 5호관에서 붙잡혔다."(구술: 이승룡)[4]

비슷한 시기에 군부대는 이들 대학뿐만 아니라 광주 시내 소재
모든 대학(전문대 포함)을 기습, 점령했다. 제31사단 96연대가 점령한
각 대학과 동원된 병력은 다음과 같다.

호남신학대: 장교 3명, 사병 42명
서원보건전문대: 장교 3명, 사병 35명
동신전문대: 장교 3명, 사병 27명
대건신학대: 장교 3명, 사병 29명
서강전문대: 장교 3명, 사병 32명
성인경상전문대: 장교 2명, 사병 47명
기독간호전문대: 장교 3명, 사병 35명
송원전문대: 장교 2명, 사병 47명

신군부의 명령으로 제31사단 96연대가 점령한 것은 대학만이 아니었다. 비슷한 시각에 광주 시내의 모든 방송국을 점령했다. 방송국을 점령한 군 병력은 다음과 같다.

KBS: 장교 2명, 사병 40명
MBC: 장교 1명, 사병 10명
VCC(전일방송): 장교 1명, 사병 10명

또 이날 새벽 5시경에는 광주 지역의 민주인사와 학생회 간부들을 연행했다.

1. 정동년·김상윤 등 복학생과 전남대 총학생회 간부들에 대한 연행작전.
2. 도서관에서 철야 하던 전남대·조선대 학생들의 회의장, 농성장에 공수부대가 급습, 학생회 간부 및 복학생, 시위 주동 혐의자들을 검거하여 운동장에서 옷을 벗겨 꿇어앉히고 구타한 뒤 연행. 공수부대와 합수부(안기부, 경찰, 보안대)는 새벽 5시경까지 학교와 예비검속 대상자의 가택 등을 수색.
3. 예비검속자 명단: 정동년(전남대 4년), 권창순(전남대), 오진수(전남대), 이승룡(전남대 3년), 유재도(조선대), 유소영(조선대).

"조선대 방송실에서 선후배들이 모여 철야 간담회를 하고 있는데, 31사단 소속 통신장교 1명과 사병 2명이 학교 통신시설을 점검한다며 들어왔다. 형식적인 점검 후 그들이 나가자 나는 화장실에 갔다. 잠시 후 방송실에서 험한 욕설이 흘러나오고 뭔가 부서지는 소리와 비명소리가 요란했다. 교내에 계엄군이 진입한 것이다. 그때가 밤 12시경이었다."(구술: 진호림)[5]

학생들은 밤중에 일어난 이 같은 사태를 까맣게 모른 채 약속대로 오전 9시부터 등교하기 시작했다. 학생들이 등교할 시각에 전남대 앞에는 군인들뿐만 아니라 경찰 724명도 배치되었다.

1. 전남대 정문 앞에 학생들 모이기 시작.
2. 일찍 등교한 전남대생 6명, 팬티만 입고 무릎을 꿇고 있었다.
3. 전남대생 1백 명가량이 학교에 들어가려다 기동경찰과 대치. 투석전.
4. 휴교령으로 문이 닫힌 전남대 정문에서 학교에 들어가려던 교수 한 분이 계엄군에 의해 구타당하자 분개한 전남대생 2백여 명이 학교 정문에서 20분간 공수, 경찰과 투석전을 벌인 뒤 중흥동 금남로에 진출하여 연좌, '계엄령 해제'와 전두환 사임을 요구하며 가두농성을 시작했다.

40여 분간 요지부동으로 연좌데모를 하던 학생들이 한일은행과 YMCA 양쪽에서 포위망을 좁혀오는 경찰의 최루탄에 견디지 못하고 흩어지자 사복형사들이 뛰쳐나와 학생들을 체포했다. 이에 연변의 시민들이 형사들에게 야유를 던지기도 했다. 학생들은 흩어졌다가 현대극장 앞에서 다시 일행을 규합. 이때 조선대학교 및 전문대 학생들이 가세하면서 여기저기서 산발적으로 상기 구호를 외치며 시위했다((신동아), 1985. 10).[6]

광주의 5월항쟁은 이러한 과정을 거쳐 전 시민적 봉기로 확산되었다.

평화로운 시위를 난폭하게 제지

다시 5월 18일 오전 9시경 전남대 정문 앞 역사의 현장으로 돌아가보자.

시간이 지날수록 숫자가 늘어난 학생들은 "전두환 물러가라" "계엄군 물러가라" "휴교령 철회하라" 등의 구호를 외치며 시위를 계속했다.

전남대에 진주한 공수부대 최고 책임자인 권승만 중령은 사태가 심상치 않아 보이자 직접 앞으로 나와서, "만약 즉시 해산하지 않으면 무력으로 해산시키겠다"고 위협했다. 학생들은 악을 쓰듯 더욱 크게 노래를 불러 댔다. 이때였다.

"돌격 앞으로!"

짧고 굵은 목소리로 명령이 떨어졌다.

공수대원들이 '으악' 소리를 내지르며 위협적으로 학생들 사이로 파고들었다. 곤봉으로 마구 후려치기 시작했다. 경찰들과는 전혀 달랐다. 가차 없이 머리를 후려갈겼다. 학생 몇 명이 피를 쏟으며 순식간에 땅바

5·18 당시 태극기를 들고 민주화 시위를 벌이는 광주시민들.

닥에 나뒹굴었다.

설마 하던 학생들은 공수들의 진압태도에 경악했다. 학생들은 순간적으로 골목으로 도망쳤다가 다시 모여들면서 돌멩이를 주워서 던지기 시작했다.

공수대원들은 이번에도 역시 저돌적으로 앞으로 진격해 나왔다. 날아오는 돌을 피하지 않고 달려들었다. 끝까지 한 사람만 쫓아가서 곤봉으로 머리를 강타했다. 실신한 학생은 질질 끌고 갔다. 30여 분쯤 밀고 밀리는 공방전이 계속되었다. 그러나 대학생들이 폭동진압 훈련과 게릴라 특수훈련을 받은 최강의 공수부대와 맨손으로 싸운다는 것은 애당초 무리였다.[7]

전남대 정문 앞에서 학생들이 공수부대 및 경찰과 대치하고 있을 때, 전남대 후문과 광주역 앞에서도 사태가 벌어지고 있었다.

"전남대 후문에 도착해 버스에서 내리자 공수 2명이 내 양쪽 팔을 잡고 전남대 수위실로 끌고 갔다. 왜 나를 잡아가느냐는 물음에는 대꾸도 하지 않고 군홧발로 차고 곤봉으로 사정없이 팼다. 수위실에는 먼저 잡혀온 몇몇 사람이 포승줄에 묶인 채 꿇어앉아 있었다."(구술: 장천수)

"오전 10시경 10번 시내버스를 타고 갔다. 전남대 후문에서 학생으로 보이는 젊은이 한 명이 내리자 담벼락에 숨어 있던 공수가 달려와 버스를 세우더니 승객들에게 내리라고 했다. 아무도 내리지 않자 공수 2명이 승차하여 닥치는 대로 구타하기 시작했다. 그들은 20~30명의 승객

을 끌어내린 후 전남대 수위실 부근에 감금시켰다."(구술: 범진염)

"광주역 앞에서 전남대생 2백여 명이 집결하여 금남로 도청 앞까지 행진하다 경찰의 제지로 광주우체국 쪽으로 흩어짐."(5·18 당시 시청에서 정리한 일지로 《경향신문》 1988년 5월 18일 자에 발표된 5·18 사태 상황 및 조치사항)[8]

전남대 정문 앞에서 학생들과 공수부대원들 사이에 격렬한 공방전이 계속되고 있을 때 김한중(20살)이 "여기서 승산 없는 싸움을 계속할 것이 아니라 도청으로 갑시다"라고 외쳤다. 그러자 모두들 공감하여 시위장소를 도청 쪽으로 옮겨갔다.

5월 18일 오전, 공수대원들의 폭력적인 진압에 분노한 학생들은 한적한 전남대 정문보다 시민들의 왕래가 많은 도청 앞에서 시위하는 것이 효과적이라 판단하고 그쪽으로 이동한 것이다.[9]

"이후 10일 동안 광주시민들에게 공포와 분노의 대명사가 된 공수부대와의 첫 격돌"[10]이 시작된다.

학생들이 시내로 진출하면서 공수부대의 진압은 더욱 난폭성이 심해졌다. 학생들은 여전히 구호를 외치며 군경의 곤봉과 페퍼포그에 돌멩이로 맞섰다.

곤봉 세례를 피해 교문 앞을 빠져나온 학생들은 광주역, 공용터미널, 가톨릭센터 등을 거쳐 도청 앞 진출을 시도한다. 경찰의 저지에 막혀 학생들이 중간집결한 곳은 공용터미널과 가톨릭센터. 두

군데의 참여 학생 수가 각각 5백여 명을 넘어서자 경찰은 가스차 등을 동원해 해산을 시도한다.

이 과정에서 수많은 사람이 통행하는 공용터미널 대합실 내에 최루탄이 무차별 난사돼, 시민들의 분노와 함께 이날 오전 시위를 격화시키는 주요 요인으로 작용한다.

경찰 저지에 막혀 도심지에서 산발적으로 진행되던 오전 시위 상황은 충장로파출소와 동명파출소 등의 유리창이 부서지는 등 과격한 모습을 보이기도 했으나 전반적으로 초보적인 항의시위 수준을 유지한다. 그러나 오후 들어 시위와 진압방식은 급변한다.

육군본부는 오후 1시께 학내에 진주해 있던 7공수부대에 가두시위 진압 지시를 내리는가 하면 이들 외에 11여단(여단장 최웅 준장)을 추가 투입키로 하는 등 공수부대에 의한 시위 진압방침을 확정한다.

7공수 제33대대는 이와 관련 이날 오후 1시께 광주 수창국민학교에 집결한 뒤 오후 3시를 전후해 본격적인 진압작전에 나서게 되고 제35대대(대대장 김일옥 중령)도 오후 4시께부터 이에 합류한다.[11]

광주에서 일정한 규모의 소요를 일으켜 집권의 명분으로 삼고자 기도한 신군부 측은 수시로 상황을 보고받으면서 사태가 악화하는 쪽으로 몰아갔다. 특수훈련을 받은 공수대원들의 무자비한 폭력 행사가 시민들의 분노를 불러일으키면서 학생들의 시위는 시민항쟁으로 비화하게 되었다.

도청 앞의 첫 격돌과 시내시위

군 헬리콥터까지 동원해 시위대 추격

갑오농민에게 소중했던 것 그것은

한술의 밥이었던가 아니다

구차한 목숨이었던가 아니다

다 빼앗기고 양반과 부호들에게

더는 잃을 것이 없는 우리 농민에게 소중했던 것

그것은

돌이었다 낫이었다 창이었다.

고故 김남주 시인의 시 〈돌과 낫과 창〉의 앞부분이다.

5·18 이전에 이른바 남민전 사건으로 15년 실형 선고를 받고 광주교도소에 수감되어 광주민중항쟁의 소식을 들었다던 그는 당장 '돌과 낫과 창'을 들고 광주 금남로에 뛰어가고 싶었지만 옥문의 자물쇠는 너무 견고했다.

1894년에 동학도와 농민들이 돌과 낫과 창을 들고 궐기했듯이,

그 후예들은 같은 정신으로 신군부 민주주의 찬탈자들과 맞서고자 일어섰다. 그들에게는 낫도 창도 없었다.

전남대학교 정문에서 금남로 가톨릭센터까지는 걸어서 이동하기에 조금 먼 거리다. 그러나 약동하는 20대, 계절은 바야흐로 꽃이 피고 녹음이 짙어지는 5월의 봄, 불의와 대결하는 신념에 가득 찬 청춘들의 발걸음은 빨랐다.

약 3km(전남대 정문→광주역→공용버스터미널→가톨릭센터)를 순식간에 달려온 5백여 명의 학생들은 피로도 풀 겸 11시경부터 가톨릭센터 앞 금남로 도로상에서 연좌데모에 들어갔다. 학생들의 숫자는 5백여 명 선으로 불어나고 금남로 일대의 교통은 차단됐다. 연좌농성 중인 학생들을 빙 둘러선 시민들의 숫자는 대략 2천 명 정도에 달하고 있었다.

연좌농성에 들어간 지 10분도 채 못 되어 대기 중이던 전투경찰들이 이들을 포위하고 최루탄을 쏘기 시작했다. 학생들의 대오는 급작스레 무너지기 시작하면서 경찰에 의해 많은 숫자가 연행돼 갔다. 경찰들의 태도 역시 엊그제의 횃불시위 당시와는 판이했다.

"곤봉세례와 군홧발로 짓이기는 것쯤은 아무것도 아니었다."

이를 지켜본 시민들은 경악과 분노를 금치 못하면서 서서히 학생세력과 동화되는 기세를 보였다. 그러나 시위에 직접 합세하는 시민은 별로 없었다. 아직도 동정적·심정적 동화단계에 머물고 있었다.[1]

역사는 종종 우연한 일로 얽혀진다. 가톨릭센터 앞 금남로 도로상에서 연좌데모를 하는 학생들은 여느 때처럼 평화롭게 집회를 진행했다. 그런데 이날 경찰이 포악하게 대처했고, 잔학한 태도로 나왔다.

'우연'이 아닌 '작위'였다. 경찰은 지휘부의 시나리오를 충직하게 시행했다. 이날의 실황을 조금 더 살펴보자.

전투경찰의 완강한 저지를 받은 학생들은 뿔뿔이 흩어져 충장로 황금동 불로동을 무리 지어 행진하면서 구호를 외쳐댔다. 이날 시위대는 두 방향으로 나뉘었는데, 충장로 쪽으로 향한 시위대열은 황금동→수기동→광주공원→현대극장→한일은행4거리를 거치면서 5백여 명으로 숫자가 불어났고, 또 다른 시위대열은 광주천에서 광주공고와 동구청을 돌면서 3백 명 선으로 불어나 있었다.

양 시위대열은 곧 합류하여 공용버스터미널 로터리를 거쳐 시민회관 쪽으로 진출을 시도했다. 공용버스터미널을 지나면서 학생들은 각 지방 (목포, 여수, 순천, 해남) 주민들에게 광주의 시위 사실을 알려달라고 간곡히 부탁하기도 했다.

그러나 공영터미널 안쪽으로 들어간 학생들은 포위되고, 터미널은 삽시간에 최루가스에 휩싸였다. 헬리콥터가 계속 공중을 맴돌면서 학생들의 시위현황을 무전으로 연락, 학생들은 경찰저지망을 뚫기가 힘들었다. 계림극장 부근까지 피신한 학생들은 이 과정에서 많은 수가 붙잡혀 가고 폭행에 가까운 곤욕을 치렀다.[2]

5월 18일부터 10일간 광주에 동원된 군경은 1919년 3·1 혁명에 참여한 조선 민중을 학살한 일경·헌병부대와 크게 다르지 않았다.

그때는 상대가 이족異族이었지만, 광주에서는 동족 간이었다. 동족에 대해 그토록 야만적이기는 제주 4·3 항쟁 때와 비슷했다. 그러나 이것은 서막에 불과했다.

학생 시위대가 터미널 로터리를 거쳐서 시민회관 쪽으로 쫓겨가는데 공중에서 헬리콥터가 시위대를 추격하기 시작했다. 시위진압에 헬기까지 동원된 것은 과거에는 없던 일이다. 헬기에서 경찰 진압부대에 무전으로 시위대의 위치를 알리는 게 분명했다. 시위대 속에 섞여 있던 전남대생 임낙평(22세)은 낮게 날아온 헬기의 강한 프로펠러 바람 때문에 시위대가 견디지 못하고 흩어져버린다고 생각했다.

시위대가 소규모로 쪼개져서 비좁은 골목으로 숨어도 마치 손금 들여다보듯 곧바로 경찰이 나타나 시위대를 해산시켰다. 헬기의 도움으로 경찰 병력의 이동도 신속해진 듯 보였다. 공중과 지상에서 서로 협동하여 시위를 진압하는 '공지空地협동작전'이 시작된 것이다.[3]

학생들의 시위에 헬리콥터가 동원되었다. 이는 '진압'에서 '전투'로 바뀌기 시작했다는 신호탄이다.

전두환 등 수뇌부, 강경진압 지침

광주 시내 가톨릭센터는 유신시대 이후 이 지역 민주화운동의 거점이었다. 가톨릭농민회, 노동청년회, 정평 등의 사무소가 모여 있어서 민주화운동의 진원지 역할을 했다. 학생들이 가톨릭센터로 집결한 것은 이 같은 연유에서였다.

가톨릭센터 앞 시위상황은 오후 2시 이후 다시 가열된다. 2시가 넘어서면서 한일은행, 조흥은행 인근을 중심으로 3백여 명이 모여 시위를 시작한 것을 계기로 점차 숫자가 불어나기 시작, 2시 40분께는 1천5백여 명, 오후 3시께는 3천여 명으로 불어난다(『육군본부 작전상황일지』기록).

5·18 이후 18일 상황을 분석한 전투교육사령부(전교사)의 『광주소요 사태분석교훈집』은 2시 이후 시내 분위기를 "14시경에는 시위행렬이 3백~1천여 명으로 확대, 경찰과 투석전으로 대치하면서 경찰의 가스차 1대를 방화하는 등 경찰 능력으로는 저지할 수 없는 상태에 이름"이라고 기록하고 있다.[4]

전투교육사령부의 기록은 사실과 차이가 크다. 경찰의 잔인한 폭력행사가 학생들을 분기시켰고, 갑자기 헬기까지 시위진압에 나서자 시민들도 함께 분개한 것이다.

"처음에는 헬기가 단지 작전을 지휘하는 정도로만 생각했다. 전경들과의 투석전이 계속되면서 시위대들의 숫자가 계속 불어나자 헬기가 직접 시위진압에 투입됐다. 헬기가 저공비행을 하면서 프로펠러의 바람을 이용하여 시위대를 해산시켰다. 헬기가 다가오면 세찬 바람과 먼지 때문에 눈을 뜰 수 없어 골목으로 재빨리 피신했다가 재집결하여 투석하기를 여러 차례 반복했다."(구술: 임낙평)[5]

광주 시내 곳곳에서 산발적인 시위가 계속되었다. 시위의 지도부도 따로 없었고, 자연발생적이고, 학생들과 시민들이 여러 곳에서 참여했기 때문이다. 오후가 되면서 시위 가담자가 훨씬 많아지고, 길가에서 지켜보던 시민들이 자발적으로 참여하기 시작했다.

이날 오후 시위는 오전보다 훨씬 밀도 있게 전개되었다. 오후 2~3시를 넘기면서부터 시위대의 숫자가 기하급수적으로 불어나 시위대의 물결은 더욱 적극적이고 조직적인 양상을 띠기 시작했다.

길가의 시민들은 시위학생들에게 음료수와 빵 등을 전달하며, 무언으로 격려했다. 시위대가 점차 불어나고 구호의 내용이 격렬해지면서부터 시민들 중 상당수는 직접 학생들의 시위행렬에 참여하기도 했다.

거의 1천5백여 명으로 불어난 시위대는 광주천변을 지나면서 공원 부근에 집결해 있던 5백여 명의 또 다른 시위대와 맞닥뜨렸다. 환호성이 터져 올랐다. 이들은 합세해서 광주천변 도로를 따라 황금동 입구의 구시청 부근으로 나아가 충장로 입구와 도청 앞으로 진출하려 했다.

그러나 경찰의 완강한 저항에 부딪힌 시위대는 도교육위 쪽으로 방향을 선회, 돌을 던지며 '어용교육집단'이라고 규탄했으며, 인근의 호화주택(화천기공사 사장 저택으로서, 개인 집으로는 가장 호화주택으로 알려져 있다)에도 일제히 돌을 던지기도 했다.[6]

이 시각에 서울에서 신군부 쿠데타 세력은 은밀히 움직이고 있었다. 그리고 얼마 뒤 광주를 강경진압하라는 지시가 내려졌다.

이때 서울에서는 주영복 국방장관, 이희성 계엄사령관, 전두환 보안사령관 겸 중앙정보부장서리 등 군 수뇌부가 모여 광주사태에 관한 대책회의를 열었다.

여기에서 정호용 사령관이 광주 상황에 대한 자세한 브리핑을 하면서 제3공수여단과 제7공수여단을 동시에 증파해줄 것을 요구하였다. 이에 전두환 장군은,

"20사단도 함께 진입시키는 게 좋겠어. 계엄군이 집중적으로 나서면 그만큼 이쪽의 시위가 위력적일 테니까."

이때 제9사단장인 백운택 소장이 전두환 장군에게 "제가 광주에서 희생하겠다"고 자기도 보내줄 것을 진언했으나 보류됐음[제11공수여단(여단장 최웅 준장)은 정호용 사령관의 특별명령으로 이내 광주에 진주해, 제11여단의 4개 대대가 2개 대대씩 나뉘어 각각 전남대·조선대에 배치되어 있었다].[7]

전두환이 중심이 된 '하나회' 출신인 이들 군사 쿠데타 세력은 야전군 출신은 없고 대부분 박정희 밑에서 정보나 수사업무로 군부 내 권력을 키운 '정치군인'들이었다. 이들의 지침은 득달같이 광주에 하달되었다.

오후 1시쯤 유동3거리에 있는 수창국민학교에는 20여 대의 군용트럭이 집결, 공수부대원들을 토해내고 있었다. 그들은 운동장에서 한두 시간에 걸쳐 작전 지시를 받으며 조를 편성하고 있었다. 그들은 완전무장한 채로 얼굴에는 투석방어용 철망이 부착된 철모를 썼으며, 총은 등에다 비스듬히 각개총으로 멘 상태였다. 한 손에는 대검을, 다른 한 손에

는 곤봉을 들고 있었다. 이들은 오후 2시가 지나면서부터 시외버스터미널을 시작으로 시내 곳곳으로 진압작전을 펴나가기 시작했다.[8]

인간의 탈을 쓴 악귀들의 만행

젊어서부터 권력의 꿀맛에 젖어온 5·17 쿠데타 주동세력은 민주주의나 인권, 국가안보 따위는 안중에도 없었다. 입으로는 안보를 들먹였으나 그것은 그저 수사에 불과했다. 속으로는 정권을 차지하는 일에만 오직 혈안이 되어 있었다.

분노한 학생과 시민들이 동명동파출소를 점거하고 일부 경찰을 포로로 잡았다. 그리고 구속된 학생·시민들과 이 경찰들을 교환하려는 협상을 벌였으나 결렬되었다. 이후 공수부대원들이 투입되어 시위대에게 무자비한 폭력을 휘둘렀다.

협상이 결렬된 후인 오후 4시 40분쯤 갑자기 공수부대원들이 시위대를 포위, 학생들을 무자비하게 구타하기 시작했다. 이들은 경찰과 합세하여 학생들이 쓰러지면 "2~3명이 한꺼번에 달려들어 군홧발로 머리를 치고 밟고 하면서, 특히 얼굴을 앞으로 돌리게 하여 그대로 전면을 발로 짓밟았다. 곤봉으로 쳐서 피가 낭자하게 되어 실신하면 멱살을 한 손으로 움켜쥔 채 둘이서 들어 올려 차량 위로 쓰레기 치우듯 휙 던져버리더라"는 것.

시위대는 순식간에 아수라장이 돼버렸으며, 주위의 시민들이 모두 발을 동동 굴렀다. 경찰 병력에 밀려 시외버스 공용터미널 안쪽으로 몰

무자비한 폭행으로 시민을 진압하는 계엄군.

린 시위대에게도 강압적인 진압작전이 시작되었다.

오후 3시쯤, 공수특전단이 이들을 향해 투입되었다. 이들은 3~4명이 1개조가 되어 학생처럼 보이는 젊은 청년이면 무조건 붙잡아 M16 개머리판과 곤봉으로 구타하고 사정없이 끌고 갔다.[9]

악명 높은 공수부대는 광주에 투입되어 일제가 우리 동학군과 의병에게 했던 짓과 비슷한 만행을 서슴없이 저질렀다.

"유동삼거리 쪽에서 공수들이 헤드라이트를 켜고 밀고 들어오는 것을 보았다. 내가 본 공수들의 시위 진압방식은 전경들과 많은 차이가 있었다. 장갑차를 앞세우고 시위군중이 돌을 던지거나 말거나 앞으로 전진했다. 시위군중들이 도망가면 건물 속에까지 따라갔다. 시위군중을 잡으면 일단 참나무 봉이나 군홧발로 정강이를 차버렸다. 피투성이가 된 사람들을 팬티만 입힌 채 군 트럭에 실어 원산폭격을 시키고 있었 다."(『광주5월민중항쟁사료전집』)

같은 시각 35대대에도 충장로에서 소규모 시위를 하고 있던 시위대 의 '강력저지 및 분산'이라는 진압명령이 내려진다.[10]

뒤에서 차차 다루겠지만 5월 광주에서 공수부대의 만행은 인간 의 탈을 쓴 악귀들의 소행이나 다름없었다.

공수부대의 '광견'에 가까운 '충성심'과 과잉충성파들의 상부지시 를 무시하는 작전수행으로 광주 전역은 1980년 5월 18일부터 생지 옥으로 바뀌었다.

5월 18일 오후 동구 대인동에서 벌어진 학생들과 공수부대들의 충돌에 서 잔인한 진압행위를 목격했던 한 노인은 "6·25 때도 이런 적이 없었 다. ○○보다 더 지독한 놈들……" 하면서 말을 잇지 못했다는 기록이 지금껏 전해지는 상황을 보면 잔인성은 가히 짐작이 되고도 남는다.[11]

5월 18일 오후부터 광주의 시위는 시민항쟁의 양상으로 전개되 었다. 경찰이 뒤로 처지고 공수부대가 전면에 나서면서 사태는 걷 잡을 수 없는 수준으로 치달았다. 군인들은 시위를 하지 않는 길가 의 시민들도 닥치는 대로 때려눕히고 체포했다.

"그 후 4시경 충장로 1가에 있는 당구장에서 친구들과 당구를 치고 있는데 공수 2명이 곤봉을 들고 험악한 표정으로 들어왔다. 그들은 손에 초크가 묻지 않은 사람을 분류하여 곤봉으로 후려치기 시작했다. 그런 후 광주우체국 앞으로 끌고 갔다. 우체국 앞에는 이미 많은 사람이 잡혀와 무릎을 꿇고 있었다. 잠시 후 공수들은 그들을 트럭에 싣고 갔다."(구술: 조훈철)[12]

"계림극장 앞을 지나다 보니 거리에 공수들이 쫙 깔려 있었다. 두려움을 느낀 나는 빠른 걸음으로 그 앞을 지나쳤는데, 갑자기 등 뒤에서 '저놈 잡아라!'는 소리가 들렸다. 이리처럼 달려든 공수들이 이렇다 할 말 한 마디 없이 곤봉으로 때리고 대검으로 4군데나 찔렀다."(구술: 이장의)[13]

"광주은행 본점 앞에서 학생 50여 명이 데모를 하고 있었다. 공수들은 젊은 사람이면 무조건 잡아다 피투성이를 만든 후 중앙국민학교 돌담 밑에 꿇어앉혀 놓고 군홧발로 짓이기고 있었다. 그 광경을 보고 울컥 화가 치민 나는 죄가 있으면 법대로 처리하라고 항의했더니 곤봉으로 냅다 어깨를 후려쳐 정신을 잃고 말았다."(구술: 이근재)[14]

둘째 날의 항쟁과 진압

광주 36개 주요 지점에 공수부대 배치

광주시민들이 경찰과 공수부대의 살인적인 폭력에 저항하며 궐기한 5월 18일이 저물고 둘째 날인 19일이 밝았다. 밤사이에도 시내 곳곳에서 시위가 벌어지고, 무자비한 탄압과 검거가 계속되었다.

분노와 공포의 밤을 지새운 시민들은 시내 상황을 살피기 위해 아침 일찍부터 금남로로 모여들었다. 초·중·고등학교와 관공서, 일반 기업체는 정상근무를 계속했으나 시내의 상가들은 대부분 문을 닫았다.

대동고와 중앙여고 등 일부 고등학생들이 교내시위를 주도했다. 오후로 접어들수록 사태가 심각해지자 시내 중고등학교는 수업을 중단하고 학생들을 집으로 돌려보냈다.

7공수여단이 11공수여단에 배속되고 31사단 병력을 재배치시키는 등 전열을 정비하고 탱크까지 동원한 공수부대원들의 잔인한 진압에 시위 군중은 방화와 투석, 화염병 투척으로 맞섰다.

녹두서점을 비롯한 시내 곳곳에서 화염병이 대량으로 제작되었다.

화염병은 투석이나 도로변의 대형 화분을 바리케이드로 이용하는 소극적 방어와는 달리 공격용으로 등장한 새로운 무기였다. 이처럼 심각하게 진행되는 시위상황은 11공수여단장으로 하여금 현장점검에 나서게 했고, 현지 지휘관은 시위진압을 위해 1개 공수특전단을 증원해주도록 요청했다.[1]

전날 밤에 얼마나 많은 사람이 구속되거나 다쳤는지 각종 '유언비어'가 나돌았다. 특전 대원들이 "전라도 새끼들 씨를 말려야 한다"라고 하면서 청년들을 폭행한다는 소문도 떠돌았다.

한편 신군부에서는 밤중에 정예부대를 속속 광주로 증파했다. 5월 19일 0시 15분, 제11공수여단 1여단장 최웅 준장을 비롯해 장교 102명과 사병 69명이 제31사단에 도착했다.

새벽 2시 10분에는 제31사단에 도착한 제11공수여단이 조선대학으로 이동했다. 새벽 4시에 35대대는 11특전여단의 작전통제하에 배속되고, 11여단 61대대에게 33대대 및 35대대의 거점을 인계했다.

제31사단 병력도 재편성되었다.

1. 제7공수여단의 임무를 제11공수여단이 맡는다.

2. 제7공수 제33대대는 사단 예비병력으로 운용한다.

3. 제7공수 제33대대는 제11공수에 배속시켜 진압작전에 출동시킨다.

4. 제11공수여단의 시내 배치 상황은 다음과 같다.

　가. 제11공수여단 제61연대: 공용터미널

나. 제11공수여단 제62연대: 장동 지역

다. 제11공수여단 제63연대: 계림동 지역

라. 제7공수여단 제33연대: 고속터미널[2]

18일 밤 11시경 신군부는 광주 시내 36개 주요 지점에 공수부대원들을 집중 배치하고, 새벽에 증파된 병력을 추가로 배치하여 완벽한 '전투태세'를 갖췄다. 마치 적군을 상대로 하는 작전 같았다.

공수부대의 1980년 5월 21일 도청 앞 금남로 집단 발포가 있기까지의 명령·지휘계통을 훑어보면 집단 발포나 우발적 지위권 발동 차원이 아니라는 점을 유추할 수 있다.

광주항쟁 당시 보고계통은 '7공수 33대대 및 35대대→전남계엄분소(31사단장)→전남북계엄분소(전투교육사령관)→2군사령부→육군본부→계엄사령부'와 같이 상급부대로 올라가며, 지휘계통은 그 반대로 내려간다.

그러나 7공수여단은 상급부대인 31사단이나 전교사(전투교육사령관)에 정확한 상황보고를 하지 않았으며, 병력증원을 요청하지도 않았다. 그럼에도 1980년 5월 18일 오후 1시경 정호용 특전사령관은 광주에 11공수여단의 증파를 결정했다.

현지 지휘관 요구에 의해 병력증파가 결정되어지는 게 아니라 신군부 핵심들의 정치적 의도와 판단에 따라 일방적으로 지시가 하달되었던 것이다. 말하자면 광주 상황이 보고계통은 7공수 33, 35대대→광주 505 보안부대→보안사령부→신군부 핵심으로 전달되고, 이 보고를 기초로 결정한 명령이 공식지휘 계통을 타고 내려갔다고 보여진다. 즉, 11공수 3개 대대를 광주에 또 증파한 것은 '미필적 고의에 의한' 대학살을 획책한 것이라고 주장하는 평가가 일면 타당성을 갖고 있다 하겠다.[3]

신군부 핵심세력은 군의 공식 계통이 아닌 자신들의 의도에 따라 광주에 '살육부대'를 증파하고, '작전태세'를 갖추고 있었다.

3일 굶기고 광주 투입 직전 공수부대원에게 소주 먹여

5월 19일 아침부터 금남로 일대에는 시민들이 집결했다.

시민들은 간밤의 정보를 나누면서 분노에 치를 떨었다. 뒷날 드러난 사실이지만 "18일 하루 동안 광주 지역에서 연행된 사람은 학생 155명(대학생 114명, 전문대생 35명, 고교생 6명)과 시민 250명(재수생 66명, 민간인 184명) 등 모두 405명, 이들 중 68명이 두부외상 타박상, 자상 등을 입었고, 이들 중 12명은 중태였다."[4]

이날 오전 가톨릭센터에서 호남전기 노동자들과 학생운동가들이 만나 연대투쟁을 논의할 예정이었으나 계엄군이 참가자들을 체포하는 바람에 무산되었다. 계엄군은 금남로 주변에 모이는 젊은이는 무조건 구타하고 연행했다. 그러자 시민들이 야유하는가 하면 더러는 연행하는 걸 막아서기도 했다.

오전 10시 40분경 충장로 일대에 2,000여 명의 군중이 모여 "계엄령 해제" 등의 구호를 외치고 계엄군과 투석전을 벌였다. 비슷한 시각 광주은행 앞에서 200여 명의 학생이 군경과 대치하고 최루탄에 투석으로 맞섰다.

군용트럭 30여 대에 분승한 공수부대가 도청 앞과 광남로 4거리에서 장갑차 4대씩을 앞세우고 금남로 시위대를 포위했다. 시내 곳곳에서 공수부대가 남녀를 가리지 않고 폭행하거나 연행했다.

도청 앞 상무관 골목에서 공수부대원들이 아가씨를 붙잡아놓고 팬티와 브래지어만 입힌 채 손으로 당겨보는 등 온갖 희롱을 하고 있었다. 그 광경을 목격한 나는 온몸의 피가 정지되는 것 같았다. 저런 금수만도 못한 놈들을 보고도 항의할 수 없는 자신이 한없이 초라하기만 했다.(구술: 천순남)[5]

공수대원들의 만행은 곧 시민들에게 알려졌다. 고등학생들도 이런 소식에 분개해 항쟁의 대열에 속속 나섰다. 대동고등학생들도 '맞아 죽는 형과 누나들의 원수를 갚기 위해' 교실을 뛰쳐나갔다.

1교시 수업을 위해 교실에 들어갔더니 한 학생이 벌떡 일어나 '선생님, 공수들에게 맞아 죽은 형님, 누나들의 원수를 우리가 갚아야 합니다' 하고 울부짖었다. 그 말을 들은 나는 '맞습니다. 우리는 왜 이렇게 비극의 역사 속에서 살아야만 하는지 모르겠습니다' 하고 울었다. 순식간에 교실은 울음바다가 되었고, 격분한 학생들이 의자를 부숴 들고 교실을 뛰쳐나갔다.

학생들은 그때부터 운동장을 돌며 '민주교사 합세하라. 민주학생 동참하라. 광주시민 학살한 공수들을 때려죽이자'고 외치며 교내시위를 벌였다. 그러자 공수부대원들이 학교 앞에 몰려와 진을 쳤고, 헬기가 계

속 학교 상공을 돌며 학생들의 동태를 살폈다.(구술: 박행삼)

우리들은 등교하자 전날 시내에서 행해졌던 공수부대원들의 만행에 대
한 목격담을 주고받으며 웅성거렸다. 1교시 수업을 전후로 3학년 학생
들이 일제히 운동장으로 뛰쳐나갔다. 일부 학생은 저지하는 선생님을
밀치고 1, 2학년 교실을 돌아다니며 '우리의 형님, 누나들이 공수들의
총칼에 맞아 죽어가고 있습니다. 우리 고등학생들이 총궐기하여 공수들
을 물리칩시다' 하고 호소했다.

그러자 학생들이 운동장으로 몰려나갔다. 우리는 스크럼을 짜고 운
동장을 돌면서 '전두환 물러가라' 등의 구호를 목청껏 외쳤다. 11시경 교
문 진출을 시도하는데 공수들이 몰려와서 학교 주변을 포위하고 정문을
완전히 차단하고 있었다. 단체로는 학교를 빠져나갈 수 없다고 판단한
우리는 삼삼오오 짝을 지어서 시내로 나가 시위대열에 합류하게 되었
다.(구술: 이덕준)[6]

계엄군으로 동원된 공수부대의 비인간적인 만행은 결국 대학생
들의 시위가 고등학생들까지 나서는 시민항쟁으로 격화되는 직접
적인 도화선이 되었다. 그러나 이렇게 된 더 본질적인 이유는 민주
주의에 대한 일체감이었다.

4·19 혁명이 고등학생에서 대학생으로, 그리고 마침내 시민으로
까지 확대된 이유가 이승만의 포악하고 가혹한 독재와 3·15 부정
선거에 대한 분노의 공감이었던 것과 다르지 않았다.

이날 오전 11시경부터 시위를 진압하는 데 탱크가 동원되고, 공

수부대는 금남로와 충정로 일대의 다방과 여관, 상가 건물과 주택 등을 가리지 않고 샅샅이 뒤져 시민들을 찾아내 마구 때리고 짓밟았다. 이들이 저항하거나 반항하면 심지어 총에 꽂은 칼로 난자질하기도 했다. 그런데 시위를 진압하는 군인들이 이렇게 끔찍한 만행을 저지른 데에는 그 이유가 있었다.

> 1980년 5·18 광주항쟁은 신군부의 우두머리들이 적어도 '미필적 고의'에 의해 대량 학살을 유도한 사건이었다. 당시 시민군에게 붙잡힌 공수부대원은 광주에 배치받기 전 3일 동안이나 식량 배급을 받지 못했을 뿐만 아니라, 투입되기 직전에는 소주를 공급받았다고 증언했다.
> 가장 중요한 건 이들이 공산주의자들의 폭동을 진압하기 위해 광주에 투입되는 것으로 알고 있었다는 사실이다.[7]

전두환 일당은 이렇듯 공수부대원들에게 공산주의자들의 폭동을 진압한다는 명분으로 3일 동안 식사를 주지 않았을 뿐만 아니라 술까지 먹여 광주에 투입했다. 천인공노할 만행이었다. 그러나 더 끔찍한 것은 이들의 만행이 이제 시작일 뿐이었다는 사실이다.

잔인무도한 폭행과 살상

인간은 얼마만큼 잔인할 수 있는가. 니체는 "인간의 선함은 천사가 될 수도 있고 인간의 악함은 악마가 될 수도 있다"라고 했다. 그러나 이 말은 너무 추상적이어서 얼른 가늠하기가 쉽지 않다. '인간의 악함'이 인간을 얼마나 악마로 만들 수 있는지 여실히 보여주는 5·18 당시 벌어진 악행을 몇 가지 소개한다.

공수 놈들이 여고생을 붙잡고 대검으로 교복 상의를 찢으면서 희롱하고 있었다. 그 광경을 보고 있던 60살이 넘어 보이는 할머니 한 분이 "아이고! 내 새끼를 왜들 이러요?" 하면서 만류하자, 공수놈들은 "이 씨발년은 뭐냐? 너도 죽고 싶어?" 하면서 군홧발로 할머니의 배와 다리를 걷어차 할머니가 쓰러지자 다리와 얼굴을 군홧발로 뭉개버렸다. 그리고 그들은 여학생의 교복 상의를 대검으로 찢고 여학생의 유방을 칼로 그어버렸다. 여학생의 가슴에서는 선혈이 가슴 아래로 주르르 흘러내렸다.[8]

5·18 당시 진압군에게 처음 희생된 김경철 씨에 대한 기록은 다음과 같다.

서울에서 온 처남 전송하고 터미널에서 돌아오던 중 금남로 지하상가 공사현장 앞에서 7공수에 붙잡혀 전신을 짓이기는 구타를 당하고 공수부대에 끌려갔다. 그는 말을 듣지도 못하고 하지도 못하는 농아자로 자신의 입장을 몸으로 설명하려다 더욱 심하게 구타를 당하여 전신에 후두부 찰과상 및 열상, 좌안 상검부 열상, 우측상지 전박부 타박상, 좌견갑부 관절부 타박상, 전경골부 둔부 및 대퇴부 타박상 등을 입고 뒤늦게 통합병원으로 후송되었으나 숨졌다.[9]

시민들을 무릎 꿇린 진압군.

5월 19일, 최미자(당시 19살) 씨는 직접 당하고 목격한 진압군의 잔
인한 모습을 이렇게 증언했다.

친구 만나러 가던 중 저녁 8시 30분경 남광주 연탄공장 앞을 지나는데,
군중들이 도망가면서 "공수부대 장갑차가 쫓아온다"고 "도망치라" 소리
침.
　뒤를 돌아보니 공수가 있어 대우병원 쪽 막다른 골목으로 뛰어들어
마지막 집 대문 앞으로 숨었는데 한 40대 아저씨도 같이 있었음.
　공수 6명 정도가 우리를 찾아내 아저씨를 마구 때리고 대검으로 찌
름. 그중 3명이 본인을 군홧발로 차고 대검으로 찔러 넘어지자 다시 짓
밟아버림. 쓰러져 있는데 두 학생이 본인을 발견하여 전대병원으로 후

송시켜주어 한 달간 입원해 있었음.[10]

죽음의 문턱에서 그야말로 구사일생으로 목숨을 건진 이의 진술은 당시 얼마나 아비규환이었는지 짐작하게 해준다.

나는 가톨릭센터 상황을 지켜보다 금남로2가 상업은행 앞으로 갔다. 관광호텔 앞에는 페퍼포그 차를 앞세운 공수들이 도열해 있었다. 상업은행 앞에 있던 시민들이 돌을 던지자 공수들이 쫓아오기 시작했다. 우리는 그들의 기세에 눌려 곧바로 도망쳤다. 시민들 틈에 끼여 달려가다 내 앞사람이 넘어지는 바람에 나도 넘어지고 말았다. 연속해서 여러 사람이 넘어졌다.

우리가 미처 일어서기도 전에 밀어닥친 공수들이 발길질을 해댔다. 곤봉으로 내리치는 소리, 신음소리 등으로 아수라장이 되었다. 공수들의 구타가 멎자 주위를 살펴봤다. 쓰러진 시민들이 끙끙거리고 있었고, 그 주변에는 착검한 공수들이 지키고 서 있었다.

그때 트럭 1대가 왔다. 공수들은 2인 1조가 되어 쓰러진 사람들을 양쪽에서 붙잡고 트럭으로 던졌다. '트럭에 실리면 영영 죽겠구나' 하는 생각이 들어 나는 상업은행 쪽으로 기어갔다. 은행 앞에는 한 여자가 눈알이 빠진 채 죽어 있었다. 나는 공수들의 눈에서 벗어났다 싶자 재빨리 일어서 도망쳤다.(구술: 이희승)[11]

공수부대의 잔혹한 구타와 학살은 5·18 항쟁 기간 내내 끊이지 않았다. 오히려 시간이 지날수록 더욱 심해졌다.

붙잡혀온 사람들에 대해 신군부의 병사들이 저지른 악행은 문자 그대로 '지상의 지옥'이었다. 사람을 죽인 건 순간 미쳤기 때문이라고나 할 수 있겠지만, 붙잡혀온 시민들을 대상으로 ① 워커발로 얼굴 문질러버리기 ② 눈동자를 움직이면 담뱃불로 얼굴이나 눈알을 지지는 '재털이 만들기' ③ 발가락을 대검 날로 찍는 '닭발 요리' ④ 사람이 가득 찬 트럭 속에 최루탄 분말 뿌리기 ⑤ 두 사람을 마주 보게 하고 몽둥이로 가슴 때리게 하기 ⑥ 며칠째 물 한 모금 못 먹어 탈진한 사람에게 자기 오줌 싸서 먹이기 ⑦ 화장실까지 포복해서 혀끝에 똥 묻혀오게 하기 ⑧ 송곳으로 맨살 후벼 파기 ⑨ 대검으로 맨살 포 뜨기 ⑩ 손톱 밑으로 송곳 밀어 넣기 등과 같은 악행들을 저질렀다는 건 무얼 의미하는 걸까?[12]

시민궐기 격문과 호소문 살포

'광주정신'은 살아 있었다. 공수부대의 포악질에도 굽히지 않았다. 구속자와 희생자가 늘어나고 가족이 행방불명되었다는 신고도 잇따랐다. 그런 끔찍한 상황에서도 학생들과 시민들은 항쟁을 멈추지 않았다. 1929년 11월에 광주 학생들이 일본 제국주의에 저항하여 궐기했던 때로부터 반세기 만에 다시 항쟁의 횃불이 활활 타올랐다. 다만 1929년 11월 광주학생운동은 전국으로 파급되어 3·1 혁명 이후 최대의 항일투쟁으로 전개되었으나, 1980년 5월 광주항쟁은 광주 바깥세상과 철저히 차단되고 왜곡되어 그들만의 처절한 사투 현장이 되고 말았다.

국난이나 민주주의가 짓밟힐 때면 가장 먼저 나서는 이들은 학생들이었다. 조선대학교 민주투쟁위원회는 5월 19일에 「민주시민아!
일어나라!」라는 격문을 시내에 뿌렸다.

민주시민아! 일어나라!
· 각 대학에 공수부대 투입!
· 광주 시내 일원에 특수부대 대량투입!
· 무자비한 총칼로 학생 · 젊은이 · 시민 무차별 구타!
"최소 시민 3명, 학생 4명 이상 사망 확인"
"5백여 명 이상의 부상자 속출"
"전주 일원의 유혈폭력"
· 학생 · 청년 1천여 명 조대 운동장에 불법감금!

아! 이럴 수가 있는가?
저 개 같은 최규하, 신현확, 유신잔당 놈들과 유신 독재자의 아들 전
두환 놈은 최후의 발악을 시작하였다.
아! '민주'의 앞길에 먹구름이 가리는구나!
지금은 이 민족이 죽느냐, 사느냐다!
당신의 아들딸들이 죽어가고 있다!
일어서라! 일어서라! 끝까지 투쟁하자!

(오늘부터 시내 각처에서 대규모 시위 전개, 매일 12시, 오후 3시에 도청 · 시청 앞 집결)[13]

같은 날 '광주시민 민주투쟁회'는 「호소문」을 만들어 뿌렸다. 그
내용은 다음과 같다.

광주 애국 시민 여러분!

이것이 웬 말입니까? 웬 날벼락이란 말입니까? 죄 없는 학생들을 총
칼로 찔러 죽이고 몽둥이로 두들겨 트럭으로 실어가며, 부녀자를 발가
벗겨 총칼로 찌르는 놈들이 이 누구란 말입니까? 이들이 공산당과 다를
바가 무엇이 있겠습니까?

이제 우리가 살길은 전 시민이 하나로 뭉쳐 청년 학생들을 보호하고,
유신잔당과 극악무도한 살인마 전두환 일파와 공수특전단 놈들을 한 놈
도 남김없이 쳐부수는 길뿐입니다.

우리는 이제 다 보았습니다. 다 알게 되었습니다. 왜 학생들이 그토
록 소리높여 외쳤는가를. 우리의 적은 경찰도 군대도 아닙니다.

우리의 적은 전 국민을 공포의 도가니로 몰아넣고 있는 바로 유신잔
당과 전두환 일파, 그자들입니다.

죄없이 학생들과 시민이 수없이 죽었으며 지금도 계속 연행당하고
있습니다. 이자들이 있는 한 동포의 죽음은 계속될 것입니다. 지금 서울
을 비롯하여 도처에서 애국시민의 궐기가 계속되고 있습니다.

광주시민 여러분!

우리가 하나로 단결하여 유신잔당과 전두환 일파를 이 땅 위에서 영
원히 추방할 때까지 싸웁시다.

최후의 일각까지 단결하여 싸웁시다.

그러기 위해 5월 20일 정오부터 계속해서 광주 금남로로 총집결합시
다.[14]

셋째 날의 항쟁과 살육

분노한 시민들이 일어났다

광주항쟁 셋째 날인 5월 20일, 전날 밤부터 내리던 비는 이날 오전 9시경에 그쳤다. 19일 밤늦게까지 시내 곳곳에서 시위가 벌어지고, 공수부대의 잔인한 진압과 살상도 계속 이어졌다.

광주에서 전쟁터를 방불케 하는 항쟁과 학살이 일어나고 있었지만, 전국의 모든 언론은 침묵했다. 언론기관을 장악한 신군부의 보도통제 때문이었다.

20세기 후반 국토의 남쪽에서 공수부대가 며칠째 벌이는 '인간 사냥'을 나머지 다른 지역의 국민은 까맣게 몰랐다. 더러는 풍문이나 소문으로 또는 외신으로 어렴풋이 무슨 일이 벌어지고 있다는 것은 알았으나, 그처럼 잔인한 사태가 일어나는 줄은 꿈에도 상상하기 어려웠을 것이다.

신군부는 언론의 통제와 함께 사람의 이동도 막았다. 광주로 가는 대중교통 수단을 차단하고, 광주시민들이 외부로 나가지 못하도록 모든 길목을 막았다. 광주는 고도孤島가 되고, 생필품의 유통까지 막히면서 생활은 더욱 혼란스러워졌다.

공수부대의 살육전에 치를 떨던 시민들은 이제는 공포심을 뛰어 넘어 자신들의 생존을 위해 적극적으로 싸움에 가담하기 시작했다. 시민들이 투쟁에 참여하자 학생시위로 시작했던 저항은 민중항쟁으로 질적인 변화를 맞고, 이와 동시에 이전보다 훨씬 치열하고 공세적인 국면으로 바뀌었다.

개머리판과 대검을 휘둘러대며 점점 더 포악해지는 공수부대에 맞서 일부 고등학생까지 합세한 시위대는 비가 오는 날씨에도 아랑곳하지 않고 죽음을 각오한 싸움을 계속했으며, 한 걸음 더 나아가 뒤처진 공수를 공격하거나 고립된 차량을 포위하기도 했다. 가톨릭센터에서는 경계가 허술한 틈을 이용해 총과 방패를 빼앗았으며, 광주고 앞에서는 시민들에게 포위당한 장갑차에서 최초의 발포가 있었다.

이날 밤(19일—필자) 시내 중고등학교에는 휴교령이 내려졌다. 계엄군이 3특전여단으로 교체되고, 20일 오전부터는 시위진압의 양상이 달라진다.[1]

공수부대의 행태는 날이 갈수록 더욱 포악해졌다. 상부의 지시가 있지 않고서야 벌어질 수 없는 일이었다. "대검만으로 모자랐던 걸까? 20일 오후부터는 심지어 화염방사기까지 사용하였다. 2시 30분경 공수부대는 화염방사기를 쏘아 여러 명의 시민들이 그 자리에서 타 죽었다."[2]

시민들은 당하고만 있지 않았다. 5월 20일, 범시민민주투쟁위원회 학생혁명위원회는 「결전의 순간이 다가왔다」라는 격문을 살포하면서 시민들이 항쟁에 나설 것을 호소했다. 급하게 제작되어서인지 이 격문에는 사망자와 부상자 숫자 등 사실과 다른 부분도 적지 않았다.

결전의 순간이 다가왔다!

〈상황보고〉

　· 사망자 500명, 부상자 3,000명, 연행자 3,000명!

　· 놈들의 발포가 시작되었다.

　· 서울, 대구, 마산, 전주, 군산, 이리, 목포도 봉기!

　· 전주, 이리서는 경찰이 시민에 가담!

　· 학생혁명군, 상무대에서 무기 탈취에 성공!

〈행동강령〉

　· 무기를 제작하라!

　· 다이너마이트, 화염병, 사제폭탄, 불화살, 불깡통, 각종 기름 준비

　· 전 시민 관공서를 불태워라!

　· 차량을 획득하라!

　· 특공대를 조직 군무기를 탈취하라!

　· 아! 형제여! 싸우다 죽자![3]

오전 10시 30분경, 전날처럼 금남로에서는 공수부대원들이 시민들을 잡아서 옷을 벗겨 때리고 기합 주는 모습이 여러 사람 눈에 목격됐다. 7공수여단 35대대는 한국은행 맞은편 가톨릭센터 앞에 배치됐다. 《동아일보》 김영택金永澤 광주 주재기자가 목격한 장면이다.

금남로3가 가톨릭센터 바로 앞이었다. 희한한 일이 벌어지고 있었다. 30명이 넘는 젊은 남녀가 팬티와 브래지어만 걸친 알몸으로 붙잡혀 기합을 받고 있었다. 4열로 줄지어 선 젊은이들, 기자가 좀 더 가까이 다가가 세어보니 어떤 줄은 7명, 어떤 줄은 6명, 어떤 줄은 8명이었다. 정확하진 않으나 그 가운데 여자는 10여 명쯤으로 짐작되었다. 거의가 20대 젊은 사람이었고 두어 명쯤 30대로 보이는 사람도 있었다.

여자들의 신발은 굽 높은 하이힐이 많았다. 10여 명의 공수부대원들이 손에 방망이를 들고 이 무리를 빙 둘러서서 지키는 가운데 하사관인 듯한 군인이 줄 가운데서 구령을 하고 있었다. "엎드려뻗쳐, 뒤로 누워, 옆으로 누워, 다섯 번 굴러, 쭈그리고 앉아, 손을 귀에 대고 뛰어, 엎드려 기어, 한발 들고 서" 등 수없는 갖가지 동작을 이들에게 강제로 하게 했다. 만약 이들이 조금이라도 구령을 따라 하지 않거나 동작을 느리게 할 경우 몽둥이가 가차 없이 날아갔다. 특히 여성들의 곤욕스러움은 눈 뜨고 볼 수가 없었다.[4]

5월 20일에 벌어진 시위 중 두 곳의 당시 상황을 살펴보자.

오후 5시 50분, 충장로 입구 쪽의 시위 군중 5,000여 명은 스크럼을 짜고 도청을 향하여 육탄돌격을 감행했다. 계엄군과 충돌한 후 몰려나온 시위대는 "살인마 전두환은 물러가라", "군은 38선으로 복귀하라"는 구호를 외치며 연좌농성을 벌였다. 싸움은 갈수록 치열해지고 시민들의 피해는 늘었지만 군경이 철통같이 지키고 있는 도청은 접근하기가 어려웠다.[5]

오후 3시 금남로의 시위 군중은 수만 명으로 불어났다. 유치원 꼬마 손을 잡고 나온 할머니부터 술집 여종업원, 점원, 학생, 회사원, 가정주부, 인근 음식점의 종업원 등등 모든 계층의 전 시민이 쏟아져 나온 것이다. 경찰이 쏜 최루탄이 터지기 시작했다. 시민들은 잠시 물러났다 몰려들기를 반복했다. 저마다 들고나온 각목이나 쇠파이프 등으로는 어쩔 수 없는 터라 시민들은 금남로와 중앙로의 교차로 부근에서 연좌농성을 시작했다. "차라리 우리 모두를 다 죽여라!" 누군가 외치며 준비해온 태극기를 펼쳐 흔들었다.[6]

전날까지 일방적으로 당하다시피 해온 시민들은 공수부대의 폭압에 적극적인 저항으로 맞섰다. 그러나 최첨단 무기로 무장한 계엄군에 대적하기란 불가능하고, 그래서 많은 희생이 뒤따랐다.

정호용, 강경론 주도하다

광주시민들에게 강경진압을 지시한 신군부 수뇌 중에 정호용 특전사령관이 있다. 그는 다른 이들보다 특히 강경했다. 그 이유는 12·12 쿠데타 당시 일정한 역할을 하지 못하여 이를 만회하기 위해서였던 것으로 알려져 있다. 그는 처음부터 끝까지 강경진압론자였다. 강경진압의 공적으로 전두환 5공 정권에서 충무무공훈장을 받았다.

신군부는 광주시민을 도륙하기 위해 20일 밤중에 더 악질적인 부대를 광주에 보냈다. 신군부는 이에 앞서 19일 오전 6시 30분에 3여단의 작전통제권을 2군사령부에 이양하라는 명령을 내려 3여단 5개 대대를 또 다시 광주에 증파하기로 결정했다. 7여단이 시위진압에 투입되기도 전에 11여단 증파 결정이 내려진 것과 마찬가지로, 11여단이 광주 시내에 투입되는 19일 오전 10시보다 훨씬 이전에 3여단의 증파 결정이 내려진 것이다. 그리고 이때에도 역시 현지 지휘관의 증파 요구는 전혀 없었다. 신군부는 광주를 도륙하기로 결심했던 것이다. 공수부대 가운데서도 '최정예'인 3여단 265/1,212명은 20일 오전 1시 열차편으로 청량리역을 떠나 20일 오전 7시에 광주에 도착했다.[7]

광주시민들의 저항이 거세지자 신군부의 움직임도 빨라졌다. 정호용의 주도 아래 이후 계엄군의 '인간 사냥'은 더욱 심해졌다.

공수특전사령관(정호용 소장)은 광주 일원의 사태가 격렬해져 심각하다는 제7여단장 신우식 준장으로부터 현지 보고를 듣고, 제3공수 특전여단(여단장 최세창 준장)에 광주 지역에 계엄군을 출동시킬지 모르는 형편이니 만반의 준비를 갖추고 대기하라는 지시를 하고 C-54 특별기를 타고 광주로 향했다(특전사령관 정호용 소장은 육사 동기인 노태우 장군과 함께 각각 제7공수, 제9공수 특전여단의 창설여단장으로 2년 반 동안 재임하고, 그다음에 특전사령부 참모장으로 약 1년여간 근무함. 정호용 사령관이 제7여단의 여단장으로 있을 때, 같은 육사 동기인 전두환 장군은 최전방의 수도방어부대인 제1사단의 사단장이었다).

광주에 도착한 정호용 사령관은 제7여단장 신 준장으로부터 지금까지의 광주 일원의 사태에 관한 보고를 받은 다음 곧장 육군 전투병과교육사령관(전교사) 윤흥정 장군과 부사령관 김기석 장군을 만나 대책을 논의했다(윤흥정 장군은 정호용 장군의 육사 선배로 평소 친분이 두터운 사이). 윤흥정 장군이 정호용 장군에게,

"이거 양상이 대단히 틀리게 돌아가는군."

정호용 장군이 윤흥정 장군에게

"중앙에서도 마찬가지입니다만 계엄확대 조치에도 이렇게 소요가 계속된다면 가만있을 수 없지 않습니까? 차라리 계엄군의 확고한 의지를 보여줌으로써 초기에 군중들의 심리를 가라앉혀야 옳지 않겠습니까?"

정호용 장군이 다시 진언,

"그런데 광주 시내의 기관장들이 대책을 협의하는데 그걸 보니까 이번 광주시민이나 학생들의 데모가 오히려 정당한 것인 양 분위기가 돌아가고 있습니다."

이렇게 정호용 사령관은 광주 현지의 모든 상황을 점검하고 다시 서울로 돌아갔다.[8]

언론에 대한 분노, 방송사 방화

시민들이 분노한 대상은 공수부대 학살범들과 그 배후들뿐만이 아니었다. 시민들은 무고한 국민들이 군인들에 의해 무수히 학살되고 있는데도 이를 보도하지 않는 언론기관을 대상으로도 분노를 표출했다.

5월 20일, 지역 신문인 《전남매일신보》 기자들은 사장에게 절필을 선언했다.

우리는 보았다.

사람이 개 끌리듯 끌려가 죽어가는

것을 두 눈으로 똑똑히 보았다.

그러나 신문에는 단 한 줄도 싣지 못했다.

이에 우리는 부끄러워 붓을 놓는다.[9]

시민들은 방송사로 몰려갔다. 모든 텔레비전 방송과 라디오는, 사람들이 현장에서 맞아 죽고 개처럼 끌려가는데도 한마디 보도는 커녕 연일 군사반란자들의 철면피한 얼굴을 뉴스 속보로 보도하고, 각종 예능 프로그램을 내보냈다.

저녁 7시 40분경부터 약 50분가량 도청 앞 금남로에서는 격렬한 충돌 이후의 소강상태가 이어졌다. 시위 군중은 금남로4가 국민은행 앞까지 밀려갔다. 금남로에서 빠져나온 시위대는 제봉로와 충장로 쪽으로 밀려들었다. 계엄군의 완강한 저지에 정면 공격이 불리하다고 여긴 시민들은 제봉로에 위치한 MBC 방송국으로 향했다.

저녁 7시 45분경 MBC를 둘러싼 시위 군중 5천여 명은 저녁 '8시 뉴스' 시간에 광주 상황에 대해서 "사실 그대로 지금 밖에서 진행되는 모든 참상을 보도할 것"을 거세게 요구했다.

요구가 받아들여지지 않자 8시 30분경 방송국 건물에 화염병을 던졌다. MBC 직원들과 31사단 96연대 1대대 소속 경계 병력이 달려들어 소화기로 불을 껐다. 이때는 불이 더 이상 번지지 않았다.

같은 시각 광주역 부근에 있는 KBS 방송국도 시위대에 의해 점거되

시민들에 의해 불에 탄 광주MBC 방송국 건물.

었다. 성난 군중에 의해 방송 기자재가 파손되는 바람에 방송이 완전 중단되었다.[10]

광주 참사의 원흉이 전두환과 정호용 등 신군부 핵심이라면, 하수인은 공수부대와 경찰이고, 공범은 언론(인)이었다. 시민들을 참혹하게 구타하고 대검으로 난자질하는데도 한국의 언론은 침묵하거나 외면했다. 게다가 군부 반란자들이 나눠준 보도자료를 앵무새처럼 지껄이거나 한술 더 떠서 광주시민들을 '폭도' 운운하면서 왜곡했다.

20일에 시민과 학생들이 다소 과격해진 것은 전날 추가로 투입된 군인들에게 직접 잔인하게 진압당했거나, 입에서 입으로 그들의 잔인성이 널리 알려졌기 때문이다. 그때의 상황을 살펴보면 다음과 같다.

1. 11여단의 증강으로 공수대원들의 활동범위는 시내 전역으로 확대되었다. 그들은 시장, 상가, 주변 빌딩, 주택가 등으로 무차별 난입하여 기물을 부수고 시위 관련 여부에 상관없이 거의 모든 시민을 공격대상으로 삼았다.

2. 이러한 공수대원들의 만행에 자극되어 이날 오후부터는 젊은 층을 중심으로 학생 이외의 일반 시민들이 항의시위에 가세하기 시작했다. 일방적이었던 18일과는 달리 19일 상황은 시간이 지날수록 양자 간의 대결이 점차 치열해졌고 시위대열의 주변으로는 많은 시민들이 몰려들었다. 그리고 이 때문에 이들 시민 역시 공수대원들에 의해 많은 피해를 당하였다.

3. 시위는 밤이 늦도록 계속되었고 공수대원들은 진압봉뿐만 아니라 대검사용을 상용화하여 자상 피해자들이 대폭 늘어나기 시작했다. 그리고 공수대원들은 부분적으로 총격까지 서슴지 않았다.

4. 공수대원들은 마치 시위 가능성을 뿌리째 제거하기 위해서인 듯 주변 주택 가까이 돌아다니며 젊은 사람들을 무조건 구타, 연행해 갔

다. 특히 어두워지면서 시내 각 지역에 배치된 공수대원들의 일반 시민들에 대한 만행이 극심해지고 있었다.

5. 사상자의 숫자가 대폭 확대되었다.[11]

시민들은 특히 시외버스 공용터미널과 무등경기장 근처에 쌓인 시체들을 보며 분노를 참지 못했다. 공수대원들이 시민들을 무차별 학살하여 이곳에 갖다 버렸기 때문이다.

시외버스 공용터미널 주차장에는 7, 8구의 시체가 차곡차곡 쌓여 있었고, 무등경기장 스탠드 아래쪽에는 10여 구의 시체가 즐비하게 늘어져 있었다. 공수대원의 대검에 찔리거나 몽둥이에 맞아 죽은 사람들이었다.

특히 시외버스 공용터미널 주차장의 시체는 시외버스 공용터미널 로터리 광장에서 시위하던 군중들로서 차량으로 수송된 공수대원들에 의해 희생된 사람들이었다. 이 같은 시체들은 "공수대원들이 부녀자나 노인들에게까지 무차별 난타해서 많은 사람을 죽였다", "머리통을 때려 즉사시켰다", "임산부를 죽였다"는 풍문들을 사실로 입증할 수 있는 증거물이 된 셈이다.[12]

날이 어두워져도 시위는 계속되었다. 오후 6시경 광주공원에서는 시민과 학생 수천 명이 집결하여 "전두환 타도"를 외치고, 6시 40분경 광주고속터미널 앞에서 1천여 명이 시위를 하고, 8시경에는 금남로2가에서 시민과 군인들 사이에 치열한 공방전이 전개되었다.

리더 없는 현장, 시민들이 유인물 제작

시위군중은 더 이상 당하고만 있지 않았다. 이날 저녁 8시경에 시위대 100여 명이 역전파출소를 점거했다가 퇴각하고, 이어서 수문동파출소의 기물을 파손했다. 비슷한 시각 임동파출소와 양동파출소, 광주역전파출소 등이 파손되었다.

공수부대의 야만성은 이날도 멈추지 않았다.

시외버스 공용터미널 앞에도 공수들이 진을 치고 있었다. 시외버스 공용터미널 앞 지하도로부터 조금 떨어진 곳에서 나는 공수들의 동태를 보고 있었다. 바로 그때 지하도로 도망가는 여학생을 보고 공수 한 명이 쫓아가는 것이 보였다. 공수는 여학생을 끌고 지하도 위로 올라온 뒤 곤봉을 사정없이 휘둘렀다.

여학생은 미친 듯이 소리쳤지만 공수는 더욱 악랄하게 굴었다. 대검을 들고 여학생의 옷을 갈기갈기 찢었다. 순식간에 옷은 모두 찢어져 흘러내렸고 팬티만 입혀져 있었다. 여학생의 몸 이곳저곳이 대검에 긁혀 피투성이가 되었다. 공수는 여학생의 가슴에 대검을 들이대고 '찔러 죽여버려야 해, 너는 간첩이야!' 하며 고함을 질렀다.

그 여학생은 머리가 어깨까지 내려와 있었는데 공수는 한 손으로 여학생의 머리를 잡아 뒤로 젖혔다. 여학생은 반항도 못 하고 내팽개쳐졌다. 이 광경을 본 나는 온몸이 부르르 떨려 숨도 제대로 쉴 수가 없었다. '세상에… 세상에…' 할 말을 잃고 서 있는 나에게까지 공수들이 쫓아왔다. 나는 있는 힘을 다해 뛰어 전남대 정문까지 도망갔다.(구술: 김연태)[13]

박정희 정권기에 광주·전남의 민주화운동은 치열했다. 홍남순 변호사를 중심으로 하는 재야 그룹과 조아라 YWCA 명예회장, 윤한봉 그룹의 종교단체와 사회단체 그룹, 앰네스티 중심의 교사 그룹, 장두석·황일봉 등 양서조합, 김민기 등 노래운동팀, 야학운동팀, 노동자 그룹 등 다양한 모임의 형태로 전개되었다.

이들은 대부분 5·17 계엄확대 조치와 동시에 체포되었다. 겨우 구속을 피한 사람들은 몸을 피해 숨을 수밖에 없었다. 따라서 5·18 항쟁 초기에는 시위를 이끌 리더 그룹이 존재하지 않았다. 광주 학생들이 궐기하고 시민들이 일어서고 있다는 소식을 들은 홍남순과 윤한봉이 20일 각각 광주로 돌아오면서 지도부가 차츰 형성되기 시작했다.

그런 가운데서도 78년 전남대 '우리의 교육지표 사건'으로 투옥됐다 80년에 다시 복적한 전남대 김윤기·김선출과 김태종 등은 같은 고교 동기생들로 문화패 광대 활동을 했던 경험으로 문화선전대로서의 역할을 감당하자는 데 의견일치를 본다. 이들은 시민들에게 우선 진실을 알려야 한다는 생각에서 18일 오후 전남대 탈춤반인 전용화와 합류해 유인물 등사에 필요한 가리방, 등사기를 갖춰 곧바로 유인물 작성·배포작업에 들어간다.

이들은 16절지 5백여 장의 유인물을 만들어 변두리 지역인 산수동, 계림동 일대에 뿌린다. 내용은 "전두환의 마각이 드러나기 시작했으니 광주시민은 총궐기하자"는 것이다. 김선출(당시 전남대 복학생)의 증언에 따르면 "우리는 2개조로 나눠 공용터미널, 중흥동 부근과 산수동, 계림 등 일대에 유인물을 만들어 뿌렸다"고 한다.[14]

제도언론이 통제되고 타락하여 제구실을 못 하자 시민들이 직접 나서서 격문과 호소문 등 유인물을 제작하고 뿌렸다. 지극히 초보적인 형태이지만, 그런 방법밖에 달리 길이 없었다.

이들 문화선전 유인물팀은 18일 밤 통금이 앞당겨진다는 보도를 듣고 지원동 배고픈다리 근처에 있는 후배 집으로 들어가 19일 아침까지, 또 20일 오전까지 계속해서 유인물을 작성해 학동, 방림동, 서동, 양림동 등에 살포한다. 이들은 이후 광천동 들불야학팀과 합류해 5·18 민중항쟁 당시 유일한 언론매체인 《투사회보》 홍보팀이 된다. 5·18 항쟁 기간 중 문화패 광대와 들불야학팀은 가두방송 선전과 대자보 부착, 궐기대회 등을 주도적으로 전개, 광범위한 문화선전활동을 벌이게 된다.[15]

광주항쟁의 리더 그룹이라 부르기는 아직 이르지만, 벽보와 유인물 제작팀이 생기면서 항쟁은 차츰 자체 홍보 역량을 갖게 되었다.

5월 27일에 전남도청에서 공수특공대원들의 집중사격으로 숨진 윤상원은 19일 오전부터 '들불야학'의 정재호, 서대석 등과 밤새워 만든 「선언문」을 다음 날 시위 현장에서 나누어주었다. 이들은 뒤에서 소개할 《투사회보》 등도 제작했다.

이같이 서서히 태동하기 시작한 유인물 홍보팀을 겸한 지도부는 21일을 전후로 강력한 지도부를 형성하는 기초가 된다. 이들이 18일 저녁부터 제작·발간·배포하기 시작한 유인물들은 재야 민주화운동 지도부의 태반이 예비 검속되고 지하로 잠적해버린 상황에서 자연발생적으로 터져 나온 청년·학생들의 시위를 조직적으로 지도해나가기 위한 몸부림의 한 표현이다. 또 이들은 이 유인물에서 학

생운동의 지도부였던 당시 전남대 총학생회장 박관현이 예비검속
되지 않고 건재하고 있다는 것과 재야 세력 지도부가 계속 존재한
다는 것을 시민들에게 인식시키려고 노력한다.[16]

앞장에서 소개한 「호소문」과 「민주시민아! 일어나라!」 등의 유인
물은 이렇게 하여 제작되었다.

당시 유인물팀으로 활동했던 김윤기는 '당시 유인물 발행단체는
실제로 존재했던 전남민주청년협의회나 현대문화연구소, 양서조
합, 가톨릭청년회 등의 이름을 넣지 않고, 유인물을 제작하는 팀들
임의대로 이름을 지어 붙였다'며 '책임 소재 추궁과 출처 추적을 방
지하기 위해 여러 팀은 각기 임의대로 이름을 붙여 제작·배포했다'
고 증언한다.[17]

차량시위 뒤 진압군의 집단 발포

5·18 광주항쟁은 20일 밤에 있었던 차량시위를 기점으로 시위 양
상이 크게 바뀐다. 1987년 6월항쟁 때에도 서울 도심에서 수많은 택
시 기사들이 동시에 경적을 울리면서 시위에 동조했지만, 광주에서
는 훨씬 더 적극적으로 계엄군에 맞섰다.

이날 저녁, 광주 시내에서는 차량시위가 전개됐다. 이미 광주 시내에
서 참혹한 광경을 목격했고, 때로는 손님이나 환자들을 옮기던 기사들
이 공수부대원들에게 구타당하는 일이 발생했다. 5월 20일 오후 4시경
부터 무등경기장에 모인 기사들은 택시와 버스, 트럭을 몰고 금남로를

거쳐 전남도청으로 향했다. 금남로는 사람들과 차량으로 뒤섞였다. 5월 20일 저녁 차량시위는 공수부대의 저지로 끝이 났으나 시민들의 시위는 계속됐다. 비상계엄이 전국으로 확대되어 통행금지가 있었음에도 시민들은 밤늦도록 공수부대에 대항했다.[18]

차량이 시위현장은 물론 공수부대가 포진한 곳으로 돌진하는 경우도 있었다. 시위대와 진압군 측 모두에 사상자가 생겼다. 차들이 들이받으면서 공수부대의 저지선이 무너지자 시민들은 환호하면서 돌진했다.

7시경 갑자기 유동 쪽으로부터 수많은 차량이 헤드라이트를 켜고 일제히 경적을 울리면서 나타났다. 맨 앞에는 짐을 가득 실은 대한통운 소속 12톤 대형트럭과 고속버스, 시외버스 11대가 섰고, 영업용 택시 200여 대가 뒤를 이었다. 트럭 위엔 20여 명의 청년이 태극기를 흔들었고, 저마다 각목과 태극기를 든 청년과 아가씨들이 타고 있었다. 차량의 행렬은 거대한 파도로 밀려와 시위 군중을 해일로 일으켜 세우고 있었다. 민중항쟁의 양적·질적 비약이 이루어지는 결정적 순간이었다.

이에 앞서 오후 2시 좀 넘어서 광주역 부근에는 10대가량의 택시가 모여들어 있었다. "손님을 태워준 게 무슨 죄냐", "우리를 이렇게 진압봉과 대검으로 죽여대면 우리도 영업을 집어치우고 싸울 수밖에 없다"며 울분을 털어놓는 동안 택시는 20여 대로 불어났다. 택시 기사들은 조직적 대응을 위해 광주 시내 택시들을 모두 무등경기장으로 모으기로 결의하고 흩어졌다.

광주항쟁의 양상을 바꾼 차량시위.

오후 6시경 무등경기장 앞에는 200여 대의 택시가 모여들었다. 그들은 이제까지 자행된 공수부대의 잔학상과 택시기사들의 피해를 알리고 성토한 후 "군 저지선 돌파에 앞장서자"고 뜻을 모았다.[19]

시위군중은 지금까지 수세에만 몰리다가 차량시위로 군 저지선이 뚫리면서 용기백배하게 되었다. 이후부터 시위의 양상이 크게 바뀌었다. 광주역과 도청 앞에서 시민들은 쇠파이프, 각목, 화염병, 곡괭이, 식칼 등으로 '무장'하고 차량을 뒤따라 진군했다. 시위군중의 위세는 공수대원들을 위압하고도 남았다.

그러자 생각지 못한 일이 벌어졌다. 공수부대가 M16으로 시위대를 향해 거침없이 총을 쏘아댔다. 최초의 집단 발포였다. 시위대 맨 앞에 섰던 청년 여럿이 맥없이 픽픽 고꾸라졌다.

도청 앞 광장에 시신이 널브러지고, 부상자들의 신음소리가 저녁 하늘에 메아리쳤다. 상상도 못 했던 상황에 시민들은 혼란스러워했다. 그러나 시위군중은 흩어지지 않았다. 살아남은 사람들 사이에서 "우리도 무장을 하자" "총이 있어야 한다" "국민의 세금으로 만든 총으로 국민을 향해 쏜 자들을 찾아내자"라는 등 무장론이 제기되었다.

이날 밤 11시 30분경 광주역 부근에서 집단 발포한 부대는 3공수여단(여단장 최세창 준장) 병력이었다.

3공수여단장은 최세창 준장이다. 3여단은 80년 5월 19일 밤 용산역을 출발, 광주로 향한다. 5월 20일 새벽, 광주역에 도착한 이들은 군용트럭으로 전남대로 이동, 가면을 취한 뒤 밤 9시 출동명령을 받는다. 군수과 요원에게서 실탄 120발씩을 지급받는다. 전남대에서 신역까지 도보로 이동하면서 아스팔트와 건물을 향해 사격을 실시한다. 트럭 위에서는 M60이 엄호사격을 하면서 한 발 한 발 신역을 향해 다가간다. 사병들을 향해 고함치기 시작한다. "후퇴는 없다. 후퇴하면 모두 쏴 죽인다."[20]

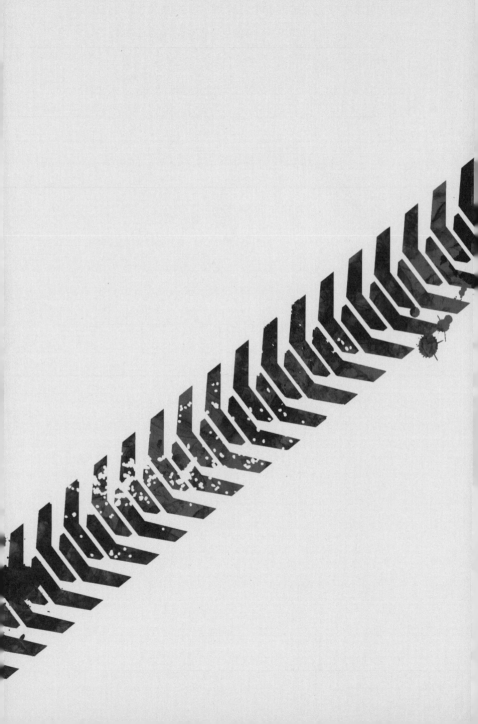

넷째 날의 항쟁과 살육

신군부, 광주시민을 '폭도'로 몰다

바람에 지는 풀잎으로 오월을 노래하지 말아라
오월은 바람처럼 그렇게 서정적으로 오지도 않았고
오월은 풀잎처럼 그렇게 서정적으로 눕지도 않았다.

오월은 왔다 피 묻은 야수의 발톱과 함께
오월은 왔다 피에 주린 미친개의 이빨과 함께
오월은 왔다 아이 밴 어머니의 배를 가르는 대검의 병사와 함께
오월은 왔다 총알처럼 튀어나온 아이들의 눈동자를 파먹고
오월은 왔다 자유의 숨통을 깔아뭉개는 미제 탱크와 함께 왔다.

시인 김남주의 〈바람에 지는 풀잎으로 오월을 노래하지 말아라〉의 앞부분 두 연이다. 이 시는 10연, 124행에 이르는 장시長詩이다. "피에 주린 미친개"들이 설치는, 광주의 넷째 날이 밝았다. 5월 21일이다.

이날은 음력으로 4월 초파일 '부처님 오신 날'이다. 부처님의 어록인 '팔만대장경'의 심오하고 방대한 내용을 한마디로 압축하면 '자비'일 것이다. 그런데 광주에서는 자비와는 너무 동떨어진 '무자비한' 일이 벌어지고 있었다.

'부처님 오신 날'은 계엄사령관 이희성 육군대장의 「경고문」으로 시작되었다. 처음부터 끝까지 공감과 협박으로 가득한 이 「경고문」은 온 신문과 방송에 도배질되었다.

엄격하게 말하면 광주의 20일과 21일은 날짜 구분이 의미 없는 시간이었다. 시민들의 저항이 새벽까지 이어졌고, 광주에서 '오늘'은 그저 또 다른 '어제'였을 뿐이었기 때문이다.

계엄사령관의 「경고문」 내용은 다음과 같다.

1. 지난 18일에 발생한 광주 지역 난동은 치안유지를 매우 어렵게 하고 있으며, 계엄군은 폭력으로 국내치안을 어지럽히는 행위에 대하여는 부득이 자위를 위해 필요한 조치를 취할 수 있는 권한을 보유하고 있음을 경고합니다.

2. 지금 광주 지역에서 야기되고 있는 상황을 볼 때 법을 어기고 난동을 부리는 폭도는 소수에 지나지 않고 대다수의 주민 여러분은 애국심을 가진 선한 국민임을 잘 알고 있습니다. 선량한 시민 여러분께서는 가능한 한 난폭한 폭도들로 인해 불의의 피해를 입지 않도록 거리로 나오지 말고 집 안에 꼭 계실 것을 권고합니다.

3. 또한 여러분이 아끼는 고장이 황폐화되어 여러분의 생업과 가정이 파탄되지 않도록 자중자애하시고, 과단성 있는 태도로 폭도와 분리

될 수 있도록 함으로써 계엄군의 치안회복을 위한 노력에 최대의 협조 있기를 기대합니다.

광주시민들은 분노했다. 반란군에 저항하면서 민주회복을 위한 항쟁에 나선 시민들을 '폭도'라 매도하면서, 아끼는 고장을 위해 자중자애하라는 헛소리는 광주시민들을 더욱 분노케 할 뿐이었다. 그동안 계엄군이 벌인 살인과 구타 등 학살에는 한마디의 사과나 언급도 하지 않았다.

'자비'가 이미 자취를 감춘 '부처님 오신 날'에도 광주 시내에서는 시민항쟁의 불꽃은 계속 타올랐다. 그리고 '초파일의 유혈극'이 벌어졌다.

5월 21일, 이날은 음력 사월 초파일로서 '부처님 오신 날'이었다. 그러나 광주에는 저주와 분노, 끔찍한 살육과 총성만이 난무했다. 지금도 광주 시민들은 이날의 참상을 '초파일의 유혈극'이라고 부르고 있다.

계엄군의 발포가 개시된 후 광주 시내 전역의 병원이란 병원은 대검에 찔리고 총에 맞은 총상 입은 환자들로 초만원을 이루었다. 운전자들은 앞장서서 부상자와 사망자들을 병원에다 날랐다. 병원마다 총상 환자들의 신음소리가 넘쳤으며, 분주한 모습으로 혼신의 노력을 기울이는 의사와 간호원들에게 시민은 경의를 표했다. 병원 앞엔 미처 들어서지 못한 부상자들이 줄을 이었고, 헌혈자들의 눈물겨운 행렬이 상처받은 시민들의 마음을 그나마 위무해주었다. 특히 적십자병원에는 인근의 속칭 '황금동 술집' 아가씨들이 떼를 지어 몰려와 헌혈을 자청하기도 했다.

새벽 4시까지 계속된 '신역전투'를 지나 9시 30분쯤에 이르자 외곽지역의 시위군중들은 금남로의 시내 중심가를 향해 몰려들었다. 10시경엔 이미 시위대들은 군납방위산업체인 아세아자동차공장에 진입, 대형버스 22대, 장갑차 3대, 군용트럭 33대, 민간트럭 20대를 몰고 와 도청으로 진격하거나 외곽으로 몰려 시민들을 실어 날랐다.[1]

이렇듯 밤새 이어진 시위로 새벽 5시경에는 광주역전파출소와 KBS 방송국이 불에 탔다. 그리고 5시 5분에 광주역에서 출발한 학생과 시민 1천여 명이 곤봉과 쇠파이프 등을 들고 광주은행 본점 앞에서 연좌농성에 들어갔다.

시위대는 간밤에 끔찍하게 살해된 시민의 시체 2구를 리어카에 싣고, 그 책임을 묻기 위해 계엄군 앞으로 갔다. 그러자 계엄군에게서는 듣는 사람의 귀를 의심하게 만드는 얼토당토않은 답변이 돌아왔다. 자신들이 죽인 것이 아니라 '간첩'의 소행이라는 말이었다.

21일 아침 가두방송을 하던 중에 시체 2구가 광주역에 있다는 말을 듣고 그곳으로 갔다. 광주역 입구에 대검에 찔려 눈알이 튀어나온 남자 시체 2구가 있었다. 나는 리어카에 시신을 싣고 태극기로 덮어 도청으로 갔다. 금남로에 모여 있던 시민들은 그 시신을 보고 분노를 금치 못했다. 나는 리어카를 끌고 도청 앞에 주둔해 있던 계엄군 중령에게 가서 시체를 보여주며 따졌다. 그는 우리들이 죽인 것이 아니라 간첩이 나타나서 그런 것이라고 발뺌했다. (구술: 전옥주)[2]

19일 밤부터 광주 시내에서는 젊은 여성이 차량에 마이크를 달고 가두방송을 하여 시민들의 뜨거운 호응을 받았다. 전옥주(본명 전춘심. 당시 31살)였다. "계엄군이 시민들을 처참하게 죽이고 있으니 모두 나서달라. 나는 공산당이 아닙니다. 난동자도 아닙니다. 단지 선량한 광주시민의 일원일 뿐입니다. 아무 죄없이 우리 학생·시민들이 죽어가는 것을 더 이상 바라보고 있을 수만은 없습니다. 우리 모두 나섭시다. 학생들을 살립시다. 계엄군을 물리치고 우리 스스로 광주를 지킵시다." 그는 이렇게 절규하듯 호소하며 광주 시내를 돌아다녔다.

차에 올라탄 청년들도 차량 옆면에 광목으로 만든 플래카드를 붙이고, 나무 막대로 차체를 두드리며 구호를 외치고 노래를 불렀다. 일부 차량은 전남 각지에 소식을 알리고 동참을 호소하기 위해 광주를 빠져나갔다.

이들이 외친 구호들은 당시 광주시민들의 요구가 정확하고도 절절하게 담겨 있다.

"전두환이 반란을 일으켰다."

"살인마 전두환을 찢어 죽이자!"

"김대중 석방하라!"

"광주시민의 피를 보상하라!"

"노동3권 보장하라!"

"구속 학생·시민을 석방하라!"

"우리는 죽음으로 광주를 사수한다."

금남로 가톨릭센터 앞에서 대치한 공수부대. 경찰과 시민들.

오전 10시경에는 10만이 넘는 시민들이 금남로를 가득 메우고 가톨릭센터 앞에서 불과 30m의 거리를 두고 공수부대와 맞섰다. 당시 상황을 담은 녹음 테이프에 의하면 일부 시민들이 공수부대 지휘관들 앞으로 다가가 격렬한 항의를 했다.

"동족으로서 이렇게 무자비한 만행을 저지를 수 있느냐!"

"공수부대는 당장 광주를 떠나라!"[3]

무차별 학살에 맞선 무장항쟁론

광주 일원에서 살육과 항쟁이 계속되고 있을 때, 전두환 쿠데타 주도 세력은 신현확 부총리를 사임시키고 그 자리에 이충훈을 앉혔다. 형식적으로는 최규하 대통령이 인사권을 행사한 것처럼 보였다. 그러나 이는 사실 신군부의 작품이었다. 신현확은 1980년 봄 대학가에서 '유신잔당'으로 지목되는 인물이기는 했으나, 광주의 유혈 사태에 실권 없는 국무총리 교체가 광주의 항쟁이 중단될 만한 요인은 아니었다.

신군부는 총리 교체로 유화책을 쓰는 척하면서 21일 새벽에 20사단 61연대와 62연대를 송정리역을 통해 광주에 파견하는 등 오히려 전력을 강화했다. 여전히 무력으로 시민들을 진압하려는 전략이었다. 그러나 시민들은 조금도 겁을 먹지 않았다.

시민들은 동이 트자마자 차량을 이용하여 외곽지역 주민들을 시내 중심가로 실어 나르기 시작했다. 금남로에 모여든 사람들의 숫자는 오전 9시쯤 1만여 명으로 불어났다. 금남로는 관광호텔 앞에서부터 한국은행 사거리까지 사람들이 인산인해를 이루어 발 디딜 틈이 없을 정도였고, 그 뒤쪽 유동 삼거리까지도 차츰 사람들이 들어차기 시작했다.

아주머니들은 주먹밥을 지어 지나가는 시위 차량에 올려주었다. 길거리 상점마다 음료수를 박스째 시위 차량에 제공했고, 주유소에서는 무료로 기름을 넣어주었다. 운송회사나 차량 소유자들 가운데 상당수는 자발적으로 자신의 차를 시위용으로 내놓기도 하였다. 간혹 시위대가 차량을 강제로 징발하더라도 별다른 저항은 없었다. 분노가 공포심의 임계점을 넘어서자 생존 본능이 거대한 집단적 공명 현상을 만들어내고 있었다.[4]

일부에서 무도한 계엄군에 대처하기 위해서는 자체 무장을 해야 한다는 무장항쟁론이 거론되고, 시민들은 이 의견에 공감했다. 어디까지나 자신들을 방어하고 보호하기 위한 수단이었다.

사망자는 대폭 늘어났고 시민들은 남녀노소, 직업을 불문하고 '분노의 일체감'을 이루었다. '무장하지 않으면 안 된다'는 절박감으로 시위군중들은 '총'의 소재지를 향해 떠나기 시작했다. 그들이 목표로 가는 곳은 대부분이 예비군 무기고였다. "총에는 총으로!" "이대로 당할 수만은 없다. 우리도 총을 갖자!"면서 시외로 빠져나간 흥분한 젊은 청년 시위대원들은 텅 비다시피한(대부분이 광주시로 차출되었다) 경찰서와 지서를 파괴하고 무기와 탄약을 모으기 시작했다.

우선 오후 2시경 동양고속버스를 선두로 한 수십 대의 차량이 화순에 진입, 곧장 화순탄광으로 직행하여 광부들의 환영과 알선으로 시위대들은 무기고에 진입, 다량의 총기와 탄약을 획득했다. 처음엔 광부들이 TNT를 내주려 하지 않았으나 광주시의 피비린내 나는 살상을 듣고선 곧장 다량의 TNT를 인도해줬다고 한다.[5]

한국 현대사의 반독재투쟁 과정에서 시민이 무장한 것은 이때가 처음이자 마지막이었다. 4·19혁명(1960), 부마항쟁(1979), 6월항쟁(1987) 당시 시위에서 시민과 학생들은 포악한 독재세력에 맞서 돌멩이와 화염병을 던지는 수준이었다. 광주항쟁은 그만큼 계엄군의 살상이 극심했다.

같은 민중항쟁사이면서도 1980년의 광주항쟁은 또 다른 특징을 가지고 있다. 3·1 혁명의 경우 그 지도부가 어느 정도의 조직을 가지고 있었으나 자위수단을 가지지 못한 비폭력운동에 한정되었고, 식민지 시대의 광주학생운동은 비조직적 비폭력항쟁에 그쳤으며, 4·19 혁명 역시 비조직적 비폭력항쟁에 그친 데 비해 1980년의 광주민중항쟁은 비조직적 항쟁이면서 자위수단으로서의 무장을 갖춘 그 유례가 흔치 않은 항쟁으로 발전했다는 점이다.

광주민중항쟁이 비조직적 항쟁이면서도 무장항쟁으로 발전하게 된 중요한 원인의 하나가 정권 측의 무자비한 진압방법에 있었지만, 그러나 우리 근·현대사에서 일제에 대항한 무장독립운동을 제외한 피지배층의 권력에 대한 항쟁으로서는 또 8·15 후의 사회주의계 무장항쟁을 제외하고는 19세기 말의 갑오농민전쟁 후 광주민중항쟁에서 다시 나타난 희귀한 현상이었다.[6]

고립무원 상태에서 외신기자에 환호

해방 후 한국 언론사에서 광주항쟁이 벌어진 10일, 그리고 광주항쟁 이후는 가장 낯부끄러운 시기로 기록될 것이다. 이 기간에 광주 KBS와 광주 MBC 건물이 시민들 손에 불타고, 지역과 전국의 언론(인)은 저주와 불신의 대상이 되었다. 전두환 일당의 언론통제 조처와 계엄령이라는 비상사태 때문이라고 핑계를 댈 수도 있을 것이다. 그러나 당시 한국의 신문과 방송은 벌건 대낮에 상당한 국민이 계엄군과 경찰에 의해 살상을 당하고 있는데도 이를 외면하거나 전혀 보도하지 않았다.

광주 사정을 광주 밖으로 알린 건 외신들이었다. 국내 언론이 철저히 외면하던 그때 외신들은 특파원을 광주에 파견하여 신속히 보도했다. 외지外紙들은 계엄사 검열로 대부분 가위질이나 먹칠을 당했지만, 그런 가운데에서도 독자들은 전후 문맥을 통해 내용을 헤아릴 수 있었다.

국내 신문은 5월 21일에야 처음으로 "지난 18일 광주 일원에서 발생한 소요사태가 아직 수습되지 않고 있다"라는 뜬구름 잡는 식의, 계엄사가 발표한 내용을 그대로 기사로 실었다. 그 대신 김대중에 대한 중간조사 결과라며, 김대중을 "학원사태의 치밀한 배후 조종자"라고 보도했다. 학원사태와 광주사태의 책임을 김대중에게 뒤집어씌운 것이다. 이 같은 발표는 광주시민들의 분기를 다시 불러일으켰다. 시민들은 시위에서 "김대중을 석방하라!"라고 더욱 거세게 외쳤다.

당시 《뉴욕 타임스》 서울주재 기자였던 심재훈은 어렵게 광주에 도착했다. 그때 한 사람이 그를 시민들에게 소개했고, 시민들은 그를 '구세주' 대하듯 환영했다. 자신들의 이야기를 외부에 알릴 기회라고 여겼던 것 같다. 심재훈 기자가 남긴 기록을 보면 당시의 모습을 생생하게 엿볼 수 있다.

"광주시민 여러분, 여기 미국의 《뉴욕 타임스》와 프랑스 《르몽드》지 기자가 광주 상황을 취재하기 위해 드디어 이곳에 왔습니다."

그러자 수십만 명에 이를 것으로 추정되는 도로변의 군중이 우레와 같은 박수로 우리를 환영했다. 우리는 마치 개선장군 같은 환영을 받았다. 그들에게 우리가 구세주인 것처럼 느껴지고 있다는 사실을 깨달을 수 있었다.

광주는 무질서와 폭력이 난무하는 곳이 아니었다. 시민들은 여자·노약자·어린이 가리지 않고 김밥과 각종 과일 등 음식물을 차에다 올려주거나 양동이로 물을 길러 시민군들에게 제공했다.

광주시민들에게서 느낀 첫인상은 폭동Violence이 아니라 봉기Insurrection였다. 나의 판단은 광주 시내를 여기저기 돌아보면서 더욱 확신으로 굳어졌다. 그들이 왜 우리를 구세주처럼 환영하는지 이유도 알게 됐다.

그들의 봉기는 철저히 외부세계와 단절돼 있었다. 서울 등 외부세계는 그들이 벌이고 있는 투쟁의 실상을 전혀 알지 못했다. 우리의 등장이야말로 외부세계에 광주의 실상을 알릴 수 있는 통로였다.[7]

돌멩이와 화염병밖에 없는 시민·학생들이 공수부대의 만행에 대결하는 길은 다중의 힘 외에는 달리 방법이 없었다. 은밀히 제작된 유인물과 벽보가 5월 21일 시내 각지에 뿌려지거나 붙여졌다. 그나마 항쟁과 살육의 소식을 알리고 시민들 참여를 독려시키는 수단은 이 방법들뿐이었다.

'전남 민주인' 명의로 살포된 《전남민주회보》에는 다음과 같은 절규와 당시 항쟁 현황이 실렸다.

아! 슬프다.
오백만 전남도민은 무얼 하고 있느냐?
밤새 내렸던 하늘의 서러운 빗물도 피바다를 이룬 우리의 민주, 자유의 뜨거운 피를 씻어내지 않았드냐!

민주인사들아!

자유라는 나무는 피를 먹고 자라나고 피를 먹고 열매를 맺는단다.

그도 뜨겁고 힘찬 젊음만의 피를 말이다. (중략)

사상자 및 부상자: 5월 18일 0시를 기해서 현재까지 사상자 600여 명에 이르고 부상자는 수천 명에 달한다.

주요 참혹상: 어떤 임산부를 칼로 찔러 태아까지 튀어나오는 만행을 저질렀다.

○○○에서는 5세 어린애 2명을 개머리판으로 골통을 때려 부쉈다.

공용터미널에서는 시체를 갈기갈기 찢어 거리에 널어놓아 시민의 분노를 샀다. 양동 복개상가 다리 밑에 여고생의 시체 27구가 처참하게 내버려져 있었다.

○○○에서는 어떤 여교사를 제자들이 보는 앞에서 옷을 벗겨 난도질했다. 이외에도 수많은 시체를 거리에 방치해 두거나 쓰레기차에 실어 함부로 처리해 그들의 잔악성과 잔인무도한 행동을 재확인시켰다.

연행자에 대한 처우: 수많은 학생과 민주시민을 거의 반실신 상태로 연행하여 돼지우리 같은 곳에 수용하여 인간 이하의 처우를 했다.

전남 민주인의 방향: 애국 시민이여! 애국 근로자여! 애국 농민이여! 우리가 바라는 것은 지역감정에 사로잡혀 우리의 목표를 흐리게 하는 것이 아니라 무분별한 파괴가 아니라, 민주 정신에 입각한 자율적 행동임을 깊이 명심하고 민주화투쟁에 적극 나섭시다.[8]

우리는 피의 투쟁을 계속한다

당시 '범시민민주투쟁위원회, 전조대학생혁명위원회'라는 이름으로 배포된 「우리는 피의 투쟁을 계속한다」라는 문서에는 구체적인 행동지침도 담겨 있다. 그 내용은 다음과 같다.

저 악랄한 유신독재자 박정희놈의 하수인 최규하, 신현확, 전두환놈의 악랄한 만행을 보라.

· 사망자 500명 이상! 부상자 3,000명 이상! 연행자 3,000명 이상!

· 놈들은 무차별 발포를 시작하였다!

· 행동강령

① 각 동별로 동사무소 장악, 동별로 집합!

② 오후 3시부터 도청으로 진격하라! (매일)

③ 무기를 제작하라! (총보다 더 긴 무기, 손수건)

④ 화염병 제작(불화살, 불깡통, 각종 기름 휴대)

"전주 · 이리에서는 경찰이 시민의 편에 합세!"

"학생 혁명군 상무대 무기고 무기 탈취!"

"최후의 1인까지 투쟁하라!"[9]

앞에서 보았듯이, 광주시민들은 고립무원의 상태에서 외신기자를 구세주처럼 반겼다. 자신들의 억울한 희생과 아픔을 세상에 알려주기를 바라는 심경에서였다.

스스로 무장을 하고 자기방어에 나서기도 했다. 그러나 무장을 하고서도 양측의 희생을 줄이고자 계엄 당국과 협상을 시도했다.

이날 오전 8시를 기해 전국 각지에선 광주행 고속버스의 운행이 중단되었다. 사태가 심각하게 돌아가자 계엄군과 시위대는 협상을 시도, 오전 9시 50분쯤 시위군중이 뽑은 시민대표 김범태(27·조선대 법대 1년) 씨와 전옥주(32·가정주부) 씨 등 2명을 도청에 들여보내 장형태 지사와 협상토록 했다. 이 자리에서 양 대표는 ① 유혈사태에 대한 당국의 공개사과 ② 연행 학생 및 시민들의 전원 석방과 입원 중인 시민과 학생들의 소재와 생사를 알려줄 것 ③ 계엄군은 21일 정오까지 모든 병력을 시내 전역에서 철수할 것 ④ 전남북계엄분소장과 시민대표 간의 협상을 주선할 것 등을 요구했으나 이렇다 할 답변을 얻지 못했다.

오전 10시 30분에 이르자 군 헬기가 분주히 도청과 조선대, 전남대 등에 이착륙하는 모습이 보였다. 계엄 당국은 이들 헬기를 통해 도청 지하실의 진압무기류와 사망자를 모처로 공수하는 한편, 도청 내의 주요 기밀서류를 이송하기 시작했다.[10]

계엄 당국은 협상보다는 '진압'에 무게를 두었다. 기왕에 피를 본 마당이니, 이참에 다른 지역에서도 아주 꼼짝도 할 수 없도록 본때를 보이고자 한 속셈이다.

애국가 신호로 시민에 집단 발포

광주시민들은 더 이상의 유혈사태를 원하지 않았다. 그래서 정부와 계엄 당국에서 시위대 대표의 제안을 받아들일 것으로 기대했다. 10시 50분경에 장형태 전남지사가 헬기를 타고 금남로 상공에 나타나 상공을 돌면서 "공수부대를 철수시킬 테니 광주시민들은 질서를 지켜달라"라고 하며 시민들을 안심시키려 했다.

도청 앞에는 10만이 넘는 시민들이 도지사의 발언을 믿고 기다렸다. 그러나 12시가 되도록 시민들을 포위한 공수부대가 철수할 기미는 전혀 보이지 않았다. 시민들은 동요했다. 마침내 시민들은 자신들의 힘으로 공수부대를 몰아내자는 데 뜻을 모았다.

오후 1시가 조금 못 되어 시위대가 장악한 장갑차 한 대가 갑자기 공수부대의 저지선을 향해 돌진했다. 공수부대의 저지선이 무너지자 부대원들은 도청 안으로 들어가는 등 피신하기에 바빴다. 그때 공수부대의 장갑차가 후진하는 과정에서 군인 1명이 죽고 1명이 다치는 사고가 발생했다.

저지선이 붕괴되자 시위대의 트럭과 버스들이 장갑차의 뒤를 따라 도청 앞 분수대를 돌아 나오거나 도청 쪽으로 전진했다. 12시 58분 광성여객 버스가 접근했을 때 분수대 근처에 있던 일부 병력이 사격을 가했다. 이 사격으로 운전사는 즉사하고 버스는 수협 전남도지부 건물에 처박혔다. 그리고 이 직후인 오후 1시 정각에 느닷없이 애국가가 방송되면서 일제 사격이 시작되었다.

공수대원들이 엎드려쏴 자세로 시민들을 향해 집단 발포를 시작한 것이다. 전일빌딩, 상무관, 도청, 수협 전남도지부 건물의 옥상에서는 저격병들이 시위대열 선두의 주동자들을 겨냥하여 사격을 실시했다. 눈

깜짝할 사이에 일어난 일이었다. 사격은 메가폰으로 사격중지 명령이 내릴 때까지 약 10분간 계속되었다.[11]

돌이킬 수 없는 비극이었다. 하필이면 왜 애국가를 신호로 시민들에게 일제사격을 가했을까? 왜 공수대원들은 엎드려쏴 자세로 시민들을 조준사격했을까? 광기이고 광란이었다. 이럴 수는 없었다. 아무리 명령에 따라 움직이는 군인이라도 자기와 같은 국민에게 총을 쏘다니, 천인공노할 만행이 대낮에 광주에서 벌어졌다.

순시간에 금남로는 피와 통곡의 바다가 되었다. 공수부대는 도청과 주변의 건물에 숨어 보이는 사람마다 저격하였다. 1시 30분경에는 한 청년이 장갑차 위에서 웃통을 벗고 태극기를 높이 휘날리며 도청을 향해 '광주 만세!'를 외치며 달려들었다.
모든 시민이 긴장되어 그를 응시하는 가운데 한 발의 총소리와 함께 피가 튀며 청년의 목이 꺾여졌다. 이 광경을 본 모든 시민은 도저히 말로 표현할 수 없는 충격에 눈물로 온몸을 떨었다. 이제는 정말 돌이킬 수 없는 '전쟁!'이었다. 시민들은 곧 총을 얻기 위해 시내, 시외의 무기고로 향했다.[12]

시민들은 더 이상 망설이지 않았다. 무기와 탄약을 확보하고 시민군을 편성했다. '시민군'이라면 라틴 아메리카 등에서 보이는 민병대 수준이 연상되지만, 그야말로 급조된 예비군 수준이었다. 나이도 무기도 제각각이었다.

공수부대의 집단 발포 후 주인을 잃고 버려진 신발들.

그들의 직업은 그곳에서 직접 확인할 수는 없었지만, 대부분은 노동자, 목공, 공사장 인부 등 직접 노동에 종사하는 사람들이거나 구두닦이, 넝마주이, 술집 웨이터, 부랑아, 일용품팔이 등등이었으며, 또한 교련복을 입은 고등학생들도 많았고, 가끔은 예비군복을 입은 장년층들도 보였다. 삼사십 대의 중년층 참가자는 자기 가족이나 동생, 친척 또는 친구들의 죽음에 분연히 일어나 총을 든 사람들이 많았다.

지휘자는 가능한 한 어린이들에게서는 총을 회수해서 예비군들이 소지할 것을 지시했지만, 울면서 총을 안 주겠다고 버티는 아이도 있었다. 자기 형이 죽었다고 원수를 갚고야 말겠다는 것이었다.[13]

이 같은 시민군의 구성을 두고 뒷날 전두환 5공 나팔수들과 수구 정치인·언론인들은 시위군중의 대부분이 깡패·넝마주이·무직자·공원 등 사회 최하층이라고 비하했다. 이들은 일반 시민들의 참여는 애써 외면했다.

발포 명령을 내린 자는 누구인가?

공수부대가 시민들에게 총부리를 겨눈 것도 모자라 실제 총탄을 퍼부을 때 공중에서는 군 헬기가 기총사격을 가했다. 같은 시각 건물 옥상에서도 저격수들이 비무장 시민들에게 총탄을 퍼부었다. 이때 이 집단 발포 명령을 내린 자는 누구일까?

당시 도청 앞 현장의 가장 중심에 서 있던 11공수여단 61대대장 안부웅 중령은 "통제가 불가능한 상황에서 사격이 이루어졌다"고 말했다. "사격 지시를 내린 사람도, 받은 사람도 없었다"는 것이다. 그는 "시위대가 카빈이나 기타 총으로 무장하고 있는 모습을 본 사실이 있으며 시위대의 차량 돌진과 동시에 시위대 쪽에서 사격이 있었다"고 주장했다. 또 그는 "집단 발포 후 상부에 보고하지 않았다"고 말했다. 11공수여단과 7공수여단의 『전투상보』에는 당연히 기록돼 있어야 할 '계엄군의 집단 발포에 대한 기록'을 전혀 찾아볼 수 없다.(이 부분 원 주석 생략—필자)[14]

'지상군'의 경우에도, 헬기 사격과 옥상 저격수의 경우에도 모두 우발적이라고 보기에는 무리가 있다. 이들의 실탄 사격을 어떻게 설명할 수 있을까? 이것은 지휘체계에 따른 명령이 없고서는 일어날 수 없는 일이다.

5월 21일 이전부터 계엄사령부는 광주 이외의 지역으로 항쟁이 확산하는 것을 차단하려고 광주의 외곽 봉쇄를 지시했다.

5월 20일 23시 25분, 2군사령부는 '소요 확산 저지(작상전 제445호)'를 지시했는데, "광주시 외부로 나가는 교통로를 봉쇄"하라는 명령이었다. 5월 21일 전후 외곽 봉쇄의 차이는 자위권이 발동되고 실탄이 지급된 점이다.

한 공수부대원의 진술에 따르면, 공수부대원들은 외곽 봉쇄지역에 도착한 뒤 1인당 420발의 실탄과 2발의 수류탄을 지급받았다고 한다. 자위권이 정식으로 발동된 것은 5월 22일 10시 30분이었으나 계엄군이 광주 시내에서 철수한 때부터 실탄이 지급되고 자위권이 발동된 상태였다.[15]

살아남은 시민들은 눈앞에서 벌어진 살상극에 망연자실했다. 54명이 숨지고 500여 명이 총상을 입은, 차마 현실이라고 믿기 어려운 일이 벌어진 것이다. 그러나 언제까지 넋을 잃고 있을 순 없었다.

시민들은 먼저 신음하는 부상자들을 거두어 병원으로 실어 날랐다. 인근의 개인병원이 부상자로 넘쳐나자 대학병원이나 종합병원으로 부상자들을 후송했다. 그러나 긴급한 수술을 요하는 총상환자들 가운데 많은 수가 응급처치조차 제대로 받지 못하고 숨져갔다.

이 집단 발포로 몇 사람이 사상당했는지는 아직도 정확히 밝혀져 있지 않다. 그러나 군의 발표와 1988년 이후 피해자 신고서 내용을 종합해볼 때 최소한 이곳에서 54명 이상이 숨지고 500명 이상이 총상을 입은 것으로 추정된다.[16]

이날의 참사는 도청 앞에서만 벌어진 것이 아니었다. 시내 여러 곳에서 잔인한 살상극이 벌어졌다. 군 지휘부 또는 신군부 핵심의 명령이 있었던 것 같다. 이날 오전에 전두환과 정호용 특전사령관이 광주를 은밀히 다녀갔다.

도청 앞뿐만이 아니었다. 다수의 시민·학생들이 갇혀 있던 전남대 앞에도 오전 10시경부터 정문에 4만여 명, 후문에 1만여 명의 시민들이 몰려들어 많은 희생자를 내면서 3여단 5개 대대 병력과 공방전을 치르고 있었다. 이 소식을 들은 시민들은 오후 2시경 수십 대의 차량을 전남대 앞 삼거리 철길 구름다리 앞으로 집결시켰다.

오후 2시경 시민들은 아세아자동차 공장에서 끌고 나온 경찰의 시위 진압용 가스차 몇 대를 앞세운 채 구름다리를 넘어 서서히 전남대 쪽으로 압박해 들어갔다. 바로 이때 3여단 병력이 시위대를 향해 일제사격을 퍼부었다. 가스차를 비롯한 여러 대의 시위차량은 운전기사가 총에 맞아 도로 위에 멈추어 섰다.

시위대는 모두 흩어져 골목길에 몸을 숨겼다. 3공수여단 병력은 차량 안의 시민들에게 밖으로 나오라고 소리쳤다. 그러나 아무 응답이 없자 가스차에 수류탄을 투척하고 부상당한 시민들을 끌어내 전남대로 끌고 갔다. 3여단의 보복은 거기서 그치지 않았다.

그들은 시위자들을 추격하여 인근 주택가를 수색하면서 주민들을 살상했다. 그들은 심지어 만삭의 가정주부를 사살하기까지 하는 만행을 서슴지 않았다.[17]

시민군, 계엄군을 외곽으로 몰아내다

단재 신채호는 「대흑호 일석담」에서 "현실에서 도피한 자는 은사이며 굴복하는 자는 노예이며 격투하는 자는 전사이니, 우리는 이 삼자 중에서 전사의 길을 택하여야 한다"라고 설파했다. 광주시민들은 반란군들에게서 도피하거나 굴복하지 않고 전사의 길을 택하고 싸웠다. 그것도 무기를 들고 싸웠다.

정치 군부는 공수대원들이 '화려한 작전'으로 사정없이 밀어붙이면 일반 시민들이 기죽고 겁나서 숨어들 것이라 기대했을지도 모른다. 그런데 문제는 이런 방식이 통하지 않았다는 데 있었다. 군부의 기대와 달리 상황은 정반대로 흘렀다. 시민과 학생들은 오히려 손에 손잡고 어깨를 같이하여 더 용감하게 맞서 싸웠다. 어디서 그런 힘이 나왔을까?

이것은 앞에서 말한 것처럼, 박정희 군부정권 아래서 당할 대로 당하고 소외될 대로 소외된 광주 지역의 시민들이 이제 박의 계승자인 12·12 쿠데타 군부정권체제에서만은 더 이상 당할 수 없고, 그들과 싸워 자신이 원하는 세상을 만들어보겠다는 변혁의 의지가 5·18을 통해 활화산으로 터뜨려진 것으로 보지 않으면 안 될 것이다.[18]

시민군은 비록 군사훈련이나 총기를 다루는 법을 모르는 사람도 적잖은, 그야말로 오합지졸이었으나 의기는 하늘을 찌를 듯했다. 한말 일본군과 싸우는 의병의 모습이랄까. 시민군이 처음으로 계엄군과 교전한 것은 21일 오후 충장로에서였다.

칼빈과 M1 소총으로 무장한 시민군이 최초로 중심가에 나타난 것은 21일 오후 3시 15분경이다. 이들은 충장로 광주우체국 앞에서 도청 방향으로 진격했다. 그리고 2천여 명의 시민들이 그 뒤를 따랐다. 도청 앞의 11여단은 노획한 차량으로 바리케이드를 치고 도청 주변에 시민들이 얼씬도 못 하도록 발포를 계속하고 있었다.
시민군의 대오가 출현하자 몸을 숨기고 있던 시민들은 환호성을 지르며 맞이했다. 비록 공수부대의 무기에 비해 보잘것없는 칼빈과 M1 소총을 들었을 뿐이지만 시민군은 광주시민의 기개와 자신감을 드높였다.[19]

시민들의 무장은 계엄군의 무차별적인 살상에 대항하는 시민들이 스스로 자신들을 지키려는 마지막 몸부림이었다. 시민군이 무장하고 계엄군과 싸운다는 소문이 돌면서, 외곽에 있던 시민들이 몰려오고 각종 무기도 시민군에 속속 전달되었다.

드디어 교전이 시작되었다. 그리고 이 시간 이후 광주 외곽지역으로부터 계속해서 무기가 반입되어 시민군의 수는 늘어났다. 시민군은 도청을 둘러싸고 금남로, 노동청, 광주천변 도로, 충장로, 전남의대 방면 등에서 공수부대를 압박했다. 오후 4시 15분경 전남의대 12층 옥상에는 시민군이 LMG 2정을 도청 방향으로 설치하여 위용을 과시했다. 그러나 시민군은 LMG를 발사하지는 않았다.[20]

오후 4시경, 시민군에 밀린 공수부대가 시 외곽으로 철수했다. 시민들이 처음으로 계엄군을 물리친 것이다. 환호와 승리의 함성이 진동하고, 시민들의 수는 더욱 많아졌다. 상대가 퇴각하자 시민들은 조직을 정비하고 미성년자들에게서 총기를 회수하는 문제 등을 논의하고자 광주공원으로 집결했다.

이곳에서 예비군 장교 출신들이 총기 사용법을 가르쳐주고, 미성년자들의 무기를 회수하여 성인들에게 나눠주었다. 사실상 시민군은 이때에 조직된 셈이다.

광주의 전세가 바뀌고 있을 즈음 신군부 반란세력은 20사단 60연대를 광주에 투입하고 3개 여단의 작전지휘권을 31사단으로부터 전투교육사령부로 넘기는 등 더 강력한 진압 조치를 준비하고 있었다.

21일 오후 2시 53분 소준열 행정학교장이 돌연 광주로 향한다. 이어 오후 3시 35분에는 시위의 전국 확산방지와 도로망 차단 등을 골자로 한 참모총장 지시가 각 부대에 하달된다. 여기에서 한 가지 주목되는 부분은 지휘체계의 일원화. 참모총장 스스로 광주에 투입된 계엄군의 명령 계통에 이상이 있으면 이원화된 지휘체계를 바로잡을 필요가 있음을 처음으로 인정한다.

정부와 계엄사는 각각 이날 오후 4시 윤흥정 사령관과 정웅 사단장을 지휘계통에서 제외키로 공식 결정한다. 윤 사령관은 이날 단행된 개각에서 체신부장관으로 입각한다.

개각 발표와 함께 공수여단에 대한 작전통제권이 31사단에서 전교사 직접통제로 전환된다. 비록 형식적이긴 했지만 그나마 유지했던 정웅 31사단장의 통제권이 상실되는 순간이다. (정 사단장은 "이미 20일 오후부터 공수여단장들이 자신의 지휘를 받지 않은 채 전교사의 명령을 직접 대대장들에게 전달했으며 대대장들도 사소한 사실만 보고할 뿐 중요사항에 대해서는 보고하지 않는 등 지휘권이 박탈된 상태였다"고 주장하고 있다.)[21]

재진입하기 위해 실탄을 지급하다

신군부는 광주항쟁이 다른 지역으로 번지는 일을 가장 두려워했다. 그래서 무엇보다 먼저 광주의 횃불이 전남 지역으로 확산되지 않도록 차단하고 광주의 외곽을 봉쇄하라고 지시했다. 이와 함께 공수부대원 1인당 실탄 420발과 수류탄 2발을 지급했다. 그러니까 광주 시내에서 철수할 때부터 실탄이 지급되었다. 외곽 봉쇄작전을 수행하는 계엄군에게 계엄사령부는 또한 별도의 특수명령을 내렸다.

무기 휴대 폭도의 봉쇄선 이탈 절대 거부, 폭도 중 반항치 않는 자 체포, 반항자 사살, HPC 또는 차량을 이용한 강습 시도 시는 사살, 현 봉쇄망을 주도로만 치중치 말고 지선도로도 장악, 폭도 탈출 적극 방지.[22]

"광주 외곽을 봉쇄하라는 상부 지시의 핵심은, 광주를 고립시킨 뒤 계엄군이 재진입하겠다는 입장이 반영된 것이었다. 그리고 계엄군은 광주 외곽에서 총기를 난사해 많은 사상자를 발생시켰다. 먼저, 광주 외곽으로 소식을 알리려고 시도하던 시민들이나 사상자들을 수습하던 사람들이 희생되었다. '주남마을 사건'으로 알려진 사건이 대표적이다."[23]

'주남마을 사건'은 5월 23일 광주에서 화순으로 가던 버스에 계엄군의 총격으로 수십 명이 사망하고, 주검마저 사라져버린 사건이다. 이 사건은 뒤에서 다루기로 하고, 먼저 5월 21일에 일어난 송암동 버스 총격 사건부터 알아본다.

21일 저녁, 버스 두 대가 송암동 앞 도로상에 나타나자 인근 야산에서 불을 뿜어내는 집중사격이 가해졌다. 먼저 온 차량은 완전히 전복하고 말았다. 그 안에 몇 명의 청년들이 탔는지 알 수 없었지만 비명소리가 주택가까지 들렸다. 이어서 전복된 차량보다 조금 더 앞선 위치에서 또 한 대의 버스가 계엄군의 집중사격을 맞고 전복했다. 밤새 이런 상황은 계속 벌어졌고 우리는 총소리만 나면 으레 돌아오는 차량이 총에 맞은 것으로 생각했다.

아침에 일어나 그 지점에 조심스럽게 나가보았다. 도로 양쪽에 있는 논에 20대 청년들로 보이는 시체 9구가 있었다. 전복된 차량은 버스 두 대였으며 그 시체는 이 버스를 타고 광주에 들어오던 청년들인 것 같았다. 잠시 후 계엄군의 차량 한 대가 이 9구의 시체를 모두 싣고 군용담요를 덮어 은폐한 뒤 산속으로 들어갔다. 우리는 계엄군 차량이 도로에 나타나자 모두 몸을 피했는데 담요를 덮은 그 차가 지나간 후에 나와보니 논에 있던 시체 9구가 모두 없어졌다.

아마 그 9구의 시체는 헬기로 어디론가 실려간 것 같다. 송암동 뒷산에서는 계속 헬기가 이착륙하고 있었고 9구의 시체를 실은 차도 그 방향으로 향했다. 이 밖에도 많은 수의 청년들이 밤중에 들어오다가 이 도로 위에서 계엄군의 총격에 희생되었다. 대부분의 시체는 밤새 이착륙을 계속하던 헬기가 실어간 것 같다.[24]

최근에 이 시신들은 공군 수송기에 실려 김해로 옮겼을 것이라는 기록이 드러났다.

"경향신문이 입수한 「소요진압과 그 교훈」이라는 군의 3급비밀이라는 문건에는 5·18 기간 공군 수송기를 이용해 '시체'를 옮긴 기록이 나온다. (중략) 주목할 점은 비고란이다. 둘째 줄 '김해~광주'를 운항한 수송기 기록 옆에 '시체'라고 적혀 있다"[25]

많은 사상자가 생기고 병원마다 부상자로 넘쳤다. 21일 오후 5시경 헌혈하고 나오던 여학생이 헬기에서 계엄군이 쏜 총탄에 맞아 즉사하는 일도 있었다. 계엄군은 오후 4시경에 시 외곽으로 철수했으나 공중에서 헬기는 여전히 시내를 배회하면서 총질을 계속한 것이다. 이 어처구니없고 기막힌 사연의 전모는 다음과 같다.

기독병원에 피가 부족하다는 연락을 받고 시민들이 헌혈한 피를 각 병원을 돌아다니면서 수거하여 기독병원에 보급했다. 우리가 탄 차가 양림동을 지날 때 한 여학생이 차를 세웠다. "헌혈하러 가는 길인데 저를 병원으로 데려다주세요"라고 말했다. "어른들이 헌혈을 많이 하고 있으니 학생은 그냥 집으로 가라"고 해도 한사코 헌혈을 하겠다고 하자 기독병원까지 태워다주었다.

우리는 차를 돌려 전남대 부속병원으로 갔다. 병실이 부족해 치료를 받지 못하고 복도에 방치되어 있는 환자를 급히 기독병원으로 옮겼다.

기독병원에 도착해보니 한쪽에서 사람들이 울부짖고 있어 그쪽으로 가봤다. "아니, 이게 무슨 일인가!" 조금 전 헌혈하겠다고 조르던 그 여학생(박금희)이 머리에 총을 맞아 죽어 있는 것이 아닌가. 그곳에 있던 사람들 말에 의하면 그 학생이 헌혈을 하고 집으로 가려고 병원 마당을 지나갈 때 헬기에서 쏜 총에 맞아 즉사했다고 했다. (구술: 이광영)[26]

다섯째 날의 항쟁과 질서회복

'광주 해방'의 아픔과 슬픔

5월 22일, 광주는 해방구였다. 한국인에게 '해방'의 의미는 남다르다. 그러나 압제에서 풀리는 자유는 쉽게 오지 않았다. 35년 일제강점에서 풀리는 8·15 해방, 12년 이승만 독재에서 풀리는 4·19 혁명, 18년 박정희 전제에서 풀려난 10·26 해방이 그랬다.

광주시민들은 또 한 번의 해방을 맞게 되었다. 어느 외적 못지않게 '인간 사냥'을 저지르던 전두환의 충견들을 시 외곽으로 축출하고 5월 22일 새날을 맞았다. 해방과 새날은 수많은 시민의 피와 생명과 살점을 제물로 바친 대가였다.

계엄군이 물러가고 도청이 시민군의 손에 들어왔다는 소식은 밤사이 광주시 전역에 전해졌다. 흥분과 감격에 젖어 이른 아침부터 도청으로 몰려든 시민들은 처참하게 일그러진 시체들을 보며 계엄군의 잔학상에 치를 떨었고 앞으로의 상황변화를 예의주시하며 도청 앞에서 궐기대회를 가졌다.

시민들은 자체 치안확보와 질서확립을 위해 스스로 거리를 청소하고 경계근무를 섰다. 해방기간 광주에서는 큰 안전사고 없이 생활물자를 나누어 쓰고 시민군들에게 적극 협조하는 공동체 생활을 꾸려나갔다.

지난밤 지역방어 전투에 참가한 시민군은 무질서하게 돌아다니는 차량을 등록시켜 임무를 부여했으며, 무장시민군을 재편성하여 각 지역으로 신속하게 배치하는 등 자체 조직과 병력을 통제해 계엄군의 반격에 대비한다. [1]

'5 · 18 역사 현장'을 취재했던 한 언론인은 당시의 모습을 다음과 같이 기록했다.

무장한 시민군은 계엄군이 철수한 후 텅 비어 있는 도청을 무혈접수했다. 이로써 광주는 교도소와 외곽의 군부대를 제외한 전 지역이 시민군의 장악하에 들어가게 된 것이다. 도청에 들어간 시민군은 처음에 김원갑이 지휘하고 있었다. 그는 계엄군이 철수하자 광주공원의 시민회관을 중심으로 활동하던 무장시위대를 차량에 태워 도청에 들어왔었다. 밤을 도청에서 새운 김원갑은 아침 7시쯤 시민군 5백여 명을 지휘하면서 시내 요소요소에 바리케이드를 치는 한편 돌고개쪽, 교도소쪽, 백운동쪽, 운남동쪽, 지원동쪽, 광천동쪽 그리고 고속도로 진입로 등 7개소에 임시 초소를 세우고 6백여 명을 배치하여 계엄군의 동태를 감시하는 한편 시내 주요 건물에도 시민군을 배치하였다. [2]

시민들은 알고 있었다. 8 · 15가 남북분단과 미 군정으로, 4 · 19가 박정희의 쿠데타로, 10 · 26이 전두환의 쿠데타로 무너지고 다시 참혹한 반동기를 겪어야 했다는 사실을.

그래서 신속히 대책에 나섰다. 다시 탈환한 도청에서 유지급 인사들이 모여 향후 대책을 논의했다. 민주화 운동가·종교인·변호사·지역 유지 등이 모여 5·18수습대책위원회(위원장 최한용)를 구성하고 계엄사에 요구할 협상조건을 토론한 데 이어 무기회수 문제를 논의했다. 이 과정에서 일부 수습위원들의 구성에 불만을 느낀 홍남순, 김성용, 송기숙 등 재야 인사들은 남동성당에서 별도의 모임을 열고 수습대책을 논의했다.

도청수습대책위원회는 회수한 무기 중 일부를 가지고 상무대 전남북계엄분소를 찾아가 7개 항의 요구조건을 내걸고 계엄군 측과 협상을 벌였다. 오후 5시경에는 협상결과를 도청광장에서 시민들에게 보고했다. 수습위원회가 마련한 7개 요구사항은 다음과 같다.

△ 사태 수습 전에 군 투입 말라

△ 연행자를 석방하라

△ 군의 과잉진압을 인정하라

△ 사태수습 후의 보복 금지

△ 책임면제

△ 사망자에 대한 보상

△ 이상의 요구가 관철되면 무장해제

그러나 무조건 무장해제하고 항복하라는 계엄사의 요구와, 시민대표의 7개 조항의 요구가 엇갈린 가운데 협상은 결렬되고 말았다.

협상의 내용을 전해 들은 시민들은 협상대표를 향해 야유를 보내기도 했다. 요구조건을 두고 협상대표끼리와 시민들 사이에도 의견이 갈렸다.

수습대책위원회의 활동과는 상관없이 5월 22일 광주 시내는 혼란상이 가시지 않았고 외곽에서는 총격전이 벌어졌다.

22일 아침 일찍 도청에 들어간 시민군과 일반 시민들은 질서가 잡히지 않아 우왕좌왕했다. 차츰 시간이 지나면서 일의 순서와 윤곽이 잡혀가기 시작했다. 도청 구내에서는 계엄군들이 버리고 간 총기와 방독면, 수류탄, 무전기, 작전지도 등이 뒤섞인 채 책상 위나 바닥에서 나뒹굴고 있었다. 시민군은 곧 그것들을 정리하고 분류하여 자신들이 사용했다. 학생들은 일의 매듭을 풀어나가는 데 신속했다.[3]

시민들, 유혈 방지하는 데 최선을 다하다

수습대책위원회나 시민들은 유혈사태가 더 이상 벌어지지 않도록 하기 위해 노력했지만 신군부의 속셈은 달랐다.

민주주의를 최고의 가치로 내세우면서 번번이 독재자의 손을 들어주는 미국도 신뢰할 수 없는 동맹국이었다. "존 위컴 주한연합사령관은 그의 작전지휘권 아래 있는 한국군을 군중 진압에 사용할 수 있게 해달라는 한국 정부의 요청을 받고 이에 동의했다. 또한 오키나와에 있는 조기경보기와 필리핀 수빅 만에 정박 중인 항공모함 코럴시호를 한국 근해에 긴급 출동시키기로 결정하는 등 광주항쟁

에 적극 개입하기 시작했다."⁴

역사상의 많은 '해방구'는 불안했다. 더러 따옴표를 제거하는 진정한 해방이 되기도 했지만, 곧 반동(기득권) 세력에 밀려 혹독한 희생을 치르는 경우가 많았다. 존 위컴의 행위를 알 길이 없는 광주시민들은 우선 해방감을 느꼈다. 그러나 불안한 해방이라는 걸 모르지 않았다.

먼저, 시민들은 항쟁의 지휘체계를 구축하고, 자체방어하는 데 힘을 모았다.

그동안 시위에 참여한 대학생 이재의(24세), 안길정(23세) 등이 오전부터 도청에 들어가 활동을 시작했다. 그들은 옆 사무실에서 진행되는 시민 수습대책위원회 구성을 위한 회합을 지켜보며 별도로 학생들이 할 수 있는 일들을 찾아 나섰다. 우선 이들은 도청 상황실 전화로 외곽지역 방어를 담당한 시민군들과의 연락체계를 확립하였다.

대학생 2명을 순찰차량에 배치하여 각 외곽지역을 돌면서, 계엄군의 움직임에 변화가 있을 때에는 그 지역 주민들이 즉각 도청 상황실에 알려주도록 전화번호와 연락방법을 일러주고 매 시간마다 연락을 취할 수 있게 했다.

오전 중에 순찰차량이 한 바퀴 돌고 온 뒤부터 각 지역에서 상황보고가 들어오기 시작했다. 도청 상황실에서도 지역방어의 전반적인 실태를 파악할 수 있게 된 것이다.⁵

시내는 빠르게 안정을 찾아가고 질서가 유지되었다. 가끔 어딘

가에서 총소리가 들렸으나 시민들의 오발탄으로 밝혀졌다. 도청수습위원회에 총기를 반납하는 사람도 많았다. 시내의 평온 상태와는 달리 병원에는 총상과 칼에 찔린 부상자들이 넘쳐나지만 의사와 의료품이 부족해 환자들이 제대로 치료받지 못해 힘겨운 싸움을 벌이고 있었다. 곳곳에서 시신을 확인한 유족들의 통곡이 메아리쳤다.

광주는 외곽에 포진한 계엄군에 의해 출입이 철저히 통제되었다. 그렇지만 지난 며칠 사이에 시민군들에 의해 전남 지역 여러 곳에서 무기고가 털리고, 그 과정에서 불상사가 벌어졌다. 전남 일원에서 신군부 반란군을 쫓아내야 한다는 여론이 일어났다. 지방의 가족은 자식들의 안위가 걱정되어 광주로 오다가 계엄군에게 참변을 당한 경우도 적지 않았다.

언론은 여전히 '광주의 진실'을 보도하지 않았다. 그래서 시민들의 손으로 몇 종류의 유인물이 발간되어 소식을 알렸다. 특히 《투사회보》는 지속적으로 발행되었다.

'대학의 소리' 팀과 '들불야학' 팀은 5월 20일 광천동의 들불야학에서 합류하여 윤상원의 지도를 받아 《투사회보》라는 제목의 유인물을 합심해서 발간키로 했다. 노동자(야학생)와 대학생(강학담당)들로 구성된 《투사회보》팀 10명은 차량임무규정, 투쟁대상을 정한 구호, 보급문제, 시체운반 등에 관한 사항을 집중적으로 담기로 했다. 5월 21일 첫 호가 나온 《투사회보》는 5월 25일 8호까지 발간하다 그다음 횟수는 계속 9호로 사용하면서 제목을 《민주시민회보》로 변경, 발간하였으나 마지막 호인 10호는 미처 배포되기 전 계엄군에 의해 압수되었다고 한다. 당시 제작에 참여한 주요 인물들을 보면 다음과 같다.

　▲ 문안작성조—윤상원(27·전대 정외과 졸, 양동신협 직원, 광천동 '들불'야학 창

　　립·본명 윤재원), 전용호(22·전대 경제과 3년)

　▲ 필경조—박용준(20·YWCA 신협 이사·사망)

　▲ 등사조—김성섭(?·'들불' 야학생), 나명관, 윤순호 등

　▲ 종이보급조—김경국(20·전대 중문과 2년, 강학)

　▲ 배포조—나명관(18·공원 야학생), 윤순호(22·공원 야학생) 등[6]

5월 22일 자로 배포된 《투사회보》 제2호의 내용은 다음과 같다.

　민주투사들이여! 더욱 힘을 내자!

　승리의 날은 오고야 만다.

　광주시민의 민주봉기의 함성은 전국적으로 메아리쳐 각지에서 민주

의 성전에 동참해오고 있다. 21일에는 장성에서 화순에서 나주에서 다

수의 차량과 무기가 반입되었다. 전주에서는 도청을 완전히 장악하였

다. 이제 승리의 날은 머지않았다. 승리의 날까지 전 시민이 단결하여

싸우자! 이기자! 민주의 만세를 부르자!

　· KBS 방송국을 접수하여 방송을 통해 각지에 이 참상을 알리자.

　· 외곽도로 차단(서울 목포 화순 송정 남평 기타)

　· 차량임무분담을 표시하자(지휘부, 연락부, 보급, 구급, 기타)

　· 인근 지역에 나가 투사를 규합하자.

　· 전 시민은 지역방어와 보급품을 제공하자.

- 21일 소식 -

1. 오후 6시경 공수부대 금남로에서 조대로 이동
2. 오후 7시경 공원 주위 시민들이 무장 완료, 중심지역 무장 조편성 근무 완료
3. 오후 8시경 무등경기장에서 무기 지역별 공급과 조편성 실시 완료
4. 오후 23시 공수부대 180명 정도 매곡동 부근(31사단)에 투입[7]

전두환, 공수부대장에게 격려금 주다

광주에서 공수부대원들이 피바다를 이루게 한 장본인 전두환은 '느긋하게' 사태를 보고 받았다. 불과 7개월여 전 부마항쟁 때 보안사령관으로서 사태를 '효과적'으로 진압했던 그였다. 전두환이 박정희 정권에서 보안사령관으로 임명된 것은 1979년 3월 5일이다. 그해 10월 부마항쟁을 진압했고, 박정희가 암살되고 난 뒤인 12월 12일에 정승화 계엄사령관을 체포했다. 그리고 1980년 4월 14일 중앙정보부장서리에 임명되어 대한민국 2대 정보기관을 장악하면서 5·17 쿠데타를 주동했다. 걸림돌이던 위컴 주한미군사령관으로부터 한국군 일부를 임의로 이동해도 좋다는 승락까지 받은 터였다. 그래서 더욱 거칠 것이 없었다.

계엄군이 시 외곽으로 철수하고, 시내가 어느 정도 안정을 되찾아가던 5월 22일, 전두환은 중앙정보부 전남지부장 정석환에게 전화를 걸었다. 공수부대장 최웅에게 격려금 100만 원을 전달하라는 지시를 내렸다. 당시 화폐가치로 100만 원은 거액이었다.

그날 전두환은 당시 정보부 전남지부장 정석환에게 전화를 걸었다. 당시 특전사 11여단장 최웅은 21일 밤 시위 진압과정에서 사망자가 적지 않게 발생해서 그런지, 소재파악이 되지 않고 있던 상황이었다.

전두환은 정석환에게 "최 장군의 사기가 극도로 저하되어 있을 터이니 용기를 잃지 말고 분발하라고 전해달라"며 전두환 자신의 명의로 금일봉 1백만 원을 최웅에게 전해달라고 지시했다.[8]

광주시민들을 집단 학살한 공수부대 책임자에게 거액의 격려금을 보낸 전두환의 의식구조는 상상하기 어렵다.

심리학에 변태심리학이 있다. 보통 사람의 정신현상과는 다른 비정상적 정신현상을 과학적으로 연구하는 심리학의 한 분야를 말한다. 개인적인 변태심리학과 단체적인 변태심리학으로 대별되는데 개인적인 변태심리학에서는 변태, 지각의 변태·주의의 변태·상상의 변태·사상의 변태·감정의 변태·의지의 변태·인격의 변태 등이다.[9]

이를 근거로 미루어볼 때, 전두환과 광주학살 부대장과 대원들은 하나같이 개인적인 변태심리와 집단적인 변태심리를 동시에 갖고 있었던 것 같다. 그렇지 않다면 어떻게 국민에게 집단 총질을 한 책임자에게 격려금을 줄 수 있으며, 어떻게 그 부대는 이후 더 잔혹한 학살을 자행할 수 있는가?

한편, 시민들의 의식은 전혀 달랐다. 병원마다 부상자가 넘치고, 언제 다시 계엄군이 쳐들어올지 모르는 불안감과 공포 속에서도 부족한 생필품을 나누고, 상부상조하는 공동체를 이루는 한편 시민군을 외곽지역에 배치하여 계엄군의 재진입에 대비했다.

광주시민들은 매점매석을 방지함으로써 그 시점에서 이미 시내에 반입되어 있는 생필품을 최대한도로 활용했다. 쌀집에서는 한꺼번에 두 되 이상의 쌀을 팔지 않았고, 담배가게 주인은 한 사람에게 한 갑씩만 담배를 팔았다. 슈퍼마켓이나 식료품점도 마찬가지였다. 이 과정에서는 시민군과 학생들이 큰 역할을 했다. 그들은 시내의 치안질서를 유지하기 위해 이유 없는 파괴행위를 금지시키고, 경찰서와 은행, 관공서와 경찰 간부의 관사 등 주요 시설물에 경비조를 배치했으며, 각종 차량에 번호를 붙여 임무를 분담시켰다.

당시 78번까지 등록된 시민군 차량이 시민들에게 교통편의를 제공하였는데, 1번부터 10번까지는 도청~백운동, 11번부터 20번까지는 도청~지원동, 21번부터 30번까지는 도청~서방, 31번부터 40번까지는 도청~동운동, 41번부터 50번까지는 도청~화정동을 오가며 시민들을 수송하였고, 소형차량은 연락과 환자수송을 맡았다. 물론 5월 21일 오후 광주공원에서 결성된 시민군은 공수부대가 재진입할 가능성에 대비하여 지원동, 학운동 등의 외곽지역 요소요소에 10개 조의 경계병을 배치했다. 시민들은 학생과 시민군에게 적극적인 지지와 지원을 보내주었다. 식품점과 슈퍼마켓, 약국 등에서는 음료수, 빵, 드링크를 무상으로 내놓았고, 주부들은 동네별로 쌀을 모아 김밥을 만들었다.[10]

전두환, 언론사 경영진 불러 협박하다

전두환 세력에 의해 국무총리(서리)가 된 박충훈은 22일 저녁 9시에 텔레비전과 라디오 방송으로 담화문을 발표했다. 광주에서 벌어진 계엄군의 만행과 시민들의 희생에 대해서는 일언반구도 없이 시민들을 불순분자로 매도하고 협박하는, 신군부의 꼭두각시놀음이었다. 그나마 은행 약탈 등이 없다는 사실은 인정했다.

현재 광주 시내는 군 병력도 경찰도 없는 치안부재 상태다. 일부 외지에서 침투한 불순분자들이 관공서를 습격·방화하고, 무기를 탈취하여 군인들에게 발포하여 희생자가 났다. 그럼에도 불구하고 군은 정부의 명령 때문에 발포하지 못하고 있다. 광주사태는 시청 직원이 사무를 보고 전기 수도가 공급되며 은행 약탈 등이 없는 것으로 보아 호전되어가고 있는 것으로 안다.

박충훈을 내세워 황당한 담화문을 발표하게 하고, 전두환은 뒤에서 엄청난 음모를 진행하고 있었다.

5월 22일, 전두환은 신라호텔에 중앙언론사 경영진을 불러 "군이 광주 외곽을 포위하고 고립화함으로써 목포 등지에서 유입 인원을 차단하고 있고, 광주비행장에 무전 연락실을 설치하여 현지 상황을 수시 보고 받고 있다"라고 설명하고, 협박성 발언을 늘어놓았다.

그리고 나서 "광주 시내 철물상회가 주요 약탈대상이 되고 있다"라면서 "폭도들이 가가호호를 방문하여 합세를 강요하고 통반장을 협박"한다거나, "있는 놈 때려잡자"라는 구호까지 등장했다는 등 광주 현지 사정과는 질적으로 동떨어진 '유언비어'를 언급했다. 전두환은 한 걸음 더 나아가 "공수단 복장 괴한이 10대 트럭에 분승하여 무등산으로 올라가며 '드디어 호남 군인들 일어나 경상도 군인 죽이려 궐기했다'고 선동하면서 이들이 해안을 통해 월북 기도할 가능성이 있어 해군이 해상봉쇄 중"이라고 말했다. 특히 "무장폭도가 광주교도소를 공격 중"이라거나 "무전 감청 결과 동혁당 지령으로 '교도소 폭파시켜라'는 내용이 계속 타전"되고 있다며 왜곡된 정보를 언론기관장들에게 흘렸다. 또한 "김대중 깡패 조직 4개 파가 현지 데모에 합세"하여 활동 중이라고 주장했다.

전두환은 "군이 시가전 각오한 일대 작전을 준비 중"인데 "작전할 경우 2시간 내 진압할 자신 있다. 군은 결심한 이상 물러설 수 없다"면서 '24일'을 기해 광주 시가전을 각오하고 대작전을 펴겠다며 유혈진압을 강력하게 시사했다. 전두환은 언론사 간부, 경영진에게 "(광주사태에 임용자) 동조 내지 묵인하는 행동을 한다면 일찍이 보지 못할 조치를 취할 각오가 돼 있다"고 협박했다.[11]

전두환이 오만방자하게 다시 유혈사태를 공언하면서 대규모 병력을 광주에 투입하는 전략을 세우는 데는 미국의 책임이 컸다. 5월 22일 낮(워싱턴 시간), 국무성의 호딩 카터 대변인은 다음과 같은 성명을 발표했다.

미국은 한국의 남쪽에 위치한 광주에서 발생한 민간인 투쟁에 대하여 깊이 우려하고 있다. 우리는 이 사태와 관련되는 모든 당사자에게 최대한의 자제와 대화를 통해서 평화적인 사태수습 방안을 모색하도록 촉구하는 바이다. 불안사태가 계속되어 폭력사태가 가열된다면 외부세력이 위태로운 오판을 할 위험성이 있다.

평온이 되찾아지면 우리는 모든 당사자들이 최규하 대통령이 밝힌 대로 정치발전 일정을 다시 시작하는 길을 찾도록 촉구할 것이다. 미국 정부는 현재의 한국 사태를 이용하려는 어떠한 외부의 기도에 대해서도 미국은 한·미 상호방위조약 의무에 의거, 강력히 대처할 것임을 강조하는 바이다.

이 같은 성명을 발표한 몇 시간 후 미국은 백악관에서 고위정책조정 회의PRC를 열어 한국 사태에 대한 종합대책을 검토했다. 이 회의는 머스키 국무장관 주재 아래, 브레진스키 대통령 안보담당 특별보좌관, 브라운 국방장관, 터너 CIA 국장, 홀부르크 국무성 태평양 및 동남아시아 담당 차관보, '아마코스트' 국무성 아시아·태평양 담당 부차관보, 플래트 국방성 아시아·태평양 담당 부차관보 등 한반도 정책결정에 관련 있는 미 행정부의 주요 관리들이 참석, 약 1시간 15분 동안 계속되었다.[12]

미국 관리들은 회의 결과 북한의 남침에 대비한다는 명목으로 필리핀 수빅 만에 정박 중이던 항공모함 코넬시호와 E3A 조기경보 통제기 2대를 한국 해역으로 급파했다. 그리고 같은 날 주한 미군사령관 겸 한미연합군사령관 존 위컴 대장은 글라이스틴 대사와 합의하에 전두환의 요청을 받아들여 자신의 작전지휘권 아래 있는 한국군

병력의 일부를 광주 지역으로 이동시키는 데 동의했다. 제20사단 소속 4개 연대였다. 미국이 이때라도 군병력 이동을 막았다면 도청의 참혹한 살육전은 막을 수 있었을 것이다.

20사단 병력 이동 승인과 관련해 주한 미국대사 글라이스틴은 뒷날「미국 이해의 특별한 표적」이라는 논문에서 다음과 같이 아전인수식의 주장을 편다.

한국 군부는 광주 지역의 통치권 회복을 위한 긴급조치를 취하기 위하여 20보병사단이 서울 지역에서 광주로 이동할 수 있도록 허용해줄 것을 미군사령부에 요청했다. 20사단은 서울이 계엄군이고, 불필요한 사상자를 내지 않도록 특별히 교육받은 부대였기 때문에 20사단의 투입이 가장 바람직하다는 것이었다.

미군사령관은 나와 함께 20사단을 점검한 후 이 요청에 동의하였으며 나는 우리의 결정을 워싱턴에 즉각 보고했다. 우리가 20사단의 이동을 허락한 것은 반대할 구실이 없어서였다기보다는 협상이 실패할 경우, 광주 일원의 통치권을 회복할 필요성을 인정하였기 때문이고, 또한 그 경우 특전단이 재투입되는 것을 미리 배제하고 싶었기 때문이다.[13]

여섯째 날의 항쟁과 시민 자위

이 투쟁이 무익하다 하지 말라

말하지 말지어다 이 투쟁이 전혀 무익하다고

고역과 상처가 허사라고

적은 기진하지 않고 쓰러지지 않는다고

그리고 모든 것은 과거 그대로 계속된다고.

만일 희망이 속기를 잘한다면 공포는 속이기를 잘할지 모른다

아마도 저기 연기 속에 숨어서

그대 동지들은 지금도 달아나는 이를 추적한다

그리고 오직 그대를 위해 터를 잡을지도 모른다.

영국 시인 A. H. 클러프의 〈이 투쟁이 무익하다 하지 말라Say Not the Struggle Naught Availeth〉의 앞부분이다.

광주시민들의 투쟁이 무익한 투쟁일 수 없었다. 그야말로 시내 곳곳에서 시산혈해屍山血海를 이루고, 중앙의 학살 지령자들과 현지의 하수인들이 호시탐탐 기회를 노리고 있었지만 시민들은 차분하

게 지역 공동체를 유지했다.

5월 23일, 여섯째 날은 '해방 연력年歷'으로 치면 해방 2일째가 된다. 첫날에 비해 이날은 여러 면에서 질서가 잡혀가고 있었다. 역시 가장 큰 과제는 부상자들 치료 문제였다. 인구 80만 명의 작은 도시에서 갑자기 많은 부상자(대부분 중상자)가 밀려들어 치료할 의사와 의약품, 혈액이 크게 부족했다. 외지의 지원은 철저히 통제되었기 때문에 기대하기 어려웠다.

이날도 시민들은 활기차게 움직였다. "이날 날이 밝기가 무섭게 새벽 6시부터 남녀 고교생 700여 명(여학생 50명)은 시내 전역의 청소 작업에 앞장섰다. 이에 대해 수많은 시민들이 호응, 청소를 함께 했으며 대다수의 상가들도 문을 열기 시작했다."[1]

그럼 이때의 광주와 시민들의 모습은 어땠을까?

병원에서는 또 수백 명의 중상환자들이 치료를 받고 있었으나, 병원 인력과 의약품들의 부족으로 우선 급한 환자부터 대강대강 살펴보는 실정이었습니다. 특히 피가 부족하여 수술을 받지 못한 사람이 많다는 소문이 널리 퍼졌던 관계로 헌혈자들이 줄을 잇고 있었습니다.

비록 계엄군이 광주 외곽을 포위, 광주를 봉쇄하고 있었지만 무차별한 살상극을 감행한 계엄군을 몰아냈다는 자부심이 대단하였습니다. M1과 칼빈 소총으로 무장한 시민군이 지나가면, 연도에 서 있던 시민들은 "시민군이야말로 우리의 생명과 재산을 지켜주는 군대"로 생각하며, 박수갈채를 아끼지 않았습니다. 시민들은 해방광주를 만끽했으며, 누구 하나 욕심을 부리는 사람도 없었습니다. 누가 시킨 것도 아니었는데 동네 아주머니들까지 상부상조 정신을 유감없이 발휘하였으며, 음료수나 빵을 사서 혹은 김밥 등을 만들어 시민군의 차량에 계속 실어주었습니다.

도청광장에 모인 시민들은 자연스럽게 궐기대회와 보고대회 등을 개최하였고, 23일부터는 매일 오후 2시 도청광장에서 '민주수호 범시민궐기대회'를 열었습니다. 처음에는 계엄군의 만행을 성토하는 내용이 많았으나, 차츰 새 질서 수립에 관한 내용이 등장하였고, 여러 가지의 수습책이 제시되기도 하였습니다. 궐기대회를 끝낸 시민들은 자연스럽게 시가행진에 들어갔고, 또 주변을 청소하는 일도 잊지 않았습니다.[2]

이 시기에 우리의 가슴을 따뜻하게 해주는 비화와 미담도 많다.

"나는 후배들과 함께 적십자병원으로 가서 총지휘관으로 활동하면서 병원 내 사망자와 부상자에 대한 상황체크를 했다. 적십자병원은 부상자로 붐벼 입원실이 부족했다. 환자들은 신문이나 옷을 깔고 바닥에 누워 있었다. 우리는 간호원의 일을 도와주기로 하고 적십자병원에 있는 사망자의 인상착의, 옷 등을 기록하여 병원 벽에 붙였다.

또 사진이 접수되면 확인하여 벽에 부착했다. 영안실은 시체 썩은 냄새가 진동해 얼음주머니를 갖다 놓았다. 그렇다고 썩는 냄새가 가신 것은 아니었다. 영안실에 있던 시체 중에는 머리 부분이 없는 시체도 있었다."(구술: 정준)[3]

"시민들은 사거리마다 급조한 모금함에 '부상자들을 위한 사랑의 모금함'이라는 글씨를 써 붙이고 성금을 모으고 있었는데, 비교적 좋은 반응을 보였다. 시민들은 1백 원짜리 동전, 1천 원짜리 지폐 등을 넣어주었다. 이날 오후에는 도청 뒤 학동로터리에서 모금을 했던 한 시민이 '조금 전 8만 3천2백80원을 모아 도청 시위지휘부에 전달했다'며 빈통을 들고 다시 모금하는 모습도 보였다."[4]

"젊은 여성 한 명이 하얀 양말 수십 켤레를 가지고 와서 시신의 맨발에다 하나하나 정성스럽게 신겨주는 모습이 눈에 띄었다. 그 여자는 자신의 신분을 밝히려 하지 않았으나 알려진 바로는 술집 접대부였다고 한다. 그녀는 입관할 때 물을 떠다가 직접 시신의 얼굴들을 정성스레 씻어주기도 했다."[5]

자진해서 헌혈하려는 사람들이 줄을 잇다

광주시 외곽으로 철수한 계엄군은 호시탐탐 기회를 노리며 살의殺意를 감추지 않았다. 평소 주입된 광기였는지, 보복감정이었는지는 헤아리기 어렵지만, 뛰노는 아이들과 가축들에게까지 마구 총질을 해댔다. 이들 계엄군의 임무는 외곽지구를 봉쇄하는 것이었으나, 그들의 행위는 이미 도를 넘어선 지 오래였다.

도청에서 철수한 공수부대는 22일부터 외곽지구 봉쇄임무를 맡았다가, 24일에 철수명령을 받고 20사단에게 외곽지구 봉쇄임무를 인계한 후 광주비행장으로 철수하였다. 공수부대는 지원동 주남마을을 출발하여 학동과 진월동을 거쳐 시민들의 눈에 띄지 않는 야산으로 철수하던 중 진월동에 이르러서 인근 지역에 장난삼아 총질을 가했다.

저수지에서 멱감고 있던 아이들에게 집중사격을 가하자 아이들은 둑 너머로 피신했지만, 전남중학교 1학년생이었던 권근립이 머리에 총을 맞고 즉사했다. 또한 진월동 동산에서 놀고 있던 아이들에게도 무차별 집중사격을 가했다. 모두 피신했지만 신발이 벗겨져 뒤돌아섰던 효덕국민학교 4학년 전재수는 총에 맞고 즉사하였다. 공수부대는 가축들에게도 총질을 하여 철수 중 인근 마을의 가축들을 닥치는 대로 죽였다. 이에 충격을 받은 한선웅은 정신분열 증세를 보이다가 결국 병세가 악화되어 사망했다.[6]

계엄군은 광주 외곽에서 갖가지 만행을 서슴지 않았다. 불안을 느낀 시민들이 탈출하려다 붙잡혀 살해당하거나 총검에 찔린 사례가 수없이 많았다. 계엄군은 그야말로 닥치는 대로, 보이는 대로 총을 쏘거나 칼로 찔렀다.

시 외곽에서 이 같은 일이 벌어지고 있을 즈음 시내는 비교적 평온한 가운데 질서가 유지되고 대책위원회가 개편되는가 하면 시민 자치운동이 전개되었다. "이날 오전 일반 수습대책위는 당초 15명에서 5명이 사퇴, 10명만 남았는데 여기에 학생수습위를 통합, 총 30여 명의 확대수습위원회(일반수습위 10명, 전남대생 10명, 조선대생 10명)를 구성하였다. 위원장에는 윤공희 대주교가 추대되었으며, 일반수습위원으로는 조비오 신부, 신승규 목사, 박영봉 목사, 박윤봉 적십자사전남지사장, 독립투사 최한영 옹, 변호사 이종기, 태평극장 사장

장휴동, 교사 신영순 씨 등이 위촉되었다."[7]

새 확대수습위원회가 구성되는 것을 전후하여 광주 시내 곳곳에서 시민자치운동이 벌어졌다. 계엄군이 자행한 참혹한 시체들이 속속 드러나 시민들을 전율케 하기도 했다.

"몇천 원 혹은 1만 원 정도씩의 돈을 거둬 10여 명의 동네 아주머니들이 '흥운식당' 안집에 모여 김밥을 말았다. 우리는 11시 30분쯤 시외버스 공용터미널에 있던 시위대들에게 김밥과 음료수를 갖다 주었다. 시위대원들의 옷에 피가 묻어 있기도 했다. 그들은 우리에게 '고맙다'고 하면서 먹었다."(구술: 이서운)[8]

"도청 앞 광장에 모인 시민들은 23일 오후부터 매일 오후 2시 '민주수호 범시민궐기대회'를 열었다. 노동자·시민·학생·가정주부 등 각계각층 사람들이 분수대 위로 올라가 계엄군의 만행을 성토하고 앞으로의 수습 대책을 토론했다. 또한 그때 파악된 피해상황이 보고되었으며 장례준비를 위한 모금운동을 벌이기도 했다."[9]

"그간 숨겨졌던 끔찍한 사건들이 퍼져 나와 시민들을 다시 한번 경악게 하는 경우도 적잖았다. 23일 오전 11시 광주세무서 지하실에 시체 1구가 있다는 보고에 접한 시민군 측에선 현지에 나가 시체를 직접 확인했는데, 이 시신은 '유방과 음부가 도려져서 있었고 얼굴이 대검에 난자당한 여고생'이었다. 교복 속에서 나온 학생증에서 이 시신의 주인공은 전남여고 2학년 이 모 양으로 확인되었으며, 적힌 주소대로 부모를 찾아

시체를 인도하자 이들은 울지도 못하고 그만 실신, 까무라치더라는 것이다."[10]

"도청에 안치되어 있는 사망자를 확인하려는 사람들에게 한 사람씩 신분증을 대조한 후 시신을 보여줬다. 대부분의 시신은 형상을 제대로 알아볼 수 없을 정도로 심하게 훼손돼 있었다. 총상을 입거나 곤봉에 맞아 사망한 시신은 머리와 얼굴이 짓뭉개졌고, 대검으로 난자된 시체는 붓거나 부패했다.

   팔이 떨어져 관속에 따로 놓여 있거나, 목이 잘려서 몸과 분리된 사체, 얼굴이 검푸르게 변색되고 눈알이 튀어나온 시체 등 비참하기 이를 데 없는 모습들을 본 유족들은 손수건을 입에다 대고 터져 나오는 오열을 억누르거나 관을 붙들고 미친 듯이 통곡하다가 탈진하여 쓰러졌다. 일단 가족이 확인한 시신은 상무관에 옮겨 안치되었다."[11]

1980년에 AP통신 기자였던 샘 제임스는 「항쟁 지도부 벽에 새겨진 '세계평화'」라는 글에서 자신이 광주에서 직접 목격한 모습을 다음과 같이 들려주었다.

도청을 가로질러 체육관 안에는 61개의 관이 줄지어 있었다. 시위 초반에 희생당한 이들의 시신은 친인척에 의해 이미 신원이 확인되었다. 관에 놓인 사진들은 많은 젊은이의 얼굴을 보여주고 있었다. 그들 중에는 중년 여인과 7살 먹은 아이의 모습도 있었다.

   광주시민들은 100개의 신원을 알 수 없는 시체가 도청 안에 있다

고 말했다. 그러나 군인들은 기자들이 도청 안으로 들어가는 것을 막았다.[12]

《쥐트도이체 차이퉁》 극동특파원으로 5·18 현장을 취재했던 게브하르트 힐셔도 「목가적 전원도시에서 떨쳐진 악몽」이라는 글에 여학생들의 모습을 기록했다.

다음 줄에는 여학생들이 모여 있었는데 춘태여자상업고등학교 학생들이었다. 그들은 아직도 왜 자신들의 급우 한 명이 죽어 자신들 앞에 누워 있는지 이해하지 못하는 표정들이었다. 여학생들은 쏟아지는 눈물에 목이 메인 채 이별의 노래를 불렀다. 그리고 그중 한 여학생이 몸을 돌려 제단을 향해 애절한 목소리로 호소했다.
"친구의 죽음을 헛되게 말아주세요!"
그녀는 열일곱 살 먹은 박금희라는 여학생이었다. 그녀의 말이 끝나자 상무관을 가득 메운 모든 시민들은 애국가를 합창하고 만세를 불렀다.
"대한민국 만세! 민주주의 만세!"[13]

부상자가 속출하자 피도 부족했다. 광주시민들은 너나 할 것 없이 헌혈을 자원하며 나섰다.

헌혈 희망자는 이곳만이 아니었다. 각 병원마다 장사진을 이루었다. 특히 황금동에 있는 조그마한 술집에 있는 아가씨들이 너도나도 병원으로 찾아와 싸우다 부상당한 사람들을 위해 자진해서 헌혈하겠다고 나섰다.

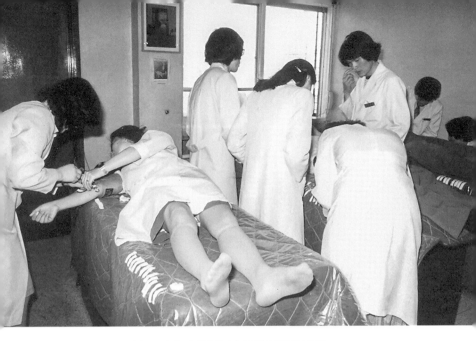

피가 부족하다는 소식이 알려지자 헌혈에 앞장선 시민들.

"내 피부텀 빼줏쇼."

"아니 아니, 내 피 많이 빼도 좋아라우."

"우리가 술 파는 여자라고 어디 마음까지 나쁜 줄 알아요. 우리 마음
도 나라 위해서는 똑같어라우."

30여 명이 줄을 지어 서 있는 전남의대 부속병원 헌혈실은 이 아가씨
들로 꽉 차 있었다. 이 같은 헌혈 희망자는 계엄군의 진입작전이 시작된
전날인 26일까지 줄을 이었다.[14]

시민들의 격문과 계엄사의 경고문

전두환 신군부는 광주 문제를 평화롭게 해결할 의지를 보이지 않았

다. 여전히 '광주시민'을 적대시하고 토멸의 대상으로 여겼다. 국방부에서 23일에 내놓은 「광주사태의 실상」이라는 문건에 신군부의 인식이 어떠했는지 잘 드러나 있다.

철시한 거리를 활보하고 다니는 것은 오직 총기를 휴대한 무장폭도뿐이었다. 그들은 군용 지프차와 트럭, 버스를 타고 시가지를 돌면서 위협 시위와 요란한 가두방송을 하였는바, 심지어는 "우리 방송은 못 믿으니 북한 방송을 듣는 것이 좋다"고 버스에서 북괴 방송을 틀고 운행하기도 하였다.

　공장 직공들과 걸인, 불량배 등 20대 전후가 대부분인 무장폭도들은 탈취한 경찰복, 군복 및 철모 등을 착용하고 방독면, 수건 등으로 복면하였으며, 어떤 자들은 무거운 기관총 실탄 띠를 자신들의 상반신에 X자형으로 걸치고 다녔다.[15]

국방부는 이렇듯 사실과는 아주 거리가 먼 '실상'을 발표하고, 신문과 방송들은 여전히 '과격파' 운운하고 왜곡하면서 광주시민들을 욕보였다. "폐허 같은 광주데모 6일째, 자극적인 소문이 기폭제"(《조선일보》, 5월 22일 자), "무정부 상태 광주, 총 들고 서성대는 '과격파'들"(《조선일보》, 5월 25일 자) 등 언론은 진실보다는 학살자들의 발표를 보도할 뿐이었다.

시민들은 자체 제작한 유인물과 성명으로 자신들의 의견을 밝혔다. 5월 23일, 시민대책위원회와 학생수습대책위원회 공동으로 「광주시민 여러분께 알려드립니다」를 발표했는데, 이는 정부와 사이비

언론의 공세에도 불구하고 지극히 온건하면서도 합리적인 제안을
하고 있다.

청사에 빛나는 칼날의 무서움을 모르는 채 사랑하는 내 시민을 짓밟아
버리는 천추에 맺힌 한, 원한에 맺힌 한을 어느 누가 풀어줄 길이 없어
시민 모두가 일어선 5·18 광주 민중봉기는, 우리 민족의 슬기와 민주화
염원에 의한 투쟁의 결과입니다.

그러나 우리의 궁극적인 목표는 달성된 것이 소수뿐이기에 투쟁은
계속되어야 합니다만, 어디까지나 평화적이어야 하며 이 평화적 투쟁을
계속하기 위해서는 무엇보다도 시민의 질서회복이 시급한 문제입니다.
이 질서회복이 최선의 방법이며 우리들의 피해를 줄이는 최선의 길입니
다. 지금까지의 투쟁이 헛되지 않게 스스로가 합심동체가 되어 이 난국
을 타개합시다.

1. 계엄군은 진주하지 않고 우리와 일체 교전을 하지 않을 것을 약속했
   습니다.
2. 총기는 책임질 수 있는 사람이 휴대해야 하며 통제권에서 벗어날 경
   우 시민의 안전을 위해 회수되어야 하오니 협조하여주시기 바랍니
   다.
3. 시민 여러분께서는 각 직장별 일상업무에 복귀할 수 있는 이성을 회
   복합시다.
4. 일부 무기류 휴대자들에 의한 오발사고와 약탈행위는 철저하게 근절
   돼야 하오니 협조 바랍니다.

5. 이번 투쟁에서 희생된 사망자는 엄숙한 시민장으로 거행돼야 합니다.

   이상의 사항을 전파하는 데 모든 분들의 협조를 바라며 앞으로의 사태 추이에 귀를 기울여주시기 바랍니다.[16]

같은 날 전남대학 연합대표자회의도 「시국선언문」을 발표했다.

전남도민 여러분!

지금 우리는 조국의 민주화를 달성하기 위하여 사력을 디해 싸우고 있습니다. 이 땅의 민주주의는 기필코 달성되어야 합니다. 이것이 4·19 학생혁명과 부마민중의거로 점철되어온 민족사의 요청입니다. 그러나 광주는 지금 민족사가 우리에게 요청하고 있는 과업을 성취하기에 적지 않은 난관에 처해 있습니다. 총기를 휴대하고 있는 몇 사람 중에는 오발을 하는가 하면 무책임한 짓을 벌이며 우리들이 도달해야 할 조국의 민주화에 저해가 되는 일도 저지르고 있는 듯합니다.

이것이 시민의 공연한 불안감을 조성하기도 하여 사태를 악화시키고 있다고 생각한 전남 지역(서울 포함) 대학생들은 책임감을 느끼며 전열정비를 위하여 나서게 된 배경입니다. 투쟁은 끝나지 않았습니다. 이 투쟁을 지속적으로 이끌며 사태를 수습하기 위해서는 조속한 광주 질서 회복이 필요합니다. 시민들의 일상생활이 정상화되며, 도시기능이 하루속히 회복되어야 하겠습니다. 그리고 이 운동이 폭동이 아닌 지속적이며 조직적인 민주화 운동이 되기 위해서는 책임감 있고 성실한 사람들이 나서야 하겠습니다.

모든 무기는 도청 내 지휘 통제부 관할하에서 일사불란하게 이용되어야 하며 여타의 모든 무기는 회수되어야 합니다. 이를 위해서 학생들은 적극 나서야 하겠으며 광주의 치안유지와 질서회복을 위해서 대학별, 고교별, 직장별, 지역별 조직이 편성되었거나 되어가는 중입니다.

대학생, 고교생, 예비군, 그리고 민주화의 성취를 열망하는 시민 여러분!

여기서 우리가 방관한다면 광주는 다시 회복할 수 없는 자멸을 초래하게 될 것이며 조국의 민주화는 달성될 수도 없습니다.

도청 내에 설치된 대학생대표자회의에 신뢰를 바라며 대학생 여러분의 전폭적인 성원과 참여를 바랍니다. [17]

이희성 계엄사령관은 23일에 「경고문」을 발표했다. 이 글에서 그는 매카시즘을 동원해 광주항쟁을 "고정간첩, 불순분자, 깡패에 의해 조종되고 있다"라며 매도했다.

친애하는 시민 여러분! 이제까지는 여러분의 이성과 애국심에 호소하여 질서회복과 질서확립을 기대해보았습니다. 그러나 총기와 탄약과 폭발물을 탈취한 폭도들의 횡포는 계속 가열되고 있으며 이러한 상황하에서는 국군이 소탕하지 않을 수 없습니다.

시민 여러분!

소요는 고정간첩, 불순분자, 깡패에 의해 조종되고 있습니다. 지금 즉시 대열을 이탈하여 집과 직장으로 돌아가십시오. [18]

사실을 보도하려는 주요 외신들

광주시민들이 전시에 버금가는 극한 상황에서 살인마들과 생명을 걸고 싸울 때 가장 어렵고 외로웠던 일은 언론의 외면과 왜곡보도였다.

시민들이 자신의 생명을 내걸고 신군부의 공수부대와 싸운 것은 오로지 민주주의를 지키기 위해서였다. 그런데 민주주의의 파수꾼이라는 언론은 처음에 계엄군의 살상과 만행을 외면했다. 그러다가 신군부가 보도를 허용하자 이번에는 왜곡된 내용과 허위사실을 대서특필했다.

국내 언론은 현지 파견 기자들의 기사를 묵살하거나 변조하면서 계엄 당국이 던져준 보도자료를 사실 확인 없이 보도하고 방송했다. 시민들은 《투사회보》 등 자체 미디어를 만들었으나 원시성을 면키 어려웠다. 언론의 왜곡보도로 다른 지역에서는 광주시민들이 폭동을 일으키고 고정간첩들의 조종에 놀아나고 있는 것처럼 잘못 알려졌다.

이때 광주의 실상을 대외에 알린 것은 다름 아닌 외국의 언론들이었다. 주요 외신의 보도 내용을 살펴보자.

UPI 통신은 5월 21일에 「무장군대, M16 난사」라는 제목으로 다음과 같이 보도했다.

무장 공수대가 발포를 계속했지만 이미 타오른 시위는 20일 밤, 그리고 이튿날 아침까지 계속되었다. 20일의 충돌로 3명의 시위자와 4명의 경관을 포함하여 적어도 7명이 죽고 1백 명 이상이 부상당했다. 광주 현지의 기자는 21일 아침 도로변에 10구 정도 시체가 치료받지 못한 채 버려져 있었으며, 3만여 시위대가 데모를 계속했다고 전했다. 20일 밤 11시경, 시위군중이 광주역을 점거하려 한 약 20분 동안 무장군대는 M16을 난사하였다. 발포로 인해 어느 정도의 사상자가 발생했는지는 정확히 알 수 없다. 이날 아침 가두에서 시위군중과 군대의 충돌이 계속되었다. 이 충돌로 인해 상당수의 사상자가 나왔다.

《아사히신문》은 5월 23일에 「광주사태 긴장 계속, 군은 시 주변 완전 포위」라는 기사에서 다음과 같이 썼다.

이승만 독재정권을 타도한 20년 전 4·19 혁명 이래 그보다 더 많은 사상자를 내었고, 정부·군 당국과 학생·시민들이 대치하고 있는 한국의 광주에는 22일 공수부대와 수도경비사령부의 병력이 시 주변에 배치되어 '총공격'의 준비를 갖추고 있으며, 시내에 진을 치고 있는 학생·시민의 데모대에 압력을 가하고 있다. 이러는 중에 광주시의 유력인사들이 같은 날 '광주사태대책위원회'를 만들어 연행자의 석방, 사상자에 대해 정부의 보상, 보복금지 등 6개 항목의 조건을 제시, 중재에 적극적으로 나섰다.

《뉴욕 타임스》는 5월 23일에 「광주시민들, 군대와 경찰을 추방」이라는 기사를 썼다.

광주 항거 4일째인 수요일, 최소한 24명이 사망하고, 시민은 야만 군대와 경찰을 추방하고 통제권을 장악했다. 수요일에 시작된 학생시위에 대하여 전두환이 지휘하는 공수부대는 학생들을 구타·연행, 절단냈으며, 이로 인하여 항거는 도시 전체로 확산, 한국전쟁 이래 거대한 봉기로 인하여 공수부대 출신이며, 살해된 박정희의 맹신자인 전두환의 장래에 불안이 확대…….

UPI, AP 통신과 《뉴욕 타임스》는 5월 24일 「피의 반정부 봉기 5일째」에서 다음과 같이 썼다.

피의 반정부 봉기 5일 후인 목요일, 최소 61명 사망, 4백 명 부상, 봉기는 밤사이 16개 군으로 확산, 한국 정부 요청으로 미 국방성은 한미연합사 지휘권하의 병력차출 동의, 북한의 군사적 동향 별무, 시민들의 요구 사항은 계엄 철폐, 전두환 사퇴, 김대중 석방, 시민 9백 명 석방, 사상자 보상, 공수부대의 잔인한 야만행위 공개사과, 사실 보도 등…….

AFP 통신이 보도한 「민주주의라는 대의에 의해 움직이는 광주」(5월 24일)라는 기사는 다음과 같다.

광주의 인상은 약탈과 방화와 난동이 아니다. 그들은 민주주의라는 대의에 의하여 움직이고 있다. 한국 군부의 야수적 잔인성은 라오스·캄보디아를 능가한다.

《조선일보》의 왜곡, 《동아일보》의 무사설 5일

같은 시기 국내 중앙지들은 광주항쟁을 어떻게 보도했을까? 5월 21일부터 25일까지 국내 중앙지들의 보도 실태는 다음과 같다.

5월 21일

광주일원 데모사태—계엄사령부는 지난 18일부터 광주일원에서 발생한 소요사태가 아직 수습되지 않고 있다고 밝히고 조속한 시일 내에 평온을 회복하도록 모든 대책을 강구하겠다고 밝혔다.(《동아일보》)

5월 22일

안보적 중대사태이다.(《서울신문》)

원통한 것은 이 양상이야말로 북의 무리가 노리고 있는 각본에 딱 들어맞는 연출무대로 되어 있다는 점에서이다.(《서울신문》)

광주일원 심각사태.(《경향신문》)

광주소요 이성과 자제로 빨리 수습되어야 한다.(《경향신문》)

5월 23일

북괴 방송이 광주사태만 집중적 선동.(《서울신문》)

폐허 같은 광주—데모 6일째.(《조선일보》)

유혈의 비극—처절한 광주시.(《한국일보》)

5월 24일

광주시위 선동 남파간첩 검거.(《서울신문》)

북괴간첩 1명 검거.(《경향신문》)

5월 25일

무정부 상태 광주 1주—바리케이드 넘어 텅 빈 거리엔 불안감만.(《조선일보》 김대중 사회부장 기명기사)[19]

《조선일보》는 보도·논평에서 지극히 비상식적인 자세를 보여주었다. 사태가 한창 진행되는 5월 20일 자 사설 「백척간두에 서서」에서는 광주항쟁에 대한 언급은 회피하면서 5·17 조치의 '부득이'함을 피력했다.

이 사설은 "최규하 대통령은 국가원수로서 비상계엄령을 전국화하는 '5·17 조치'를 취하면서 이 위기를 극복할 것을 국민에게 호소했다. '북괴의 격증하는 적화책동이 학원소요를 고무 선동하고 있는 가운데 일부 정치인, 학생, 근로자들이 조성하고 있는 혼란과 무질서가 우리 사회를 무법천지로 만들고 있으며 이와 같은 사태가 경제난까지 극도로 악화시켜 바야흐로 국기를 근본적으로 흔들리게 할 우려가 있다. 이 국가적 위기를 극복하기 위해 5·17 조치를 취한다'고 밝히고 국민의 협조를 호소하고 나섰다"라며 최 대통령을 지적하면서, "우리는 원칙적으로 이와 같은 상황에 이르지 않고 시국이 수습되기를 누누이 바라왔다. 그와 같은 충정을 우리는 정부를 비롯한 각 분야 영역에 거듭해서 호소해왔다"라고 말한다.

《조선일보》는 23일에는 「새 내각에서 절실한 기대」라는 제목의 사설에서 "이 엄청난 비극이 누구를 위해 전개되고 있는 것인가. 우리는 그저 통탄할 따름이다. 외우의 중압도 물리치기 벅차거늘 내환으로 자멸의 길을 불러들여야 할 때인지 관계기관은 물론 국민모두가 냉철한 이성으로 위기극복을 위해 자제에 자제를 거듭해야 할 것이다"라고 주장한다. 이 사설은 광주에서 자행된 일의 원인 규명이나 살육의 참상 등은 내팽개친 채 '자제'만을 촉구한다.

《동아일보》는 5월 19일부터 5일간 사설을 뺀 채 신문을 발행했다. 이것은 자신들의 주장을 펼 수 없는 상황에서 최소한의 양심이자 저항의 표시로 볼 수 있다.

《동아일보》는 5월 24일에 「유혈의 비극은 끝나야 한다」라는 사설을 처음 실었다. 고딕체로 쓴 이 사설에는 "정부는 사태를 직시하여 과감한 결단을 내려야 할 것이며, 미봉책은 금물이라는 점을 인식하기 바란다. 그리고 우리는 광주시민들의 자중자애를 요구코자 한다. 비극적 상황 속에서도 시민들이 이성을 잃지 않고 무기를 회수하고 질서를 유지하는 데 힘을 기울이고 있는 것은 높이 평가되어야 할 것이다"라는 양비양시론적인 내용이 담겨 있다.

항쟁과 수습대책

복면 사나이들의 수상한 행적

광주민주화운동 7일째인 5월 24일, '해방 연력'으로는 3일째의 날이다. 아침부터 불길한 뉴스가 전해졌다. 계엄사는 아침 8시 KBS 라디오를 통해 "24일 정오까지 광주시는 광주국군통합병원에, 기타 지역은 각 경찰서에 무기를 반납하면 책임을 묻지 않겠다"라는 최후통첩이나 다름없는 방송을 내보냈다.

무기반납 또는 총기회수 문제는 계엄군이 시 외곽으로 철수한 이후 도청수습위원회에서 여러 차례 논의된 이슈였다. 다수의 시민이 총기를 갖게 됨으로써 발생할지 모르는 불상사를 막고, 계엄군의 재진입 빌미를 주지 않기 위해서라는 명분론과, 여전히 시 외곽에서 공수대가 시민을 살상하는 터에 비무장 상태에서 계엄군이 재진입하면 속수무책이니 무장은 갖춰야 한다는 현실론이 갈렸다. 무장한 괴한들로부터 금품과 현금을 빼앗겼다는 신고가 지휘본부에 접수되기도 했다.

학생수습위원과 시민수습위원들은 합동으로 아침 일찍부터 7개 전초기지를 포함한 시 외곽지역으로 돌며 빵과 우유, 음료수 등 간단히 먹을 수 있는 것을 공급해준 다음 무기반납을 종용하고 다녔다.

특히 시민수습위원인 조비오 신부는 무장 시민군에게 "무기를 일단 반납한 다음 사태수습에 임하자"고 간곡히 설득하면서 끝내 울음을 터뜨리기도 했는데, 조 신부의 이 같은 무기회수 설득 노력은 26일까지 계속되었다.

그런데 일부 시민군은 "왜 우리가 총을 반납해야 하느냐" "우리는 끝까지 싸워야 한다"며 무기반납을 완강히 거부하고 나섰다. 이들은 대부분 복면을 하고 있어서 누가 누구인지도 분간할 수가 없었다. 무기회수에 나선 특공대는 무기반납을 놓고 이 같은 강경한 반발에 부딪히자 주춤거리게 되었다.[1]

23일경부터 시내의 집회나 도청 주위에 수상한 사람들이 돌아다녔다. 복면을 한 사나이들이다. 시민들은 그때까지 각종 시위나 집회에 복면을 쓰지 않았다. 그런데 갑자기 정체불명의 사나이들이 복면을 하고, 집회에서는 강경론을 폈다. 이들의 정체는 끝내 밝혀지지 않았다. 신군부 측이 투입한 프락치가 아니었을까.

복면을 한 강경파들은 이렇다 할 수습안을 내놓지도 않았다. 무조건 반대였다. 그리고 무작정 싸우겠다는 것이다.

또한 당국에 대해서나 어떤 상황을 맞이할 때는 덮어놓고 욕설과 비난부터 퍼붓고 나왔었다. 여기에서 필자가 보았던 이들 복면부대의 행동을 간추려보면 대개 이러했다.

첫째는 강경했다. 이유도 설명도 없었다. 무조건 반대하고 싸우는 것이었다.

둘째는 도청을 빙빙 돌며 활동하는 듯했다. 주로 차량을 타고 금남로를 왔다 갔다 하고 도청을 드나들고 도청 상황실이나 본부 보초도 자청하고 나서는 듯했다.

셋째는 위험지대는 피하는 것 같았다. 가령 7개 전초기지나 계엄군이 지키며 발포할 가능성이 있는 지역은 얼씬거리지 않는 것이었다.

넷째는 무기반납을 적극 반대하고 나섰다.

다섯째는 26일 밤 이후는 거의 자취를 감추어버렸다.

27일의 수습작전을 예고했음인지는 모르지만 26일 석양부터는 복면한 사람이 현저하게 줄어들었다.[2]

이날 오후 3시경 제2차 민주수호 시민궐기대회가 도청광장과 금남로에서 10만에 가까운 시민들이 모인 가운데 거행되었다. 이날도 시 외곽과 일부 시군 지역에서는 계엄군과 시위대 사이에 산발적인 교전이 이루어졌다. 또한 공수부대가 원제마을 저수지에서 수영하던 소년들에게 총격을 가해 중학교 1학년이던 박광범이 죽고, 계엄군들 사이에 오인 사격으로 총격전이 벌어지기도 했다.

대회가 진행될 때 갑자기 소나기가 쏟아졌지만, 우산을 준비하지 못했음에도 자리를 뜬 시민은 거의 없었다. 이날 대회에서는 녹두서점에서 제작한 전두환 화형식이 거행되었다. 도청수습위원회는 계엄사분소를 방문하여 나눈 8개 항을 보고했다. 8개 사항은 다음과 같다.

1. 계엄군의 시가진입을 일절 금지하라.

답: 시민 측이 먼저 발포하지 않는 한 진입이나 사전발포하지 않겠다. 또한 지금 시내엔 1명의 계엄군도 없다.

2. 5·18 공수부대의 지나친 진압을 인정하라.

답: 현장 설명을 듣고 과잉진압임을 인정한다.

3. 연행자를 석방하라.

답: 연행자 927명 중 79명을 제외하고 모두 석방했으며 수습대책위원회의 요구에 따라 추가로 34명도 80년 5월 23일 자로(어제 오후) 석방했다.

4. 사망, 부상자의 보상 및 치료는?

답: 보상은 물론 대책을 세우고 있다.

5. 방송재개 및 사실보도 촉구.

답: 지역방송이 속히 회복되는 대로 사실보도하도록 힘쓰겠다.

6. 자극적인 어휘 사용 금지(예: 폭도).

답: 순수한 시민을 폭도라 함이 아니요, 악용하는 자를 말하며 상부에 부드러운 어휘를 사용토록 진정했다.

7. 시외통행로에 통로를 주라.

답: 민간인은 출입할 수 있으되 손을 흔들어 신호를 보내면 보호해주며, 단 자동차나 무기 휴대차는 접근할 수 없다.

8. 사태수습 후 처벌금지

답: 사태수습 후 절대 보복하지 않겠다(군 지휘관과 대책위원회의 명예를 걸고 약속함).[3]

전두환, '유혈 진압' 지침

광주에서 수습위원들과 시민들이 일부의 완강한 반대를 설득하면서 총기를 회수하는 등 사태수습에 노력하고 있을 때, 쿠데타 실세들은 철수한 계엄군의 광주 재진입 문제 등 강경한 진압책을 모의했다.

23일 오전 9시경 육군참모총장실에서 이희성 계엄사령관과 황명시 육군참모차장, 정보, 작전, 군수 및 전략기획 등 참모부장, 계엄사 참모장, 진종채 2군사령관 등이 참석하여 외곽으로 철수한 계엄군의 광주 재진입을 본격 논의했다.[4]

전두환 등 핵심은 이미 계엄군을 동원하여 광주에 재진입한다는 방침을 세워놓고, 육군참모총장실의 모임을 통해 이를 확인하려는, 일종의 통과의례 절차였다.

계엄 수뇌부가 21일의 도청 앞 집단 발포와 광주 시내에서의 계엄군 전면 퇴각이라는 충격에서 겨우 벗어나 진압작전의 전열을 새롭게 정비하기 시작한 것이다. 전두환 보안사령관 등 신군부 실세들은 "전남도청을 근거지로 하여 저항하고 있는 시민과 학생들을 조속히 진압해야 한다"라고 지침을 내린 상태였고, 이 지침에 따라 이희성 사령관이 직접 재진입작전을 검토하기 위한 자리였다.

진종채 제2군사령관은 사태의 장기화를 막기 위해 재진입작전을 조속히 감행해야 한다고 건의했다. 이에 대해 이희성 사령관은 '작전 개시'는 시민들의 무기반납, 시민과 폭도의 분리, 진입작전부대 지휘관의 준비 등에 필요한 시간 등을 감안하여 '5월 25일 새벽 2시 이후' 명에 의하여 하되, 작전 계획과 작전 개시 시각은 현지 지휘관인 전교사령관에 맡기도록 결정했다.[5]

전두환과 신군부 반란세력은 하나같이 피에 굶주린 흡혈귀들 같았다. 광주에서 이미 그만큼 피를 흘렸으면 누군가는 재진입을 만류했을 법도 한데 그런 이성을 갖춘 자는 없었다. 권력이 눈앞에 보이는 데 놓칠 수는 없다는, 그동안 권력 맛에 길들여진 '정치군인들'의 속성이었다.

흡혈귀들의 광주 재진입 음모가 진행될 즈음 광주의 도청 상황실에서는 오후 1시경부터 도청수습대책위원회가 열렸다. 여기서는 계엄사에 제안할 몇 가지 요구사항이 결정되었다.

첫째, 금번 광주사태에 대하여 정부 당국은 일부 불순분자들인 폭도의 난동으로 보도하고 있는데 현 광주항쟁은 전 시민의 의지였으므로 폭도로 규정한 점을 사과하라.

둘째, 이번 사태로 사망한 사람들의 장례식을 시민장으로 하라.

셋째, 5·18 사태로 구속된 학생 시민 전원을 석방하라.

넷째, 금번 사태로 인한 피해보상을 전 시민이 납득할 수 있도록 하라.[6]

무리한 요구가 아니었다. 그럼에도 계엄분소는 이를 수용하지 않았다. 그럴 의지도 없거니와 권한도 없었다. 모든 지침은 신군부 수뇌부에서 하달되었기 때문이다.

23일 오후 전두환은 특전사령관 정호용에게 '자필 메모'를 써서 주면서 광주에 내려가 소준열 전교사령관에게 전달하도록 했다. 광주 재진입 작전과 관련해서 "다소의 희생을 무릅쓰고라도 광주사태를 조기에 수습해줄 것"을 당부한다는 메시지였다. 이 메모에는 또한 "공수부대를 너무 기죽이지 마십시오"라는 말도 적혀 있었다. 황영시 참모차장도 전교사령관에게 전화를 걸어서 희생이 따르더라도 사태를 조기에 수습해줄 것을 요구했다. 전두환 보안사령관의 방침은 확고했다.

시민들과의 협상을 통해 평화적인 해결책을 찾으려 하기보다는 '시민들의 희생'을 전제로 조속한 '유혈진압'을 추진하겠다는 것이었다. 신군부가 이렇듯 강경 일변도로 나간 이유는 광주의 시위가 서울 등 다른 지역으로 확산되는 것을 막지 못하면 최종 목표인 '집권'은 어그러지게 되는 상황이었기 때문이다.[7]

평화적인 해결방안을 찾다

전두환 일당이 12·12 하극상과 5·17 쿠데타, 그리고 광주학살에 이어 다시 대규모 학살이 예상되는 재진입 방침을 정한 이유는 오직 집권욕 때문이었다.

"23일 소준열 전교사령관은 전두환, 황영시 등 신군부 실세로부터 '자필

메모'와 독려전화를 받고 김순현 전교사 전투발전부장에게 '상부충정작
전계획'을 수립하도록 지시했다. 소준열은 전교사령관에 취임하자마자
도청소탕작전을 서둘렀다."[8]

중앙에서 다시 '거대한 살육 음모'가 진행되는 것을 알 리 없는 광
주에서는 평화롭게 사태가 종결되기를 바랐다. 그리고 이를 위한
시민자치가 활기 있게 진행되었다.

이날 오후 5시 30분경 광주시 대의동 소재 YWCA 소강당에서 정상용
은 김영철, 이양현, 윤개원, 박효선, 김상집, 이행자, 정유아, 정현애 등
과 성명 미상 청년·대학생 10명이 모여 그간의 도청 앞 시민궐기대회
의 성과를 분석한 후 시민들의 호응도가 높아 좋았다는 결론을 내린 다
음, 계엄 당국과 유리한 협상을 하기 위해서는 보다 더 조직적이고 대규
모적인 시민선동궐기대회를 계속 추진할 필요가 있다고 보고 이를 준비
하기 위한 위원회 집행부를 구성하기로 결의하고,

1. 기획부: 이양현, 정상용, 윤강옥
2. 홍보부: 윤개원, 박용준
3. 집행부: 정현애, 정유아, 이행자

등으로 편성하였다. 윤강옥과 이양현은 기획부에 소속되어 시민궐기
대회의 일정 및 식순, 기타 선언문과 경과보고서 문안 등을 작성하는 임
무를 담당하였다.(공소장)[9]

이날 오후 7시 30분경에는 시민궐기대회를 효율적으로 운영하기

위해 논의하는 자리가 마련되었다.

호남동 소재 보성기업 사무실에서 김영철은 정이윤, 이양현, 정상용, 정
해직, 윤기현 등과 함께 광주사태에 관하여 논의를 가진 결과,

1. 무조건 무기를 반납하는 것은 투항이며 사북사태와 같은 처벌을 받
   게 되므로 정부 당국 고위층으로부터 처벌을 하지 않겠다는 각서를
   받고 무기 반납하자.
2. 정부, 군인, 국민, 광주시민, 경상도민에게 광주사태를 알리는 글을
   작성하여 궐기대회 시 발표한다.
3. 적십자를 통해서 전국적인 헌혈운동을 전개하여 은연중에 광주사태
   가 유혈사태임을 알리고 생활필수품을 지원받도록 한다.
4. 인권운동 경력이 있는 재야 인사와 학생을 영입하여 집회 및 시위를
   주도하도록 한다는 앞으로의 대정부 투쟁 방향을 결정.(공소장)[10]

광주시민들의 평화로운 자치활동과는 달리 시 외곽에서는 여전
히 계엄군의 살상이 계속되고 있었다. 다음은 그 잔악한 사례들 중
일부이다.

"5월 24일 광주 외곽을 봉쇄하던 계엄군은 송정리비행장으로 퇴각했다.
계엄군은 후퇴하면서도 소리 나는 곳을 향해 반사적으로 발포해 많은
민간인들이 희생됐는데, 그중에는 국민학생들도 있었다. 11살의 전재
추는 효덕동 공동묘지 부근에서 지나가던 공수부대의 총탄에 맞아 사망
했다. 그의 사인은 '좌요부, 우요부 관통상, 좌대퇴부 골절 총상'이었다.

방광범은 효덕동 저수지에서 목욕한 뒤 귀가하던 중 총격을 받았다. 그는 머리에 총을 맞아 사망했다. 50세의 박연옥은 중학생 아들을 찾아 나섰다가 총소리에 놀라 하수구 밑에 숨어 있던 중 계엄군의 총격을 받아 사망했다."[11]

"24일 이후 1시 30분경 시민군 11명이 군용트럭을 몰고 효덕국민학교 삼거리를 조금 지나 차를 세우고, 이 지역 주민들에게 상황을 물어보고 있었다. 그런데 한 10분이 흘렀는데, 효덕국민학교 골목에서 장갑차 한 대가 나왔다. 이를 발견하고 모두 엎드렸는데, 장갑차가 약간 후진했다가 나오면서 캐리버 50으로 집중사격을 가하였다. 가까스로 피해서 주변 인가로 피신했는데, 이 차에 대고 계속 사격을 가하였다. 그런데 조금 있으니까 밖으로 포성이 울리고 계속해서 총소리가 났다."(1989년 2월 22일 국회광주특위 제28차 회의 청문회에서 최진수 증언)[12]

이 사격으로 중학생을 비롯해 여러 명이 죽거나 다쳤다.

여덟째 날: 시민자치와 계엄 당국의 음모

시민들을 분열시키고자 공작 일삼아

공수부대가 곧 진입할 것이라는 소문이 떠도는 가운데, 5월 하순의 광주는 스멀스멀 밀려드는 불안감으로 민주화운동의 여덟째 날을 맞았다. 5월 25일, '해방 연력'으로는 4일째이다.

이날 이른바 '독침 사건'과 '간첩조작 사건'이 일어나 시민들을 당황하게 했다. 나중에 드러난 바로는 이 사건들은 계엄사 측에서 투입한 프락치들의 소행이었다.

조사과에서 함께 일하던 장계범이 '독침에 맞았다'고 소리치며 왼쪽 어깨를 틀어잡고 쓰러졌다. 갑작스런 사태에 놀란 내가 왜 그러냐고 물었더니 '도청 안에 침입한 불순분자가 나를 찔렀으니 상처 부위를 빨아달라'고 했다. 그의 옷을 벗기고 입으로 상처 부위를 빨아줬다. 장계범은 거품을 물고 쓰러졌다. 나는 정향규와 함께 장계범을 지프차에 태우고 전남대병원 응급실로 가서 내려주고 곧바로 도청으로 왔다. 그로부터 몇 분 후 아무래도 이상하니 전남대 응급실로 빨리 가보라는 명령을 받고 가서 보니 장계범은 도망가고 없었다. 이것이 조작된 '장계범 독침 사건'이다. 이 사건 이후 도청 내에는 불신풍조가 난무하여 친하지 않은 사람은 가까이하기를 꺼리게 되었다.(구술: 신만식)

오전 8시경 장계범이라는 사람이 '독침을 맞았다'고 소리쳤다. 주위에 있던 사람들이 옷을 벗기고 상처를 입으로 빨았다. 도청에 있던 차에 장계범을 싣고 전남대병원으로 옮겼다. 독침을 맞았다던 장계범은 이날 오후 병원에서 도망쳤다고 했다. 이 조작된 독침 사건으로 도청 안은 간첩이 침투되었다는 등의 소문이 파다하게 퍼져 불안함을 견디지 못하고 도청을 빠져나간 사람이 많았으며, 시민들 사이의 불신이 심화되는 등 아주 혼란스러웠다. 그리하여 집행부에서는 '증'을 발행하여 이를 소지한 사람만이 도청을 드나들 수 있게 했다.(구술: 구성주)[1]

그야말로 악랄하기 그지없는 소행이다. 도청에 자리 잡은 광주항쟁 지도부를 혼란에 빠트리고, 시민들의 참여를 저지하려는 파렴치한 짓이었다.

이 '독침 사건'이 발생하자 도청 안의 분위기가 갑작스레 살벌해졌다. 그렇지 않아도 수습위원회의 갈등과 대치 상황이 장기화할 듯하면서 분위기가 침체해가던 도청 안은 이 사건으로 지휘체계가 거의 무너질 위기에까지 이르렀다. 여기저기서 간첩이 침투했다는 소문이 돌고, 모두 수군거리며 도청 안에는 더 이상 불안해서 못 있겠다면서 상당수가 빠져나갔다. 그러나 간첩이 침투했다며 소란을 일으키고 나서 빠져나가는 자들은 대부분이 계엄군 측 정보요원들이었다.

이 사건은 사전에 계획된 것으로서 침투정보요원들의 도청지도부 교란 작전이었다. 당시 부위원장이던 김종배는 도청 안 시민군들의 동요를 가라앉히고 당시 순찰대원이던 윤석주, 이재호, 이재춘 등 6명에게 이 사건을 재확인해보라고 지시했다.

전남대병원에 도착해보니 장계범은 이미 달아난 상태였으나 미처 달아나지 못했던 정한규를 붙잡아 도청 조사부로 끌고 갔다. 정한규의 진술에 의하면 그는 23일 오후부터 어떤 여자를 도청 안에서 만나 그 여자를 통하여 지속적으로 바깥과의 연락을 취했고, 시민군의 무전기로 도청 내에서 돌아가는 상황을 계엄군에게 보고했던 첩자였다.[2]

신군부는 폭압적이면서도 야비하고 악랄하기 그지없었다. 광주 시민들을 위축·분열시키고자 온갖 공작을 일삼았다. 그중의 하나가 간첩조작 사건이다. 간첩이 광주항쟁에 참여한 시민에게 먹일 환각제를 소지하고 목포로 잠입하다가 당국에 체포되었다는 거짓 내용을 발표한 것이다. 요즘 말로 '가짜 뉴스'였다. 광주의 민주화운동이 북한의 조종에 따라 움직이는 것처럼 꾸미고자 '간첩'을 조작한 것이다.

장계범의 '독침 사건'에 이어 '가짜간첩 사건'이라는 어이없는 일들이 잇달아 벌어지자 더러는 몸을 사리거나 의기소침한 시민이 있었겠지만, 다수는 신군부와 그들이 장악한 언론을 믿지 않았기에 별다른 동요는 일어나지 않았다.

허위보고와 최규하의 기만적 담화

항쟁이 8일째가 되면서 5월 25일부터 광주는 차츰 안정을 찾아가고 질서가 유지되었다. 시민들의 자치가 원활히 작동하면서 나타난 현상이었다.

광주시는 며칠째의 평온을 바탕으로 어느 정도 질서가 회복돼가고 있었다. 시장과 상점들이 상당수 문을 열었고 시 외곽지역으로부터 경운기에 실려 야채가 시내로 반입되고 있었으며, 고아원 및 사회복지단체 등에 대한 식량 공급은 시청 직원들의 지원에 의해 별다른 어려움이 발생하지 않고 있었다. 은행이나 신용금고 등 금융기관에서도 사고가 단 한 건도 발생하지 않았다. 부상자와 사망자가 줄을 이어 처음엔 혈액공급이 원활치 못하던 병원은 이제 헌혈자들에 의해 피가 남아 돌아가고 있었다. 도청 내 시민군 지도부의 3백~4백 명에 달하는 식사는 처음엔 시민들이 밥을 지어 날랐으나 항쟁이 장기화될 조짐을 보이자 각 동 단위로 식량을 거두어 보내기도 했고, 모금된 돈으로 부식을 사오기도 했으며, 어제부턴 시청 당국의 협조로 비축미를 공급받고 있었다.[3]

그때 최규하 대통령이 광주를 방문한다는 뉴스가 보도되었다. 아무리 신군부의 허수아비라 하더라도 그래도 명색이 대통령인데, 광주에 오면 그간의 참상을 알아보고 시민들의 말을 들어볼 것이라고 사람들은 믿었다.

최규하는 최광수 비서실장, 이희성 계엄사령관, 윤자중 공군참모총장 등과 함께 늦은 오후에 광주에 도착했다. 그런데 대통령인 그가 고작 한 일이라고는 전남북계엄분소인 전교사를 찾아 소준열 전교사령관과 장형태 전남도지사로부터 허위보고를 받고 기만적인 담화를 발표한 것뿐이었다. 담화는 "우리들의 대결상황을 북한 공산집단이 악용하고자 할 것은 틀림없는 일"이므로 "일시적인 흥분과 격분에 의해서 총칼을 든" 시민들은 "총기를 반환하고 집으로 돌아가 치안을 회복하는 데 협력해야 한다"라는 내용이었다.

이 같은 기만적인 담화는 이날 저녁 텔레비전과 라디오로 세 차례나 방송되었다. 시민들을 더욱 분노케 하는 일이 아닐 수 없었다.

광주시민들은 이날도 사태를 수습하기 위해 바쁘게 움직였다. 수습위 대변인이던 김성용 신부는 계엄사를 찾아가 부사령관에게 호소했다.

앞으로 우리는, 아니 도민은 네 발로 기어 다녀야 한다. 어찌 사람처럼 두 발로 다닐 수 있을 것인가? 우리는 짐승이다. 공수부대는 우리 모두를 짐승처럼 끌고 다니면서 때리고 찌르고 쏘았다. 공수부대의 만행은 말하지 않아도 다 아는 사실이 아닌가? 이 사태를 어떻게 수습할 것인가? 또 폭도라고 왜곡된 보도를 하였으니 이 사태가 수습된다 해도 우리는 모두 폭도가 될 것이 아닌가?

우리 도민 모두가 폭도요, 새로 태어난 자식도 폭도의 후손이 될 것이다. 외지에서 누가 어디서 왔소? 하고 물으면 전남이 고향인 사람들은 무조건 폭도로 몰릴 것은 사실이 아닌가? 자, 이러한 상태 속에서 단 한 가지 길이 있을 뿐이다.

책임 있는 당국자 즉 국가의 최고원수인 최 대통령이 공개적으로 사과하여야 한다. 보상과 복구를 하여야 한다. 보복을 절대로 할 수 없다는 것을 온 국민 앞에 천명하여야 한다. 이 길만이 무장을 해결할 수 있는 길이요, 원칙적인 해결방법이 될 것이다. 이 조건이 수습위원회의 결의요, 온 전남도민의 바람인 것이다. 우리는 피의 값을 받아야 한다. 받지 못하면 다 죽어야 한다. 그리고 수습위원회 대표가 최 대통령을 직접 만나 사실을 알릴 수 있도록 계엄사 당국은 빨리 만날 수 있는 길을 주선해달라.[4]

'허수아비 최규하'는 광주의 소리를 듣지 않았고, 광주는 고립무원의 상태에서 자구책을 강구하며 오래지 않아 닥칠 '소탕전'을 앞두고 있었다.

광주시민들은 이 같은 상황에서 5월 25일 '광주시민 일동'의 명의로 「광주시민 여러분께—23~26일까지의 시민결의」라는 유인물을 나누어주었다. "우리 80만 시민이 똘똘 뭉치면 분명코 승리할 수가 있습니다. 후손들에게 떳떳하게 민주사회를 안겨주도록 우리 끝까지 투쟁합시다"라는 내용을 담았다.

같은 날 '시민군 일동'은 「우리는 왜 총을 들 수밖에 없었는가?」라는 제목의 성명을 발표했다. 주요 내용은 다음과 같다.

우리는 왜 총을 들 수밖에 없었는가?

그 대답은 너무나 간단합니다. 너무나 무자비한 만행을 더 이상 보고 있을 수만 없어서 너도나도 총을 들고 나섰던 것입니다. 우리 학생들과 시민들은 과도정부의 중대 발표다, 또 자제하고 관망하라는 말을 듣고 학생들은 17일부터 학업에, 시민들은 생업에 종사하고 있었습니다. 그러나, 아! 이럴 수가 있단 말입니까? 계엄 당국은 18일 오후부터 공수부대를 대량 투입하여 시내 곳곳에서 학생·젊은이들에게 무차별 살상을 자행했으니!

아, 설마! 설마! 했던 일들이 벌어졌으니 우리 부모형제들이 무참히 대검에 찔리고 귀를 잘리고 연약한 아녀자들이 젖가슴을 찔리우고, 힘으로 입으로 말할 수 없는 무자비하고 잔인한 만행이 저질러졌습니다.

너무나 경악스러운 또 하나의 사실은 20일 밤부터 계엄 당국은 발포명령을 내려 무차별 발포를 시작했다는 것입니다. 이 고장을 지키고자 이 자리에 모이신 민주시민 여러분! 그런 상황에서 우리가 할 수 있는 일이 무엇이겠습니까? 우리가 어떻게 해야 되겠습니까? 묻고 싶습니다! 우리는 더 이상 당할 수만은 없었습니다. 그런데도 정부와 언론에서는 계속해서 불순배, 폭도로 몰고 있습니다.

잔인무도한 만행을 일삼았단 계엄군이 폭돕니까? 이 고장을 지키겠다고 나선 우리 시민군이 폭돕니까? 아닙니다! 그런데도 당국에서는 계속 허위사실을 날조유포하는 데 혈안이 되어 있습니다.[5]

총기회수 논란 속에 '민주시민투쟁위원회' 결성

어떤 사회적 조직이나 단체를 막론하고 강경파와 온건파가 있듯이, 5·18 광주시민항쟁 과정에서도 종종 의견이 나뉘었다. 특히 무기회수 문제를 둘러싸고 의견은 첨예하게 갈렸다. 강경파는 신군부의

자체적으로 총기를 회수하는 시민군.

무차별 살상이 자행되고 언제 재진입이 감행될지 모르는 상황에서 비무장은 패배주의일 뿐이라고 주장했다. 반면 온건파는 시민군의 무장 자체가 살상과 재진입의 빌미가 될 수 있다는 현실론을 펼쳤다.

사상자 유가족과 청년학생들이 강경한 입장이었다면 종교계 인사들은 온건한 입장이었다. 도청수습위원들 사이에서도 의견이 갈리고, 학생수습위원들의 의중도 나뉘었다.

학생수습위가 단합된 모습으로 여러 가지 헌신적인 활동을 했음에도 불구하고 무기반납 문제에서만큼은 의견이 극명하게 갈라졌다. 김창길 위원장을 비롯한 일부는 "더 이상 피를 흘리지 않기 위해서 무기를 회수하여 군 당국에 반납해야 한다"라고 주장하면서 무기회수 활동에 나섰다.

김창길은 23일 오전에 회수된 무기 중 2백 정을 군 당국에 반납하고 34명의 연행자를 인계받았다. 반면, 김종배, 허규정 등은 시민들이 납득할 수 있는 최소한의 요구 조건이 충족된 상태에서 무기반납이 이루어져야 한다고 주장하면서 위원장을 비롯한 일부의 무조건적 무기반납에 반대했다. 이런 갈등 현상은 시민들의 최소한 요구조차도 받아들이지 않는 군 당국의 고압적이고 협박적인 협상 태도가 크게 작용했다.[6]

신군부는 광주 재진입을 기도하면서 여론조작에 심혈을 기울였다. 어용화된 신문·방송이 앵무새처럼 따라 읊어주었다.

광주 지역의 서민층은 생필품 및 의약품의 고갈로 극심한 고통과 환자가 증가되고 있어 이와 같은 상황이 계속되면 새로운 집단범죄의 발생이 우려되며, 지역 내 폭도 구성이 대부분 흉악범 및 불량배로 되어 있어 계엄군의 선무공작 활동이 단시일 내 주효할 수 없으며, 시민자치 능력에 의한 사태수습 및 치안회복의 가능성은 기대키 난하고, 치안공백 상태의 장기화는 불순분자 또는 북괴 무장공비의 침투 가능성이 증대되기도 한다.

난동 6일째부터는 선량한 시민의 흥분 기세가 점차 진정됨으로써 용공분자와 폭도, 그리고 시민이 분리되어 진압작전을 실시할 여건이 조성되어가고 있다.[7]

계엄군의 통제로 생필품 등이 광주에 제대로 도착하지 못함으로써 시민들의 생활은 여러 가지로 불편했다. 그러나 이웃끼리 나눠

먹고, 지역별로 차례로 주먹밥을 싸서 시민군이나 학생, 청소하는 사람들에게 나눠주는 등 평소에 보기 드문 현상이 벌어졌다.

헌혈자가 너무 많아서 길게 줄을 서고, 가정용 상비 의약품이 병원마다 몰려들었다. 그럼에도 계엄군은 다른 지역으로 확산하는 것을 막고자 흉악범·불량배·용공분자 등 금기어를 남발해 민심을 현혹시켰다.

곧 계엄군이 진입할 것이라는 불길한 정보가 나도는 가운데 25일 저녁 10시경 도청을 중심으로 민주시민투쟁위원회(민투)가 결성되었다. 수습위원회가 아닌 '민투'로 결정한 것은 비장한 결의의 소산이었다.

민투의 조직 및 명단은, 위원장(김종배: 학생수습위 부위원장, 대학생), 내무 담당 부위원장(허규정: 학생수습위 홍보부장, 대학생), 외무 담당 부위원장(정상용: 회사원, 학생운동 출신), 대변인(윤상원: 노동운동가, 들불야학 강학), 상황실장(박남선: 학생수습위 상황실장, 운전기사), 기획실장(김영철: 빈민지역 운동가, 들불야학 강학), 기획위원(이양현: 노동운동가, 학생운동 출신), 기회의원(윤강옥: 복적생), 홍보부장(박효선: 문화운동가, 들불야학 강학), 조사부장(김준봉: 무장시위대, 회사원), 민원실장(정해직: 흥사단 아카데미 활동, 교사), 보급부장(구성주: 회사원) 등이다.[8]

이들은 신군부가 광주학살을 사과하고 재진입을 하지 않으며 폭도 운운의 폭언을 중단할 것 등을 요구하고, 이를 수용하지 않으면 무기반납을 거부하고, 재진입 때는 무장항쟁으로 맞설 것이라는 비장한 각오를 다지면서 도청사수에 나섰다.

이날 낮 목포에서는 역광장에서 기독교인들이 모여 "광주사태는 명백히 조직적·계획적인 양민학살 사건이다" "핏값에는 외상이 없다, 즉각 보상하라"라고 적은 플래카드를 내걸고 시위를 하며, 「광주시민혁명에 대한 목포 지역 교회의 신앙 고백적 선언문」을 배포했다.

신군부, 극비리에 '소탕작전' 마련

신군부는 권력욕에 취해 그동안 흘린 광주시민들의 피에도 만족하지 않았다. 마지막을 향해 악랄한 준비를 서둘렀다. 저들은 처음부터 광주를 희생양으로 삼아 정권을 찬탈한다는 계산이었기에 하루하루의 작전 시나리오를 마련해놓고 있었다.

5월 23일 오전 9시경 신군부가 계엄사령관실에서 진압작전과 관련한 회의를 열었다. 이들이 이미 마련한 「전교사 충정계획」을 보면 저들의 악랄함에 소름이 끼친다.

△ 상황: 광주 지역 난동자 중에는 가발 사용자와 복면한 자 등이 다수 포함되어 있으며, 특히 서울에서 온 대학생이라고 자처하는 자 20여 명이 있는 등 북괴의 침투를 의심케 하는 실태임. 난동자 측 대표와의 협상시도는 그들의 시간을 벌자는 술책에 합입하는 결과가 될 것임. 그들은 현재 호를 구축하며 장기 저항태세를 갖추고 있으며, 광주시민은 사실상 현재 인질상태로서 일익 폭도 측에 가담할 가능성이 증대되고 있어 피해가 극심할 것으로 예상될 뿐 아니라 현 사태가

장기화될수록 선량한 시민의 대정부 원성이 심화될 것으로 판단됨. 고로 작전은 조기에 착수되어야 함.

△ 작전의 기본개념: 광주시에 우선권을 두고 중대 단위로 목표를 부여, 야음을 이용 침투하여 전 목표를 동시에 제압한다. 본 작전은 2단계로 구분 실시한다.

1단계: 광주시를 3개 지역으로 분할하여 2개 통제선을 부여, 지역 내를 타격 소탕한다.

2단계: 1단계 작전 종료 후 공수부대는 책임지역을 제20사단에게 인계 후 집결 보유한다.

건의: 기본계획의 승인과 작전개시 시기 결정권을 현지 지휘관(전교사 사령관)에게 부여하도록 건의함.[9]

신군부의 '광주시민소탕작전'은 거칠 것이 없었다. 그러나 그들도 꺼림칙하게 여기는 부분이 있었다. 다름 아닌 미국의 간섭이었다. 외견상 '인권'을 내세우는 그 나라가 자칫 어깃장을 놓는 날이면 만사휴의萬事休矣(모든 것이 헛수고로 돌아감)가 되고 만다는 것을 신군부 세력은 잘 알고 있었다. 그러나 그것은 기우에 불과했다.

5월 23일 작전회의 직전인 오전 6시의 확대계엄회의에서 "국방장관과 합참의장의 노력에 의거, 미국이 협조적이고도 적극적으로 나온다는 사실을 확인"했다. 그리고 곧이어 미 국방성과 국무성, 그리고 백악관 고위정책조정위원회의 결정사항을 전해 듣고 크게 고무되었다.

미국 시간으로 22일, 즉 한국 시간으로 23일에 미 국방성은 20사단의 광주투입을 '동의'했다고 발표했고, 국무성은 "외부세력의 위험한 오판" 가능성을 경고했으며, 고위정책조정위원회 역시 조기경보기와 항공모함을 한국으로 급파하기로 결정한 것이다.

이로써 신군부는 휴전선에 아무런 신경을 쓰지 않고 소탕작전을 전개할 수 있게 되었다. 말하자면 미국 행정부는 신군부가 마음 놓고 항쟁을 진압할 수 있도록 '망을 보아주기로' 한 셈이다.[10]

신군부는 "27일 00:01 이후 진입작전을 실시한다"라는 「상무충정 작전 지침」을 이희성 계엄사령관 명의로 전교사에 하달했다. 극비리에 진행된 '소탕작전' 명령이었다.

이러한 지침을 받은 소준열 전교사령관은 26일 오전 10시 30분 3, 7, 11공수 여단장과 보병학교, 포병학교, 기갑학교 교장 등을 불러 소탕작전에 관한 지휘관회의를 열었다. 물론 31사단장 정웅 소장은 회의에 참석시키지 않았다.

소준열 전교사령관은 정호용 특전사령관으로부터 도청진압의 선봉부대로 3공수여단 특공조를 추천받는 등 공수부대를 주력으로 하는 진압작전을 계획했다.

도청, 전일빌딩, YWCA, 광주공원 등 시민군 주요거점은 모두 공수부대 특공조에게 맡겨졌고, 20사단은 그 뒤를 따라 공수부대 특공조가 목표를 장악하는 즉시 이를 인계받아 시 전역을 점령하는 임무를 맡았다. 전교사 예하 각 학교 병력에는 시 외곽을 봉쇄하는 임무가, 그리고 31사단에는 광주시 북부 일부 지역을 점령하라는 지시가 내렸다. 3여단 특공

조를 비롯한 공수부대 병력은 26일 오후부터 비행장 격납고에서 진압작전 리허설을 시작했다.[11]

공수부대 특공조의 진입이 시시각각으로 다가오고 있었다. 이를 알 리 없는 시민들은 「전국의 종교인들에게 보내는 글」을 발표하고, 마지막으로 신앙인들을 찾아 호소하기로 했다. 이 글의 뒷부분은 다음과 같다.

국민의 신망과 기대를 5천 년 역사 가운데서 끊임없이 모아온 종교 지도자 여러분, 이 모든 것이 다 무엇을 위해서입니까? 그것은 오직 한 가지, 조국의 진정한 민주화와 그에 따르는 소수 군부독재의 퇴치, 전 국민적 합의에 의한 민간정부의 수립을 위해서입니다.

우리는 모든 종교가 특수한 차이를 초월하여 인간의 존엄성을 믿고, 또 모든 국민에게 행복이 고루 돌아가야 한다는 민주주의 정신을 신봉하고 있다고 믿습니다.

종교인 여러분!

지난 일주일간의 피어린 투쟁을 통해서도 전두환을 비롯한 군부세력들은 조금도 반성의 여지를 보이지 않으며 끝까지 국민 여러분을 호도함은 물론 광주시민의 식량과 물품보급까지를 통제하여 광주는 커다란 어려움에 처해 있습니다. 이런 모든 것을 감안하여 우리는 모든 종교인들이 사태의 심각성을 느끼시고 전국적으로 궐기해주시기를 바랍니다. 아울러 아래와 같은 우리들의 바람을 간절히 바랍니다.

· 모든 종교인들은 군부독재가 물러서고 민주정부가 수립될 때까지 총

궐기하라.

· 종교인들은 국민적 신망을 바탕으로 거국 민주내각 구성에 적극 나서라.

· 모든 종교인들은 광주 지역의 질서회복에 앞장서라.[12]

최후까지 협상 시도했지만

계엄군 탱크 앞세우고 다시 진입 시도

당신은 이렇게 말하고 있소—

우리의 상황은 열악하다.

어둠은 깊어가고 세력은 약해지고 있다.

수년 동안 활동을 거듭해온 끝에 이제

우리는 처음보다도 더 어려운 처지에 놓여 있다.

그러나 적은 이전보다 더욱 강해져 있다.

적의 세력은 강화된 것 같고 적은 불굴의 모습을 띠고 있다.

그러나 우리는 오류를 범했고, 이것은 결코 부인할 수 없는 사실이

다.

우리들의 수는 급속히 줄어들고

외치는 구호들도 갈피를 못 잡고 있다. 우리가 쓰는 말의 일부를

적은 알아볼 수 없을 정도로 왜곡해버렸다.

— 베르톨트 브레히트, 〈흔들리는 사람에게〉 중에서

광주항쟁 9일째인 5월 26일, '해방 연력'으로 5일째가 된다. 새 주일이 시작되는 월요일이다. 계엄군의 재진입이 예상되고, 각종 유언비어와 독침 사건, 간첩조작, 이간분열 책동, 어용언론들의 왜곡 보도 등으로 광주시민들에게 불안감과 공포감이 쌓인 상태였다. 도청에 머물던 사람들 중에서 이런저런 이유로, 또는 말없이 떠나는 사람이 적지 않았다. 브레히트의 시 제목처럼 '흔들리는 사람들'이었다.

누가 이들을 붙잡고 탓할 수 있을까. 죽음의 파도가 밀려올 때, 죽음의 맹수가 쫓아올 때 살길을 택하는 것은 인지상정이다. 그들은 의열사가 아닌 평범한 시민들이었다. 민주주의를 지키고자, 공수부대의 학살에 의분으로 총을 들거나 시위에 참여했던 보통사람들이었다. 많은 사람이 도청을 떠나고 또 새로운 사람들이 찾아왔다. 곧 닥칠지 모르는 고난을 알면서도 시민들은 도청으로, 금남로로 왔다.

5월 26일, 날이 채 밝기도 전인 새벽 5시 무렵 농성동의 한 시민군으로부터 "계엄군이 탱크를 앞세우고 시내로 진입하고 있다"는 다급한 목소리가 무전기를 타고 도청으로 흘러들었다. 도청 안은 벌집을 쑤신 듯 벌컥 뒤집혔다. 전 시민군에 초비상령이 하달되었다. [1]

"탱크를 앞세운 20사단 병력이 각 방면에서 광주 시내를 향해 진군해온 것이다. 이것은 광주시민에게 심리적 공포를 주려는 교란작전이면서 시민군의 전투의지를 시험해보기 위한 전초전이었다." [2]
계엄 당국에 평화적인 사태 해결을 제시하고 기다리던 때에 갑자기 탱크를 앞세운 사단 병력이 몇 갈래를 통해 시내로 진입하고 있다는 소식은, 시민들에게 특히 도청에서 밤을 새우며 대책을 논의하던 사람들에게는 충격이 아닐 수 없었다. 혼란은 더 큰 혼란을 불러일으켰고, 도청은 아수라장이 되었다.

당시의 긴박했던 상황을 김성용 신부는 다음과 같이 증언한다.

새벽 5시 30분경이라고 기억하고 있다. 돌연 초비상사태를 맞이했다. 전차가 진입해 온다. 순간 수라장으로 화했다. 총을 가진 시민군, 학생 전원이 소리를 지르며 달렸으며, 혼란은 극에 달했다. 어떻게 할 것이냐. 전원 자폭하자. 상황실에서 정보를 확인하기 위하여 차가 출동하였으며, 여기저기 다이얼을 돌리면서 주변의 동태를 물었다. 의자에서 자고 있던 부지사가 벌떡 일어나 확인해보겠다는 말을 남기고 나가서는 다시 나타나지 않았다. 또 속은 것이다.

이 사태를 어찌할 것인가. 어떻게 해야 좋을지 알 수 없다. 괴롭고 불안하다. 철야로 화약고를 지키고 어떻게 하든지 이 사태를 수습해야 한다는 일념으로 불안과 공포 속에서 설득을 계속해왔는데……….

순간, 자칫 잘못하면 광주시민은 파멸한다. 자지 못하고 끊임없이 공포와 피로에 심신이 소모된 젊은 사람들이 TNT에 불을 붙이면 모든 것이 끝난다. 막아야 한다. 흥분하고 있는 젊은 사람들을 진정시키고 이 위기를 넘겨야 한다는 생각이 번개같이 나의 머리를 스쳐갔다. 용기를 내자. 주여, 구해주소서. 힘을 주시옵소서![3]

김성용 신부, 계엄사 장군과 담판을 벌이다

1637년(조선 인조 15) 청나라 군대에 포위된 남한산성에서 척화파와 척사파가 갈려 긴 논쟁을 벌였듯이, 1980년 5월 전남도청에서도 '결사항전'과 '사태수습'으로 의견이 나뉘었다.

수습대책위에서는 무기를 반납하고 군 당국과 타협해야 한다는 주장이 힘을 얻고 있었다. 군대와 끝까지 싸워서 승산이 없다는 사실은 누구라도 알 수 있는 일이었다. 대책위는 대책위대로 시민들은 시민들대로 무기를 반납하고 '사태를 수습'할 것이냐 끝까지 싸울 것이냐를 두고 격론을 벌였다. 산 사람을 더 생각하는 자들은 총을 내려놓자고 했고, 죽은 이들을 더 생각하는 자들은 총을 놓을 수 없었다. 결국 대책위에서 떠날 사람은 떠났고 남을 사람은 남았다. 이대로 항복할 수 없다는 사람들, 텅 빈 도청을 계엄군에게 내줄 수는 없다는 사람들, "죽음으로 그들의 목소리를 전달"해야 한다고 생각한 사람들만 남았다.[4]

도청에는 비상이 걸렸다. 25일 밤, 도청수습위에 참여한 17명의 재야 인사들은 철야회의를 하던 중 이 소식을 들었다. 김성용 신부가 대책을 내놓았다.

"우리 어른들이 방패가 됩시다. 지금 상태로는 전차 앞에 나서도 죽을 것이요, 여기 있어도 죽을 것입니다. 그러니 모두 다 나갑시다. 만약 그들과 대화를 할 수 있다면 우선 항의합시다. 왜 약속을 배반했는가, 해명하고 사죄하라고 합시다. 이 자리에서 결의합시다."

그가 다음과 같은 네 가지 요구 및 결의사항을 제안하자 모든 수습위원들이 한결같이 찬동했다.

1. 1시간 이내에 군은 본래의 위치로 철퇴하라.
2. 그렇지 않으면 전 시민의 무장화를 호소하고,
3. 게릴라전으로 싸웁시다.
4. 최후의 순간이 오면 TNT를 폭발시켜 전원 자폭합시다.[5]

재야 수습위원 17명은 탱크를 몰고 온 계엄군 지휘관을 만나 전날의 약속을 어기고 재진입한 폭거를 따지기 위해 도청을 나섰다. "그들은 금남로 수창국민학교-광주대교-양동-서광주경찰서 앞 돌고개-농촌진흥원 앞까지 약 4㎞ 구간을 천천히 걸었다. 수많은 시민들이 역시 목숨을 걸고 그 뒤를 따랐다. 죽음의 행진은 진흥원 앞에 도열한 계엄군의 탱크 앞에서 멈추어 섰다."[6]

이들의 대행진은 '위대한 영혼의 소유자'로 불리는 마하트마 간디가 1930년 70명의 아슈람 회원들과 함께 순례자의 지팡이를 짚고 영국의 식민지배 착취법인 소금법에 항거하기 위해 나선 대행진이나, 마틴 루터 킹이 1960년대 흑인차별에 맞서기 위해 시민들과 함께한 대행진과 다르지 않았다. 단지 이들은 계엄군을 상대로 하지 않았다는 점만 다를 뿐이었다.

'죽음의 행진'을 이끌었던 김성용 신부의 증언을 더 들어보자.

검은 세단차에 탄 장군이 나타난다. 두 개의 별이 빛난다. 부관들을 대동하고 나타난 장군은 부끄러운지 계엄사령부에 가서 이야기하자 한다. 행진 중 대변인으로 선택된 나는 단호히 말했다. 군이 어젯밤의 위치에서 후퇴하지 않는 한 갈 수 없다. 장군은 후퇴하겠다고 말하고 전차병에게 명령하자 전차는 소음을 내면서 사라졌다. 시민은 일제히 박수의 세례를 보냈다.

부사령관 김 소장의 제의를 받아들여 학생대표를 포함 11인이 상무대로 갔다. 서로 인사를 교환하고 자리에 앉으니 오전 10시가 되었다. 대변인으로서 입을 열었다. 그러나 김 소장은 이야기를 막고 30분간만 이야기하자는 것이었다.

준장이 2인, 소장이 2인, 그리고 중령인 헌병대장의 순서로 앉고 그 옆에 내가 앉게 되었다. 나는 항의했다. 대화라는 것은 대등한 입장에서 이야기해야 하지 않느냐, 그렇게 일방적으로 위협하고 이야기를 중단시키고 시간을 제한하면 어떻게 대화가 되는가라고. 약속을 위반하고 전차를 이동케 한 데 대한 항의로부터 시작하여 우리의 결의를 말했다.

그리고 무엇 때문에 신부가 여기에 왔으니 진심으로 이 이상 귀중한 피를 흘리지 않고 수습될 것을 요청, 이 일은 전 광주시민뿐 아니라 국가적인 일이니 이렇게 신부도 수습위에 참가했다고 역설했다. 그러나 말은 통하지 않았다. 교묘히 나의 말을 왜곡하고 유도하면서 이제까지의 이야기는 없었던 것으로 하자는 것이었다.[7]

대화가 되지 않았다. 별을 단 장군들도 한국인이니 굳이 통역을 댈 이유는 없었으나, 문제는 그들이 경직되고 자율권이 없었다는 점이다.

그들 역시 신군부 수뇌들의 수하로서 움직일 뿐이었다. 설득도 호소도 통하지 않는 로봇과 같은 장군들에게 수습을 위한 5개 항목의 요구를 전달하고 물러나왔다.

① 시간이 필요하다. 노력해서 수습한 것을 군이 약속을 깨었으니 시간을 달라고 요구했다. 그러나 한마디로 거절당했다. 며칠을 참고 후퇴까지 한 군의 사기에 영향이 있다는 것이다. 군은 항상 이겨야 한다는 것이다. 타당한 말이다. 국군은 언제나 이겨야 한다. 그러나 적군에 이겨야 하는 것이지 나라의 주인인 국민, 80만 광주시민에게 이겨야 한다는 것은 아니다. 시간이 없어서 다시 묻지 못했다.

② 약속을 위반하여 전차를 이동케 한 데 대한 이유를 분명히 하고 사죄하라. 이미 방송을 통하여 시민에게 전했다는 것이다.

③ 군은 절대로 광주 시내에 진공해서는 안 된다. 오늘 아침에도 느낀 일이나 총구를 국민에게 돌리는 군대를 어떻게 대한민국 군인으로서 받아들일 수 있겠는가. 더욱이 돌연 무자비한 살상행위를 한 군을 광주시민은 절대로 용서하지 않기 때문이다. 나는 신부이며, 살상행위를 목격하지는 않았으나 김 장군을 처음 만났을 때 혐오감을 느꼈다. 하물며 직접 살상을 목격한 시민, 가족을 잃은 시민, 분노와 원한에 찬 시민이 어떻게 군을 용서할 수 있겠는가. 군인 중에도 많이 살상한 전우의 이러한 모습을 본 젊은 군인들이 분개하고 있다고 한다. 그들은 애국애족에 관하여 교육이 잘 되어 있어서 참고 있다는 것이다. 말이 통하지 않는다. 민주학생이 정당한 권리를 주장하고 시위하고 있는 것을 총검으로 무차별 살상하고 전 시민의 의거로 쫓기고 지금 와서 피차 매한가지라니……

④ 경찰에게 치안을 담당시켜라. 무기가 회수되어 군에 반납되면 그렇게 하고 싶다는 조건을 낸다.

⑤ 보도로 화해를 호소하는 방법을 지양하고 시민을 자극하지 말라. 메모로 하여 전령에게 주어라. 노력한다고 약속한다. [8]

'국군 여러분, 살인마에게 총부리 겨누십시오'

전쟁 중에도 협상을 하고 적군과도 강화를 하는 것이 세상사의 이치에 속한다. 그러나 광주에 진입한 군 지휘관들은 말이 통하지 않는 사람들이었다. 그들에게는 국민이나 국가보다 군부 실세, 곧 권력자의 지침 외에는 달리 보이는 것이 없었다. 일제 식민지배와 군사정권을 겪은 한국 군부의 비극적 산물이다.

이날 아침부터 광주시민들은 계엄군이 시내에 진입하고 있다는 가두방송을 듣고 도청 앞으로 모여들었다. 3만여 명에 이르렀다. 시민들은 재야 수습위원들이 계엄분소에 가서 협상을 하고 있다는 소식이 전해지면서 다시 한번 일말의 기대를 걸었다. 오전 10시경, 도청 앞에서 제4차 민주수호 범시민궐기대회가 열렸다. 시민들은 계엄군의 재진입을 맹렬히 규탄하고 협상 결과를 기다렸다.

오후 3시부터 제5차 민주수호 범시민궐기대회가 열리고 있을 때 협상을 벌였던 재야 수습위원들이 '협상 결렬' 사실을 알려왔다. 분노와 절망감이 교차한 가운데 범시민궐기대회에서는 「대한민국 국군에게 보내는 글」, 「전국 언론 지성인들에게 보내는 글」, 「과도정부 최규하 대통령에게 보내는 글」 등의 성명서가 발표되었다.

대한민국 국군에게 보내는 글(발췌)

국군 여러분!

국토방위를 전담해야 할 군인이 시민을, 인간으로서는 상상할 수 없게 끔 학살을 자행하고 우리의 고향을 짓밟을 수 있단 말입니까? 그것도 일반 부대가 아닌 공수특전단을 민간인에게 투여하여 남녀노소를 불문하고 차마 이루 말할 수 없는 만행을 저질러 우리 시민은 군인만 봐도 치를 떨 정도가 되어버렸습니다.

국군 여러분!

우리들은 국군을 상대로 싸우고 있지 않습니다. 우리가 힘을 합하여 민주주의를 수호하고 민주사회를 건설하기 위해 투쟁하고 있는 것이 아닙니까?

이제 국군 여러분께 다시 한번 전하오니, 더 이상 군사독재에 눈깔이 뒤집힌 살인마 전두환의 시녀가 되지 말고 다 같이 민족의 역적 살인마 전두환 놈에게 총부리를 겨누십시오![9]

금남로에서 범시민궐기대회를 마친 시민들은 대형 태극기와 1천여 고등학생 시위대가 맨 앞에 서는 가두행진을 벌였다. "계엄령을 해제하라", "피의 대가를 보상하라", "김대중을 석방하라", "전두환 물러가라", "무기반납 절대 반대" 등의 구호를 외쳤다.

이날 범시민궐기대회에서는 7개 항의 성명서를 채택했다.

1) 이번 사태의 모든 책임은 과도정부에 있다. 과도정부는 모든 피해를 보상하고 즉각 물러나라.

2) 무력탄압만 계속하는 명분 없는 계엄령은 즉각 해제하라.

3) 민족의 이름으로 울부짖는다. 살인마 전두환을 공개 처단하라.

4) 구속 중인 민주인사를 즉각 석방하고, 민주인사들로 구국 과도정부를 수립하라.

5) 정부와 언론은 이번 광주의거를 허위조작, 왜곡보도하지 말라.

6) 우리가 요구하는 것은 피해보상과 연행자 석방만이 아니다. 우리는 진정한 민주정부 수립을 요구한다.

7) 이상의 요구가 관철될 때까지, 최후의 일각까지, 최후의 일인까지 우리 80만 시민 일동은 투쟁할 것을 온 민족 앞에 선언한다.[10]

계엄군의 '최후통첩'과 이상 징후들

계엄군에 의해 시내가 사실상 포위된 상태에서 오후 2시 도청 내무국장실에서 김종배·정상용·정해직 등 항쟁 지도부와 구상용 광주시장 및 도청 국장들이 함께 참석한 회의가 열렸다. 이 자리에서 항쟁 지도부는 구 시장에게 9가지 사항을 요구했고, 구 시장은 이를 대부분 수락했다.

1) 1일 백미 1가마씩 제공

2) 부식 및 연료 제공

3) 관 40개 제공

4) 구급차 1대 지원

5) 생필품 보급 원활히

6) 치안문제는 경찰이 책임지라

7) 시내버스 운행

8) 사망자 장례는 도민장으로

9) 장례비 지원.[11]

쌀과 부식 등을 요구한 것은 도청에 상주하는 사람이 많아서 시민들이 주먹밥을 준비해 와도 턱없이 부족했기 때문이다.

이와는 별도로 투쟁위원회는 유족 대표 등과 정시채 부지사를 만나 장례 절차를 논의했다. 점차 무더워지는 날씨에 시체의 부패상태가 심해짐으로 장례가 시급한 과제였다. 장지는 광주시 망월동 시립공원묘지로 하고, 29일에 시민장으로 장례를 치르기로 합의를 보았다. 다음 날 계엄군의 폭거만 아니었으면 순조롭게 장례가 치러졌을 것이다.

항쟁 지도부가 평화적인 방법으로 사태를 해결하기 위해 노력하고 있을 때, 계엄 당국은 세 차례에 걸쳐 '최후통첩'을 보냈다. 여러 가지 이상 징후도 나타났다.

한편 계엄군은 이날 아침부터 정시채 부지사를 통해 계속 3회에 걸쳐 최후통첩을 해왔다. 이날 오전 9시경 일반수습대책위원회가 계엄분소를 찾아가 협상을 계속했는데, 계엄군 측은 무장해제와 무기반납을 요구하면서 사태수습을 위해 계엄군 대신 경찰을 치안유지에 투입할 것을

약속했으나 "오후 6시까지 무기를 반납하라. 최후통첩이다"라고 무력진
압을 강력히 시사하면서 오후 5시에는 "이제 더 이상 기다릴 수 없다"면
서 오늘밤 공격해 들어올 의사를 분명히 전달해왔다.

또한 상무대 근무 방위병에 의해 목격된 바로는 군 병력 증강과 출
전 전야의 돼지고기 파티를 벌였다는 소식과, 상무대에 근무하는 한 장
교의 부인이 퇴근시간이 지나도 남편이 들어오지 않자 전화를 해보니까
"오늘 저녁에는 못 들어가고 내일 저녁부터나 들어갈 수 있겠다"는 것
등 여러 가지 징후로 미루어보아 이날 밤 공격은 확실했다.[12]

〈투사의 노래〉 부르고 각종 유인물 배포

광주항쟁 기간에 시민들은 집회와 시위에서 어용 관제 언론에 대항
하여 자체 제작한 여러 가지 유인물을 배포하고, 각종 노래를 불렀
다. 지은이를 알 수 없는 「계엄군과 광주시민」이라는 문건이 특히
많은 사람의 눈길을 끌었다.

계엄군과 광주시민

계엄군은 가짜애국, 광주시민 진짜애국
계엄군은 진짜폭도, 광주시민 민주의거
계엄군은 정권강도, 광주시민 민주항쟁
계엄군은 국토분열, 광주시민 국민총화
계엄군은 가짜보도, 광주시민 진짜보도

계엄군은 유언비어, 광주시민 양심선언

계엄군은 이성잃고, 광주시민 질서유지

계엄군은 독재유지, 광주시민 민주투쟁

계엄군은 철면피고, 광주시민 끓는피네

계엄군은 저주받고, 광주시민 환호받네

계엄군은 미친개고, 광주시민 선량하네

계엄군은 로보트고, 광주시민 자유롭네

계엄군은 다급하고, 광주시민 여유있네

계엄군은 강도정부, 광주시민 인정많네.[13]

가두행진 때에는 〈투사의 노래〉가 많이 불렸다. 〈전우의 시체를
넘고 넘어〉의 곡에 맞춰 편곡한 노래였다.

투사의 노래

1. 이 땅에 민주를 수호코자 일어선 시민들
   시민들은 단결하여 다 같이 투쟁하자
   피에 맺힌 민주사회 언제 오~려~나~
   강철같이 단결하여 끝까지 투쟁하자.
2. 부모 형제를 지키고자 일어선 시민들
   학생들과 시민들은 다 같이 투쟁한다
   피에 맺힌 전두환놈 언제~죽~이~나~
   피에 맺힌 전두환놈 언젠~죽이나~.[14]

역시 작자를 알 수 없는 〈광주시민 장송곡〉도 시민들에게 널리 배포되었다.

광주시민 장송곡

무진벌의 백성들이 햇불을 들었다
손에 손을 맞잡으니 피끓는 형제여
조국 위해 바친 몸이 무슨 죄란 말인가
독재자의 총칼 앞에 수천이 죽다니
피에 젖은 민주 함성 끝까지 지키리니
설운 눈물 거두시고 고이 잠드소서.

붉은 피만 낭자쿠나 도청앞 분수대
서러워서 못 견디는 풀잎피리 소리
가슴 펴고 외치노라 평화와 자유를
민주 혼은 살아 있다. 무진벌 골짜기
자랑스런 민주투사 젊은 영들이여
정결한 피 최후의 날 우리 승리하리라.
삼천만의 동포들아 정의의 칼을 들라
젊은 영들 목쉰 절규 어찌 잊으랴
용기있게 나가리라 민주의 봉우리
최후의 순간까지 겨레를 위하여
자랑스런 민주투사 젊은 영들이여

정결한 피 최후의 날 우리 승리하리라. [15]

모든 공적 정보가 통제되거나 왜곡된 상태에서 광주시민들이 정보를 얻고 행동할 수 있었던 매체는 '민주화투쟁 대학생 대책본부'가 작성한 「홍보문: 가두방송 원고」였다. 이 내용은 차량으로 여러 차례 시내를 순회하면서 방송되었다.

시민 여러분께 안내 말씀 드립니다. 여기는 민주화투쟁 대학생 대책본부입니다.

1. 우리의 가슴에 검은 리본을 답시다. 민주화투쟁을 위해 생명을 불사한 우리의 민주투사와 민주시민을 애도하기 위해 우리 모두 검은 리본을 답시다.

2. 시장과 상가는 개장하였으니 생필품 구매에 이용 바랍니다.

3. 식량과 연탄이 떨어진 이웃은 가까운 이웃끼리 나누어 쓰는 게 민주시민의 도리입니다. 서로 절약하고 도웁시다.

4. 생계곤란자는 동별로 파악하여 본부에 연락하시면 협조 가능합니다.

5. 한국 적십자와 앰네스티에서 저희 광주시민을 적극 지원키로 하였습니다.

6. 지금 외곽지역과 도청에는 우리의 시민군대가 우천을 무릅쓰고 광주시민의 생명과 안정을 지키고 있습니다. 우리 시민군대의 사기를 북돋우고 수고에 보답하기 위해 가까운 지역에 음식물, 옷, 양말을 보냅시다.

7. 지금 부산에는 미 항공모함 2대가 정박 중에 있습니다. 잔인무도한 자들의 살육을 더 이상 방지하고 광주시민을 지원하기 위하여 왔습니다. 시민 여러분 안심하십시오.

우리의 민주화투쟁은 하루 이틀에 끝날 수 없습니다. 학생은 학교로, 직장인은 직장으로, 상인들은 상가로, 개장하여 정상적인 생활을 통해 지구전에 대비합시다.[16]

도청 본관에서 마지막 내외신 기자회견

5월 26일 광주는 태풍전야였다. 그러나 일반적으로 '전야前夜'는 고요함을 의미하는데, 광주는 고요함하고는 거리가 멀 만큼 부산하고 비장했다. 특히 도청 안팎의 모습이 그러했다. 시내 곳곳에서는 중무장한 탱크가 살벌한 모습으로 출동 태세를 갖추고 D-데이를 기다리고 있었다.

이날 오후 5시경 도청 본관 2층 대변인실에서 '민투'의 항쟁 지도부가 공식적으로 첫 회견을 갖기로 했다. 《뉴욕 타임스》 도쿄지국장 헨리 스콧 스토코스, 《뉴욕 타임스》 서울 특파원 심재훈, AP통신의 테리 앤더슨, 《요미우리신문》의 마츠나가 세이타로, 독일 NDR 방송 위르겐 힌츠패터, 《볼티모어 선》의 브래들리 마틴, 《쥐트도이체 차이퉁》의 게브하르트 힐셔 등 20여 명과 국내 기자들이 참석했다. 통역은 미국인이면서 순천에서 태어나고 자란 선교사 집안의 인요한(22)이 맡았다.

대변인 윤상원은 새로 구성된 '민주투쟁위원회'의 입장과 계엄분소와의 협상 결과, 피해 상황 등을 간략히 설명했다. 외신 기자들에게 특별히 두 가지 사항을 협조해달라고 요청했다. 글라이스틴 주한 미국대사와 연결해달라는 것과 국제적십자사에 구호를 요청해달라는 것이었다. 윤상원은 "우리가 오늘 설령 진다고 해도 영원히 패배하지는 않을 것"이라는 말로 회견을 마무리했다. 3시간 동안 통역한 인요한은 자신도 모르게 '눈물'을 흘렸다. 인요한이 그때 느낀 광주 분위기는 '폭도의 도시'가 아니라 '마치 거대한 장례식장' 같았다. 인요한은 윤상원이 그때 한 말을 다음과 같이 생생하게 기억하고 있다.

"북쪽을 향해야 할 군인들의 총이 왜 남쪽을 향하고 있는지 모르겠다. 상황이 어렵다. 식량이 떨어져가고 있고, 물도 바닥나고 (중략) 우리는 빨갱이가 아니다. 우리는 매일 '반공 구호'를 외치고 시작한다. 그렇게 몰고 가지 마라. 억울하다."[17]

기자회견을 했던 윤상원은 몇 시간 뒤 계엄군의 집중 총탄에 목숨을 빼앗겼다. 이날 윤상원의 회견장에 나왔던 《볼티모어 선》의 브래들리 마틴 기자는 윤상원을 다음과 같이 기억했다.

"그는 한국인으로서 흔치 않은 곱슬머리였다. 그의 행동은 자신보다 훨씬 어려 보이는 무장 동료들의 거의 광란 상태에 이른 것 같은 허둥거림과는 극명한 대조를 이루는 침착함이 있었다. 그 침착함 속에서 나는 다시 한번 그가 죽고 말 것이라는 예감을 뚜렷하게 받았다. 그의 눈길은 부드러웠으나 운명에 대한 체념과 결단이 숨겨져 있다고 생각됐다. 그는 나의 눈을 뚫어지게 바라보면서 거의 눈길을 돌리지 않았다."[18]

26일 밤이 저물고 있었다. 도청 안에는 2~3백여 명이 머물면서 시시각각 다가오는 죽음의 시각에 맞섰다. "밤 9시쯤 학생과 일반수습위원 11명은 계엄분소를 방문하고 오늘 밤 진입을 하지 말아달라는 등 협상을 벌였으나 계엄분소 측은 ① 무장해제 ② 무기반납 ③ 경찰의 치안회복 등 3개 항을 일방적으로 통고한 후 12시까지가 시한이라고 못 박으며 이것이 '최후통첩'이라면서 다음 날 무력진압을 강력히 시사했다."[19]

도청 안은 더욱 소연해졌다. 퇴각이냐 옥쇄玉碎(명예나 충절을 위하여 깨끗이 죽음)냐, 마지막 갈림길의 선택만이 남았다. 항전 지도부에서는 끝까지 남아 있는 고등학생들을 집으로 돌려보내기로 뜻을 모았다. 이때 고등학생들을 돌려보낸 뒤 윤상원은 남은 이들에게 불의에 맞서 끝까지 싸우자며 용기와 힘을 북돋워주었다.

우선 대열에 끼어 있는 어린 고등학생들에게 귀가를 설득했다.

"고등학생들은 나가라. 우리가 싸울 테니 너희들은 집으로 돌아가라. 너희들은 역사의 증인이 되어야 한다."

고등학생들 몇이 시무룩한 모습으로 대열을 빠져나갔다. 상원은 다시 목청에 힘을 돋우었다.

"여러분! 총 쏠 수 있습니까?"

"예!"

얼마 전과는 달리 우렁찬 함성 소리가 도청 안의 어둠을 흔들었다.

"여러분! 드디어 전두환 살인집단은 이 시각 현재 우리를 죽이기 위해 탱크를 앞세워 쳐들어오고 있습니다. 야수와도 같이 야음을 틈타 침공을 시작했습니다. 우리들은 어떻게 해야 됩니까. 그냥 도청을 비워줘야 됩니까? 아닙니다. 여러분, 우리는 저들에 맞서 끝까지 싸워야 합니다. 그냥 도청을 비워주게 되면 우리가 싸워온 그동안의 투쟁은 헛수고가 되고, 수없이 죽어간 영령들과 역사 앞에 죄인이 됩니다. 죽음을 두려워하지 말고 투쟁에 임합시다. 우리가 비록 저들의 총탄에 죽는다고 할지라도 그것이 우리가 영원히 사는 길입니다. 이 나라의 민주주의를 위해 끝까지 뭉쳐 싸워야 합니다. 그리하여 우리 모두가 불의에 대항하여 끝까지 싸웠다는 자랑스러운 기록을 남깁시다. 이 새벽을 넘기면 기필코 아침이 옵니다."[20]

파리 코뮌과 광주 코뮌

광주는 1980년 5월 22일에 계엄군을 시 외곽으로 몰아낸 날부터 탱크를 앞세운 채 다시 쳐들어온 계엄군에 진압될 때까지 5일 동안은 말 그대로 해방구였다. 우리 역사상 해방구는 흔치 않았다.

1894년 2월, 전봉준과 김개남 등 동학 지도자들에 의해 호남 일대가 해방구가 되었다. 고을마다 관아 안에 집강소執綱所가 설치되었다. 고을에서 인덕과 명망이 있는 집강 한 명을 세우고, 그 아래 서기·성찰·집사·동몽 등의 임원을 두어 각 지방의 대민 행정업무를 처리하도록 했다. 군수나 현령, 현감이 그대로 있었으나 형식적인 지위에 불과하고, 동학군에서 임명한 집강소가 사실상 지방행정을 주도했다. 그러나 동학군이 패퇴하면서 집강소도 막을 내렸다. 짧은 기간이어서 집강소가 근대적 정부 수립이나 자치의 기능에까지는 이르지 못하였으나 그 역사적 의미는 적지 않다.

세계사적으로 가장 돋보이는 자치는 프랑스혁명 후에 나타난 파리 코뮌이 꼽힌다. 나폴레옹 1세의 조카인 루이는 할아버지의 후광으로 프랑스 제2공화국의 대통령에 당선되고, 할아버지처럼 쿠데타를 일으켜 제2제정의 황제가 되었다. 그러나 얼마 뒤 프로이센과 전쟁을 일으켰으나 결과는 뼈아픈 패배였다. 파리 시민들은 루이 황제를 폐위시키고 제3공화국을 선포하면서 국민방위군을 결성해 프로이센군대와 맞섰으나 막강한 정규군을 당해내기 어려웠다.

프랑스는 프로이센과 강화조약을 체결하기 위해 국민의회를 구성했다. 그런데 60% 의석을 차지한 왕당파 의원들이 자신들의 기득권을 지키고자 굴욕적인 조약체결에 앞장서고 왕정복고를 꾀했다. 공화파는 20%의 소수 의석이지만 파리선거구에서 승리한 여세를 몰아 왕당파의 음모에 맞섰다. 1789년 프랑스혁명을 주도했던 파리 시민들과 노동자들이 들고 일어나 마침내 공화파가 선거에서 승리를 거두었다. 이들은 곧바로 파리 코뮌Paris Commune을 구성했다.

파리 코뮌은 자치관제와 자체방위군을 유지하면서 자치활동을 진행했지만 오래가지는 못했다. 정부군이 파리 시내로 진입하자 시민들이 무기를 들고 싸웠으나 역부족이었다. 결국 일주일 동안 잔인한 학살극이 자행되었고, 2만여 명이 사망했다. 파리 코뮌이 구성되는 날 《인민의 외침》은 「축제La fête」라는 제목으로 논설을 실었다.

코뮌이 선언되는 날, 그것은 혁명적이고 애국적인 축제의 날, 평화롭고 상쾌한 축제의 날, 도취와 장엄함 그리고 위대함과 환희에 넘치는 축제의 날이다. 그것은 1792년의 사람들을 우러러본 나날에 필적하는 축제의 하루이며, 제정 20년과 패전과 배반의 여섯 달을 위로해준다.……
코뮌이 선언된다.

오늘이야말로 사상과 혁명이 결혼하는 축전이다.

내일은, 시민병 제군, 어젯밤 환호로 맞아들여 결혼한 코뮌이 아기를 낳도록, 항상 자랑스럽게 자유를 지키면서 공장과 가게의 일터로 돌아가야 한다.

승리의 시詩가 끝나고 노동의 산문이 시작되다.[21]

파리 코뮌을 소개한 것은 해방 광주의 자치활동과 대비하기 위해서이다. 광주의 해방기간은 짧아서 선거를 하거나 행정기관을 접수하는 일은 없었지만, 시민들의 자치활동은 놀라울 정도였다. 무엇보다 상당수의 시민이 무장한 상태에서도 은행이나 금은방, 백화점이 털리는 일은 단 한 건도 없었다. 시민들끼리 사적 감정을 표출하거나 보복하는 등의 불상사도 일어나지 않았다.

나눔과 협동의 공동체가 형성되고, 시민군에 의해 치안이 유지되었다. 총상이나 대검에 찔린 환자들은 옆의 중상자를 먼저 치료하라고 양보하고, 헌혈자가 넘쳐 항쟁 초기에 부족하던 혈액은 오히려 남아돌았다.

항쟁 지도부가 '민투'를 조직하면서 시민들의 민원사항 등을 처리하기 위해 행정체계를 갖추었다. 부서별로 업무를 분담했다. 기

시민군에게 나누어줄 주먹밥이나 음식을 만드는 사람들.

동타격대로 재조직된 무장병력(시민군)은 시내 순찰과 계엄군의 동태 파악과 치안 유지 등의 임무를 맡고, 위원장은 총괄적인 업무, 내무 담당은 도청 내부 문제와 고인 장례 문제, 외무담당은 일반수습위 와 함께 계엄사 협상 담당, 대변인은 기자회견 및 집행부의 대외 공 식적인 발표, 기획실은 지도부의 제반 업무 및 기획, 조사부는 치안

질서 위배자 조사, 보급부는 식량 조달 및 식사 공급 등을 맡아 직무를 수행했다.

이와 같은 조직체계의 활동도 있었지만, 시민들의 자발적인 지원과 헌신이 자치활동의 근간이 되었다. 양동시장 사람들도 자신의 물건을 아낌없이 내어주었을 뿐만 아니라, 직접 김밥을 싸고, 태극기를 만들고, 달걀과 물을 나누어주었다.

양동시장에서 명태장사를 하던 김양애는 주변에서 쌀을 거둬 김밥을 만든 다음 리어카에 싣고 도청에 가져왔다. 부녀회장을 맡고 있던 그는 아들을 찾으러 도청에 갔다. 학생들이 배를 곯고 있다는 소식을 듣고 마을 사람들에게 쌀을 거둬 밥을 지었다. 쌀이 순식간에 한 가마니나 걷혔다. 양이 많아 식당에서 밥을 쪄내고 양동시장 아낙네들을 모아 김밥을 쌌다. 필요한 재료는 양동시장에서 즉시 구할 수 있었다. 시장 사람들은 물건을 스스로 내주었을 뿐 아니라 일을 도와주었다. 양동시장 다른 한쪽에서는 태극기를 만들고, 계란과 물을 준비하여 차를 타고 돌아다니는 시민군들에게 나눠주었다.

도청의 시민군들은 몹시 배가 고파 쌀 한 가마니 분량의 김밥을 순식간에 먹어치웠다. 그녀는 '학생수습위원'이라는 어깨띠를 매고 시신을 관리하는 아들 박병규(19세, 동국대 1학년)를 만날 수 있었다. 그녀는 "여기 있다 어떤 변을 당할지 모르니 집으로 가자"며 아들의 손을 끌었다. 아들은 엄마의 손을 뿌리치고 그곳에 남았다. 그는 27일 새벽 계엄군의 M16 총탄에 맞아 사망했다.[22]

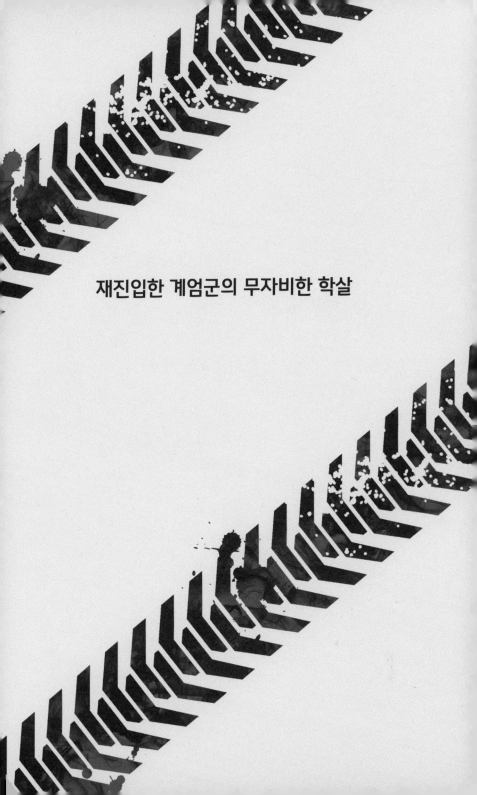

재진입한 계엄군의 무자비한 학살

가공할 무기로 시민들 공격

몸짓도 없고

꽃도 없고

종소리도 없이

눈물도 없고

한숨도 없이

사나이답게

너의 옛 동지들

너의 친척이

너를 흙에 묻었다

순난자여,

흙은 너의 영구대

꽃도

십자가도 없는 무덤

오직 하나의 기도는

동지여

복수다, 복수다.

너를 위해…….

—클로드 모르강, 〈꽃도 십자가도 없을 무덤〉

광주민주항쟁 10일째인 5월 27일 화요일, 한국 현대사에서 화요
일은 '피의 날'이다.

20년 전인 1960년 4월 19일도 화요일이었다. 그날 독재자 이승만
의 경찰이 부정선거 다시 하라는 학생과 시민들에게 무차별 발포하
여 수십 명의 사망자와 수백 명의 부상자가 발생했다. 이때 광주에
서도 학생 9명이 사망하고 25명이 다쳤다.

이승만 경찰은 민중의 지팡이가 아니라 독재자의 '견찰'이 되고,
전두환의 계엄군은 국가안보의 파수꾼이 아니라 살인마의 '개엄
군'이 되었다. 그것도 미친 '견찰'이고, '개엄군'이었다. 지구의 자전
에 따라 이날에도 어김없이 태양은 떴지만, 빛을 잃었다.

26일의 늦은 밤, 외곽지역의 시민들로부터 도청 상황실로 긴급
전화가 잇따랐다. 계엄군이 쳐들어온다는 제보였다. 때를 같이하여
도청 행정전화도 끊겼다. 홍보부에서 이 사실을 시민들에게 알려
야 한다고 결정하고, 심야에 광주 시내 전 지역을 돌면서 마지막 가
두방송을 했다. "시민 여러분, 지금 계엄군이 쳐들어오고 있습니다.
사랑하는 우리 형제자매들이 계엄군의 총칼에 숨져가고 있습니다.
우리 모두 일어나서 계엄군과 끝까지 싸웁시다." 애절한 여자 목소
리였다. 목소리의 주인공은 송원전문대생 박영순과 목포전문대생

이경희였다. 《뉴욕 타임스》의 헨리 스콧 스톡스 기자는 자다가 무엇에 홀린 듯 깨어 이 방송을 들었다.

나는 한밤중에 잠을 깼다. 무엇이 나를 깨웠는지 지금도 모른다. (중략) 그때 갑자기 여자의 목소리가 정적을 깨뜨렸다. 젊은 여자의 목소리였는데, 몹시 흥분하여 날카로운 느낌을 주었다. 이 아가씨가 앳된 목청으로 소리치는 동안 울려 나온 말들은 동일하게 반복되면서 하나의 비명, 하나의 부르짖음이 되어 모르면 몰라도 십여 분간을 끊임없이 이어지고 있었다. 여자가 무슨 말을 하고 있지?
"지금이 마지막이다!"
골자는 틀림없이 이것이었다. 거기다 시민들에게 밖으로 나와서 대학생들, 기껏해야 몇 명 안 되는 대학생들과 합류하라고 호소하는 내용이 덧붙여진 것 아닐까? 그 목소리에 실려 있던 걱정을 그대로 전달할 수 있었으면 좋으련만······.[1]

전남도청에는 죽음을 불사한 학생과 시민군 150여 명이 머물고 있었다(기록에 따라 그 숫자는 조금씩 다름). 그중 80여 명은 군 복무를 마친 사람들이고, 60여 명은 군 경험이 없는 청년과 고등학생, 나머지 10여 명은 여성이었다. 시민군을 중심으로 전투조가 편성되어 계엄군의 침입에 대비했으나 한말 의병 수준을 넘어서기 어려웠다.
같은 시각 YWCA 건물에 시민군 20여 명, 계정국민학교에 30여 명, 유동삼거리에 10여 명이 있었고, 전일빌딩 옥상에 LMG 기관총이 설치되고 빌딩에는 40여 명이 있었다. 전대병원 옥상에도 정확한 수를 알 수 없는 시민군이 배치되었고, LMG를 설치했다. 그 밖에도 서방시장에도 인원이 배치되고(수를 알 수 없음), 학동과 학운동과 지원동 등에 시민군 및 자체 예비군 병력 30여 명이 배치되었다. 이들 역시 도청 병력과 다를 바 없는, 한말 의병 수준이었다.

계엄군의 무차별적인 진압은 광주시민들을 공포의 도가니로 몰아넣었고, 계엄군은 순식간에 시민군을 압도하며 작전을 마무리 지었다.

5월 27일 00:00시, 계엄군이 행동을 개시한 시각이다.

27일 새벽 계엄군은 가공할 무기를 앞세우고 충정작전을 개시한다. 영용한 시민군은 계엄군에 맞서 목숨을 걸고 끝까지 싸웠으나 뒷담을 넘어 들어온 특공조의 후방공격과 무차별한 사격으로 순식간에 전투력을 상실당하였으며, YWCA를 지키던 사람들도 총 몇 방 쏘아보지 못한 채 진압되고 말았다. 광주항쟁 전 기간을 통해 가장 많은 사망자와 부상자가 발생했다. 콩 볶는 듯 울리는 총소리에 광주시민들은 분노와 통곡의 밤을 지새웠다. 동이 틀 무렵 계엄군은 시체와 부상자를 헬기와 트럭에 싣고 어디론가 떠났고, 생존자들은 도청 방화자, 총기 소지자, 특수폭도로 분류되어 군부대로 이송되었다.

시민들은 밖으로 나오지 말라는 경고방송 소리가 요란한 가운데 모자에 흰 띠를 두른 계엄군이 거리를 소독했다. [2]

광주시민들은 사태가 평화적으로 해결되기를 간절히 바랐다. 그러나 이런 염원과 반대로 신군부 살인마들은 '가공할 무기'를 앞세워 도청을 비롯해 여러 지역에 머물던 시민들에게 무차별 공격을 가하는 살상극을 벌였다. 한국 현대사의 가장 비극적인 순간이었다.

2만 병력 투입된 진압작전

이날 광주항쟁 진압에 나선 부대는 제20사단과 제31사단, 11공수여단 등이었다. 2만여 명의 병력과 전차 18대, APC 9대, 지휘용 500MD 헬기 1대, 무장 500MD 헬기 4대, 수송용 헬기인 UH-1H와 일명 코브라 무장헬기 AH-1J 2대가 동원되었다. 광주시민들까지 포함된 국민의 세금으로 운영되는 군부가 마치 적진으로 쳐들어가는 듯한 만용을 부린 것이다.

3공수여단 특공조가 시민군을 무차별 타격·살상한 직후인 새벽 5시 16분경 도청 상공에서는 500MD와 AH-1J가 요란스럽게 선회하면서 신군부의 위용을 과시하고 있었다. 게다가 휴전선 상공과 한국 해역에는 미군의 조기경보기와 항공모함 코럴시호가 '외부의 위협'으로부터 진압작전을 보호하기 위해 '망을 보아주고' 있기까지 했다. 27일 새벽 도청에서 항쟁의 마지막 불꽃이 무참히 짓밟힘으로써 열흘간의 민중항쟁은 종말을 고했다. 시민군과 도청 항쟁 지도부는 고도로 훈련된 공수부대 특공조와 2만여 계엄군, 그들의 엄청난 장비와 무기를 당해낼 수 없었다.[3]

계엄군이 가장 먼저 쳐들어간 곳은 도청 본관이다. 항쟁 지도부가 있었기 때문이다. 이곳을 잠입한 부대는 3공수부대였다. 이들은 예상을 깨고 도청 뒷담을 넘어 들어왔다.

당시 도청에는 200~500여 명이 남아 있었는데 진압이 시작되면서 여성을 비롯한 일부가 빠져나가고, 윤상원·김영철 등 학생 지도부 사람들과 4, 50명의 청년·학생들이 도청 민원실 건물에 있었고, 나머지 사람들은 본관 건물에 배치돼 있었다.

도청 민원실에 있던 사람들은 모두 정문 쪽을 향해 총구를 겨누어 접전을 벌이고 있는 사이 뒤쪽으로 침투한 특공대가 창문을 타고 들어와 총을 난사하고 수류탄을 던지며 진압했다. 이 과정에서 윤상원 등 30여명이 죽고 10여 명이 생포됐다. 도청 본관은 역시 뒤쪽으로 잠입한 특공대가 정문 진압에 대응하기 위해 복도에 나와 있던 무장시위대를 향해 발사해 많은 사람들이 죽었다. 사무실로 피신한 생존자들은 진압군과 맞서 싸우다 모두 체포당했다.[4]

당시 현장에서 겨우 살아남은 박내풍은 당시를 이렇게 증언했다.

30명의 시민군과 함께 도청 2층 강당에 있었는데 총성이 울렸다. 도청 정문으로 탱크와 장갑차가 들어오고, 뒷문 쪽에서도 총소리가 들렸다. 도청 앞에 공수들이 모습을 드러내자 나는 강당에서 총을 쏘기 시작했다. 2층 계단으로 공수들이 들어오자 2, 3명이 화장실로 숨었다. 화장실에 있다가는 흔적도 없이 죽을 것 같아 손을 들고 나갔다. 우리를 본 공수들은 폭도들은 계단으로 내려갈 자격이 없으니 2층에서 나무를 타고 도청 마당으로 내려가라고 했다.[5]

광주 시내를 다시 장악하기 위해 화정동에 있는 돌고개를 넘는 계엄군.

이 증언에 따르면, 계엄군은 도청 정문으로 탱크와 장갑차를 진격시키고, 특수부대 요원들을 뒷문 쪽으로 투입하는 교란작전을 폈다는 사실이 드러난다. 도청 옆에 자리 잡은 YWCA에는 도청보다 조금 늦게 진입했다. "문화선전조·고교생·근로자 등 20여 명이 남아 방어하고 있었다. 이곳 책임자는 들불야학 강학이며, YWCA 신용협동조합 직원인 박용준이었다. 군의 진압작전은 도청보다 조금 늦게 시작됐고, 2층으로 침투해 들어왔다. 대응과정에서 박용준 등 2~3명이 사망했고 나머지는 자수했거나 체포당했다."[6]

당시 시외버스 공용터미널 부근에서 무장시위대로 항쟁에 참여했던 조성환의 증언을 들어보자.

지역 경비를 맡은 7~8명과 함께 시외버스 공용터미널 부근 건물에 있던 중 잠깐 잠이 들었다. 새벽녘의 요란한 총소리에 놀라 잠을 깬 우리는 총소리가 가까이 들리자 공중을 향해 총을 쐈다. 그 순간 바로 옆 건물 옥상에서 우리를 향해 집중 사격을 했다. 우리도 그곳을 향해 필사적으로 방아쇠를 당겼다. 그때 내 친구가 총을 맞고 죽었다. 나도 다리에 파편을 맞았다.[7]

처음부터 싸움이 될 수 없는 전투였다. 계엄군은 특수훈련을 받은 최정예 공수부대이고, 시민과 시민군은 의기 하나만으로 최후까지 남은 민간인들이었다.

살아남은 사람과 특공조원의 증언

광란의 살육작전 속에서도 살아남은 이들과 특공조의 일원이었던 사람의 증언을 들어보자.

공수부대는 27일 새벽 도청 후문 쪽에서부터 총기를 난사하며 돌입해 들어왔다. 그래서 1층에 있었던 시민군과 2층에 있었던 시민군들은 2층 복도에 전부 몰렸다. 일방적으로 포위된 형편에서 각 방으로 피신해 들어가 약 30분간 버티다 투항했다. 그때 도청에 남아 있던 사람은 약 400~500명 정도로 기억한다. 그런데 나중에 연행된 사람은 약 200명 정도밖에 되지 않는다. 그날 도청을 빠져나간다는 것은 생각도 못 했다. 빠져나가는 것은 바로 죽음을 의미하는 것이었다.[8]

계엄군은 수류탄을 투척하기도 했고, 헬기에서 기관총을 난사하기도 했다. 지하실과 사무실에 수류탄을 던져 넣었으며 M16을 연발로 긁어댔다.[9]

잡혀서 계엄군의 구두끈으로 손을 꽁꽁 묶여 있었는데 총소리가 나면 계엄군들이 쫓아가서 무조건 총을 갈겼다. 2층 복도에는 약 30~40구의 시체가 나뒹굴었다. 기동타격대 7조 조원 중 제일 나이가 어린 김영남 군(16세)이라고 있었는데, 계엄군이 농림수산실을 열고 손들고 나오라 하여 손을 들고 나오는데 총을 갈기기도 했다.[10]

도청에 진입해 들어가 무조건 보이는 대로 쐈다. 투항 자체가 불가능한 상황이었다. 손들고 나오는 사람을 그대로 있으라고 할 수 없었다. 시체가 드문드문 널려 있었다. 한 방에 서너 명 정도씩 있었는데 17구는 분명히 훨씬 넘었다. 시체는 보병부대(20사단)가 끌어내고 있었고 방마다 시체가 널려 있었다.[11]

박병준(17세. 재봉사)도 YMCA에서 지원병으로 대기하던 중 새벽 2시경 도청으로 가서 카빈총과 실탄을 지급받고 도청 뒤 경찰국 건물에 12명과 함께 배치되었다. 계엄군이 30미터 전방까지 왔으나 총을 쏘지 못하고 겁이 나서 경찰국 건물 지하실에 피신해 있다가 다리에 총을 맞고 체포되었다. 이렇게 하여 후문 쪽 경계가 완전히 무너졌다.[12]

새벽 4시경 11공수여단 특공대는 관광호텔과 전일빌딩을 향하던 중 도청 가까이 도착했다. 충장로 쪽에서 도청을 우회하여 분수대에 이르렀을 때였다. 시민군 기동타격대 1조 조장 이재춘이 분수대 앞쪽 화단 뒤에 몸을 숨기고 있었다. 그런데 곁에 있던 고등학생 한 명이 실수였는지 카빈을 한 방 공중에다 발사했다. 총소리가 난 방향을 향해 계엄군의 집중사격이 쏟아졌다.[13]

YWCA 2층 강당에서 보초를 교대하고 잠자리에 누우려는데 비상벨이 요란하게 울렸다. 도청에 있던 사람이 실탄을 가지고 와 지급하면서 "돌고개 쪽에서 계엄군이 진입하고 있다"고 말했다. 조금 후 도청 쪽에서 LMG와 M16 소리가 끊이지 않고 계속 들려왔다. 30분쯤 지나자 천지를 진동하던 총소리가 잠잠해지는가 싶더니 내가 있던 YWCA 앞에서 총소리가 들렸다. 우리는 캄캄한 밖을 향해 총을 쏘았다.

그야말로 동족끼리의 한 맺힌 전쟁이었다. 우리는 사방을 포위당한 상태에서 얼마간 응사했지만 보이지도 않는 적을 향해 계속 총을 쏠 수 없어 중단했다. 동틀 무렵까지 일방적으로 총을 갈긴 계엄군에 의해 그곳에서 시민군 2명이 사망하고 다수가 부상당했다. YWCA 1, 2층에 있던 시민들이 날이 밝자 항복을 했으나 나는 그때 항복하면 분명히 몰살당할 것이라는 생각이 들어 2층에서 뛰어내려 탈출에 성공했다.

그러나 삼엄한 계엄군의 경계를 무사히 벗어나기가 어려워 인근에 있던 민가로 가서 이틀을 숨어 지냈다. 그동안 라디오에서 폭도들은 자수하라고 떠들어대고, 내가 숨어 있던 집에까지 계엄군이 들어오자 집주인 아저씨가 자수를 권고하고 신고를 하여 상무대로 잡혀가게 되었다.(구술: 김한중)[14]

죽은 이들과 죽인 자들

대검이 와서
그의 가슴을 찌르자 뒤에서는
개머리판이 와서 그의 뒤통수를 깠어요
으윽— 한낮의 신음소리와 함께
그가 고꾸라지자 이번에는
군홧발이 와서 그의 턱을 걷어찼어요
피를 토하며 거리에
푸르고 푸른 5월에
— 김남주, 〈학살 4〉 중에서

계엄사는 이날 17명이 죽었다고 공식 발표했다. 그러나 항쟁 현장 관계자들은 도청에서만 60~70명이 사망했을 것으로 추정한다. 현재까지 알려진 바로는 이날 진압과정에서 사망한 사람이 30여 명에 이르고, 계엄사는 체포·연행자가 295명이었다고 발표했으나, 이들의 숫자는 실제로는 훨씬 더 많았다.

이날 도청과 시내 여러 곳에서 시민들을 공격하여 다수를 살상하고 체포한 부대와 그 책임자들은 누구인가?

도청 공격에는 3공수여단(여단장 최세창 준장) 11대대(대대장 임수원 중령) 1지역대(지역대장 편○○ 대위) 소속 77명(장교 11명, 사병 66명)이 선발됐다. 전일빌딩과 관광호텔 점령은 11공수여단(여단장 최웅 준장) 61대대(대대장 안부웅 중령) 2지역대 4중대(중대장 최○○ 대위) 소속 37명(장교 4명, 사병 33명)에게 맡겨졌다. 광주공원 점령에는 7공수여단(여단장 신우식 준장) 33대대(대대장 권승만 중령) 8, 9지역대 소속 262명(장교 38명, 사병 224명)이 투입됐다.[15]

이날 계엄군의 진입에 끝까지 저항하다가 숨진 '민주화 열사'들 가운데 확인된 명단은 다음과 같다.

1. 김동수(남 22세), 조대 전자공학과 3년. 2. 김종연(남 19), 고입 재수생. 3. 이강수(남 19), 재수생. 4. 박성용(남 17), 조대부고 3년. 5. 유동운(남 19), 한신대 2년. 6. 안종필(남 16), 광주상고 1년. 7. 문재학(남 16), 광주상고 1년. 8. 윤상원(남 29), 전남대졸, 들불야학 교사. 9. 민병대(남 20), 양계장 종업원. 10. 홍순권(남 19), 재수생. 11. 박진홍(남 21), 표구사 점원. 12. 문용동(남 26), 호남신학대 4년. 13. 서호빈(남 19), 전남대 2년. 14. 박병규(남

20), 동국대 1년. 15. 이정연(남 20), 전대 상업교육과 2년. 16. 김종철(남 17), 자개공. 17. 오세연(남 24), 회사원. 18. 박용준(남), YWCA 신협 직원. 19. 유영선(남 27), 회사원·전대 2년 휴학. 20. 양동건(남 45), 광주고교 수위. 21. 김성근(남 31), 목공. 22. 이금재(남 29), 한약방 종업원. 23. 염행렬(남 16), 금호공고 1년. 24. 조행권(남 38), 노동. 25. 조일기(남 35), 식당 주방장. 26. 김명숙(여 14), 서광여중 3년.[16]

계엄군의 진압작전은 철저하고 무자비했다. "특공대원들에게는 개인당 M16 소총 1정과 실탄 140발씩을 지급했고, 중대마다 수류탄 각 3발, 가스탄 2발, 방독면 2개씩을 지급하였다. 기동성을 높이기 위해 진압에 필요한 최소장비로 무장하도록 한 것이다. 침투조는 얼룩무늬 공수복 대신 일반 보병 전투복으로 갈아입었다. 공수부대에 대한 시민들의 감정이 극도로 나빴기 때문에 가급적 일반 군인처럼 위장하기 위해서였다. 그 위에 방탄조끼를 착용했으며, 철모에는 군인들끼리의 오인사격을 방지하고 서로 알아볼 수 있도록 하얀 띠를 둘렀다."[17]

계엄군은 방탄조끼에 오인사격을 막고자 비표까지 준비하면서 그들이 보호해야 할 국민들에게는 너무 잔혹했다.

같은 시기에 이 땅에서는 전혀 다른 두 부류의 사람들이 살고 있었다. 오직 권력만을 추구하고 이를 추종하는 야만의 무리와, 죽음이 코앞에 닥쳐왔는데도 세상의 의義를 위해 죽음의 자리를 떠나지 못한 양심적 인간이다.

계엄군이 도청에 들이닥쳤는데 다 도망가고 아무도 없었다고 생각해보
십시오. 역사가 1980년 광주를 어떻게 기록했겠습니까. 상원이 형을 비
롯해 도청에 남아 있었던 사람들 때문에 5·18이 폭동이 아니라 민중항
쟁으로 기록될 수 있는 겁니다. 제대로 싸워보지도 못하고 죽을 거라는
걸 알면서도 끝까지 도청을 지켰던 사람들 말입니다.[18]

들불야학에서 윤상원에게서 배웠다는 용접공 나명관은 다음과
같이 증언한다.

승산이 보이지 않는 싸움에서 사람들을 지탱해주는 힘은 어디에서 오는
것일까? 광주의 마지막 밤과 새벽에는 승리를 확신하는 유격대의 힘찬
진군나팔 소리는 없었다. 그곳에는 역사에서 지는 싸움을 피하지 않았
던 사람들의 처연함과 쓸쓸함이 흐르고 있었다. 광주는 이렇게 우리 곁
에, 아니 우리 가슴속에 들어왔다.[19]

도청과 YWCA 등에서 시민들을 죽인 부대장과 대원들 역시 인간
의 탈을 쓴 악귀들로 공범이지만, 주범은 역시 전두환, 정호용, 소
준열 등이었다.

정호용은 밤 9시경 광주비행장에 도착하여 특공대원들을 격려하였다.
그는 이날 오전 서울에서 전두환 보안사령관을 방문하여 재진입작전에
필요한 가발과 편의대 복장, 그리고 마대 등을 지원받았고, 오후 2시경
에는 이희성 계엄사령관을 방문해서 특수화학탄, 즉 스턴수류탄stun grenade

과 항공사진을 수령하여 광주로 가져왔다.[20]

전두환과 정호용의 지침을 충직하게 수행한 인물은 소준열 전교사령관이다. "오후 4시경 소준열 전교사령관이 광주비행장을 방문하여 시내 진입부대 공수여단장들에게 작전 개시 시각을 27일 0시 1분, 즉 자정이라고 알렸다. 정보가 사전에 누설될까봐 소준열 사령관이 직접 작전부대를 방문한 것이다."[21]

계엄군 1인당 50여 발씩 발포

5월 27일 새벽, 광주는 전쟁터였다. 탱크와 장갑차가 지각을 누비고 공중에는 군 헬기가 저공으로 순회하며 위협했다. 광주시민들이 그토록 기대했던 미군은 살인마들의 편에 섰다. 광주는 피로 물들었다. 여기저기서 비명소리가 신새벽 하늘에 메아리쳤다.

"지금 계엄군이 공격해오고 있다"라고 외치는 여린 여성의 호소에 잠이 깬 시민들이 도청으로 뛰어오다가 100여 명이 사살되었고 더 많은 사람이 체포되었다. 길거리에는 시체가 나뒹굴었다. 생지옥이나 다름없었다. 목숨이 끊어지지 않아 꿈틀대면 확인사살까지 서슴지 않았다.

도청 및 YWCA, YMCA 등지에서 체포된 생존자들은 일단 상무대 전투병과 교육사령부 건공단으로 끌려가 계엄군들에게 10파운드 곡괭이 자루로 초주검이 되도록 두들겨 맞았다. 한편, 이날(27일) 계엄군은 시내 전역의 가택을 샅샅이 수색하여 수백 명의 청년들을 끌고 갔으며, 여관이나 여인숙에서 잠을 자고 있거나 길거리를 통행하고 있던 젊은이는 무조건 시청, 아모레화장품, 관광호텔 등지로 끌려가 무자비한 고문과 구타 속에 많은 사람들이 죽고 다쳤다.

그중 끈질기게 살아남은 사람들도 27일 밤 8시경 모두 헌병대로 이송되었다. 이후, 계엄군은 골목골목마다 삼엄한 경비를 펼치고 시민들이 일체 밖으로 나오지 못하게, 심지어 창으로 내다보는 것조차 금했다. 창밖을 내다보다가 죽은 사람만도 수 명에 이르렀다. 그리고 언제 끝날지 모르는 검거선풍이 몰아닥쳤다.[22]

통절한 양심으로 행동했던 많은 사람이 상하고 죽었다. 시민들을 살육한 계엄군의 작전명은 '상무충정작전', 국민과 국가에 충성하고 정의의 군대가 되라는 '충정忠正'의 의미가 흉물스러운 벌레蟲들의 놀음으로 변한 것이다.

공수부대 특공조는 도청으로 오는 시민들에게 총기를 난사하고 시민이 있는 건물에는 수류탄을 마구 터뜨렸다. 유대인 학살에 동원된 나치 군대와 다르지 않은, 야만의 극치를 보여주었다. 나치 병사들이 유대인들을 고문하면서 바그너의 가곡을 들었다고 하는데, 시민군을 사살한 뒤 계엄군 병사들이 지껄이는 농담은 우리의 간담을 더욱 서늘하게 한다.

무수한 시민군들이 공수대원들과의 사격 대치 중에 죽어갔다. 곧 총알이 떨어진 시민군들은 투항하면 살려줄지도 모른다는 생각으로 항복할 마음을 먹었다. 시청 정문 쪽으로 필사적으로 도망가던 시민군 1명이 공수대원의 사격에 의해 즉사당한 바로 그때 8명의 시민군이 항복하겠다고 두 손을 번쩍 들고 무장을 해제한 채 도청 앞 뜰로 걸어나왔으나, 달아나던 시민군을 살해했던 계엄군은 8명의 투항자들을 전원 사살하였다. 한 계엄군 병사는 한쪽 발을 시민군 포로의 등에 올려놓고 사격하면서 "어때, 영화 구경하는 것 같지"라는 농담까지 던졌다.[23]

이렇게 농담까지 해가며 시민들을 무차별 학살했던 계엄군이 당시 1인당 사용한 실탄은 50여 발이었을 것으로 추정된다.

광주에 파견된 계엄군이 사용한 실탄은 "1인당 40여 발"이었다. "발포하지 않은 계엄군을 감안하면 1인당 50여 발 이상 발포했고, 공수부대는 100여 발 이상의 실탄을 사용한 셈이다. 이는 5월 21일 이후 계엄군이 집단 발포하고 무차별적으로 사격했음을 간접적으로 증명한다."[24]

5·18 광주항쟁 당시 계엄군이 사용한 소화기 실탄과 수류탄 등은 모두 50만 개가 넘었다. 그때 광주시의 인구는 80만 명이었다.

5·18 항쟁기 계엄군의 실탄 사용내역을 보면, 소화기 497,962발, 권총 2,754발, 기관총 10,759발, 수류탄 194발, 40M탄 60발, 90M 무반동총 8발, 기타(신호탄 등) 889발, 통계 512,626발이었다. 소화기 실탄 및 수류탄의 80%는 특전사에서 사용하고, 무반동총은 아군(계엄군) 간 오인 교전 시 사용되었다.[25]

신군부의 무자비한 진압 실상

계엄사, 사상자 등 축소 발표

어찌 되었을까 그는
두 손이 묶인 채로
어스름 저녁 쓸쓸히 그러나 당당히
어디론가 사라져갔는데
무슨 죄를 그리도 많이 졌기에
데리고 가는 사람들도
말을 못 하게 입을 막았다
세월이 흘렀고
우린 그 사이에
아이도 낳고 책도 내고
더러는 죽기도 하고
여러 십 년 목숨 부지하는 일이나 해왔는데
잡혀가 혼백으로 떠도는 그대를
가끔씩 생각하게 되는구나

할 말 못 하고 쓰러진 그대를

다소곳이 떠올리는 이런 날은

무엇을 해야 할 것이냐.

　　　—김규동, 〈자유를 위해 그는〉 중에서

광주에서 수많은 사람을 죽이고, 부상을 입히고, 체포·납치하고, 시신들까지 빼돌리는 만행을 저지른 계엄사는 5월 28일 오전에 "계엄군이 광주사태를 평화적으로 해결하기 위해 전력을 다해왔으나 극렬한 폭도들에 의해 호전되지 않고 오히려 악화되는 조짐을 보여 시민들을 구출하기 위해 군을 투입하게 됐다"라는 내용의 황당한 담화를 발표했다.

　계엄사는 또 이날 오후 광주사태에 대한 2차 발표에서 계엄군 투입 과정에서 무장 폭도 17명이 사망했고, 295명을 검거해 보호 중이며, 계엄군도 2명이 순직하고 12명이 부상을 입었다고 발표했다.

　계엄사의 이 같은 뻔뻔스러운 발표는 광주를 두 번 죽이는 짓이었다. 그리고 명백한 가짜뉴스였다.

　이희성 계엄사령관은 이어 5월 31일 광주사태로 민간인 144명, 군인 22명, 경찰관 4명 등 모두 170명이 사망했고, 민간인 127명과 군인 109명, 경찰관 144명 등 모두 380명이 부상을 당했다고 밝혔다. 또한 이 기간에 모두 1,740명을 검거하고, 1,010명을 훈방하고, 730명을 조사 중이라고 발표했다.

　계엄사 발표문에 따르면 통계는 다음과 같다.

　민간인 사망자는 광주교도소 피습 당시의 교전으로 28명, 무기를

계엄군의 무차별적인 무력진압에 희생된 광주시민들의 시신.

탈취한 난동자들의 음주, 과속운전으로 인한 전복, 충돌 등 교통사고로 32명, 탈취한 소총, 수류탄 등 무기의 취급 미숙으로 인한 오발 사고에서 15명, 진압하기 위해 투입된 계엄군에 대한 무력저항에 따라 17명, 강·온 양파 간의 의견 충돌로 인한 상호 총격과 평소 원한에 의한 살해로 29명 등이며, 검거된 자들을 거주지별로 보면 전남 686명, 서울 26명, 기타 지역 18명으로 나타났고, 연령은 20세 이하 315명, 20대 310명, 30대 77명, 40대 이상 28명으로 분류했다. 또 직업별로 보면, 학생(고교·대학생) 153명, 무직 126명, 공원 83명, 노동 79명, 운전사 55명, 농업 47명, 상업 47명, 점원 44명, 회사원 37명, 기타 59명으로 나타났다.

계엄사령부는 발표문에서 "9일간의 광주사태의 경위와 진상을 살펴볼 때 비록 발단은 계엄군과 전남대생들의 충돌에서 일어났다고 하나 조직적이고 치밀한 배후 조종과 교묘한 선동을 통해 광주 지역 시민들의 지역감정을 촉발, 흥분시킴으로써 걷잡을 수 없는 군중심리의 폭발로 유도돼 사태가 최악의 상황이 됐다. (중략) 북괴 고정간첩과 불순분자들의 책동, 불순한 정치적 목적을 달성시키기 위해 학생 소요사태를 배후 조종해온 김대중이 광주의 전남대와 조선대 내 추종 학생들을 조종·선동한 것이 사태의 발단이 됐다"[1]라고 했다.

계엄사의 발표 내용은 대부분이 사실과 동떨어진 수치였다.

군인·경찰의 사망자와 부상자 수는 부풀리고 민간인의 사상자 수는 축소했다. 담화문 말미의 "김대중의 조종·선동"도 황당하기 그지없는 모략이었다. 김대중은 신군부가 5월 18일 0시를 기해 비상계엄 전국확대조처를 선포하기 이전에 이미 구속된 상태였다.

계엄군에 의해 영장도 없이 구속돼 삼엄한 경계 속에서 열흘째 수사를 강행해온 신군부가 김대중에게 광주항쟁의 책임을 뒤집어씌운 것은, '광주사태'의 의도성을 새삼 드러낸 것으로 보인다. 자신들의 집권에 최대 걸림돌인 김대중을 제거하고자 광주에서 분란을 일으키고, 그에게 책임을 돌린 것이다.

사망자 500명설 등 앞으로 풀어야 할 과제

광주민주화운동 과정에서 희생된 사망자와 부상자, 행불자 등은 항쟁 40주년이 되는 지금까지도 정확히 밝혀지지 않고 있다.

전두환과 노태우 정권에서 많은 자료가 소실되거나 왜곡되고, 문재인 정부에서 뒤늦게 특별법이 제정되었으나 보수 야당의 방해로 특위 구성 등이 지연되면서 묻혔기 때문이다.

계엄사는 5월 27일 재진입 당시 17명이 사망했다고 발표했다. 그러나 이는 사실과 거리가 멀다. 도청에서 저항하다가 살아남은 사람들은 도청에서만 60~70명이 사망했을 것이라고 주장한다.

광주민주화운동 당시 지도적 역할을 했던 조아라는 다음과 같이 증언한다.

"5·18 때 얼마나 많은 사람들이 죽었는지 관을 구할 수가 없었어. 학생들이 두꺼운 베니어판을 구해다가 잘라서 그것으로 관을 만들고, 미처 수의를 못 만드니까 당목으로 둘둘 감아서 태극기 한 장씩을 덮어 갖고 묶고 한 것이 도청 마당으로 하나 가득이여. 나중에는 돈 나올 데가 없으니 관 살 돈도 없제. 그래 교회에서 우선 30만 원을 얻어서 감당하게 했제."[2]

계엄사의 발표를 믿지 않는 것은 계엄사와 육군본부, 국보위 보고 자료 등이 모두 다르고 실제와도 차이가 크게 나기 때문이다.

"5·18 기간 동안 발생한 시위자 및 시민들의 피해 상황을 살펴보면, 먼저 사망자의 경우 당시 계엄사령부는 사망자를 144명으로 공식 발표했다. 하지만 육본 153명, 국보위 보고 자료 158명, 육본 『소요진압 교훈집』 162명 등으로 다르게 명기하고 있다.

그리고 부상자는 계엄사령부 127명, 육본 127명, 국보위 보고 자료 321명, 육본 『소요진압 교훈집』 377명 등으로 집계하고 있다. 하지만 군의 폭력을 직·간접적으로 경험한 사람들은 지금까지도 군의 발표와 기록을 선뜻 받아들이려 하지 않는다."[3]

"공수부대원들은 처음부터 사상자 수를 은폐하기 위해 사상자가 발생하는 대로 트럭에 싣고 아무도 모를 곳에 파묻었기 때문에."[4]

희생자 수는 정확히 알기 어렵다. 기독교 목사인 아널드 A. 피터슨은 사망자 수를 800여 명으로 추정한다.

그와 내가 최근에 광주에서 일어났던 일에 대해 귓속말로 이야기를 나눌 때, 나는 얼마나 많은 사람이 죽었는지를 물어보았다. 그는 그 항쟁 동안 광주에 거주했던 한국군에서 일했던 친구가 있었는데, 그 친구에 따르면 조사 당국자들은 사망자 수를 832명으로 확인했다고 했다.[5]

한국 현대사 연구에 조예가 깊은 브루스 커밍스는 자신이 쓴 책에서 "5월 21일에 이르러서는 광주 지역의 수십만 시민들이 군인들을 도시에서 몰아냈고, 그 후 5일간 시민들의 수습대책위원회가 이 도시를 통제했다. 이 위원회는 500여 명이 이미 죽었고, 약 960여 명이 실종되었다고 확인했다"라고 쓰고, '각주'에서 "이 수치는 하비 Pharis Harvey 목사가 이끄는 미국에서 가장 중요한 감시단체인 '한국인권감시 북미연맹North America Coalition On Human Rights in Korea'에서 1980년 9월에 집계한 것이다"라고 소개했다.[6]

광주민주항쟁의 정확한 사망자 등 피해자들의 정확한 집계는 앞으로 진행 중인 특위에서 밝혀져야 할 과제이다.

한 연구가는 "전체적으로 5·18 관련 인적 피해 규모를 정확하게 알 수는 없지만 5·18 관련자에 대한 2006년 제5차 보상 때까지 광주시가 인정한 관련 피해자 규모가 사망 166명, 행방불명 64명, 부상 3,139명, 구속 연행 훈방 등 503명을 합해 3,860명인 점에 비추어 대체적인 그 피해 규모를 추정해볼 수 있을 것이다"[7]라고 추정했다.

광주 두 번 죽인 왜곡보도와 학살자들

진실 왜곡한 《조선일보》의 광주항쟁 보도

광주시민을 대량 학살한 것이 신군부의 공수부대였다면, 두 번 죽이고 명예를 훼손한 것은 국내의 일부 신문과 방송이었다.

먼저, 주요 외신의 광주민주화운동 관련 보도를 살펴보자.

UPI, AP, AFP 통신과 《뉴욕 타임스》는 5월 25일 「고립된 광주에서의 참상」이라는 제목으로 다음과 같이 보도했다.

일반 시민들은 데모대와 동조하고 있으며, 18일의 평화적 시위에 대한 공수부대의 야수적 만행을 규탄하고 있다. 수많은 사람이 대검에 찔리고 구타당했으며, 수요일에는 군대의 발포로 최소 11명 사망, 여기의 상황은 한국의 다른 지역에 알려지지 않고 있다.

다음은 일본 《요미우리신문》 5월 27일 자 기사이다.

현지로부터의 정보로는 육상에서는 도시를 포위했던 계엄군이 새벽 3시 30분 우선 시내 전화를 전부 단절시키고, 시내로 들어오는 주요 도로를 확보한 후 장갑차를 선두로 무장세력이 구축한 바리케이드를 부수고 4개 간선도로를 이용, 전남도청으로 진격했다. 한 공수부대는 헬리콥터에 나눠 타고 도청 밖에 낙하, 시 중심에 있는 도청과 공원으로 진입했다.

《도쿄신문》은 5월 27일 자에 「비극! 민족끼리의 싸움」이라는 기사를 실었다.

격렬한 자동소총의 난사에 무장시민도 필사의 응전을 했다. 그러나 병력, 작전, 훈련도 등의 차이로 정규군의 공격에 맞서 싸우기는 무리였다. 무장시민의 저항이 그치고 강경파 시민, 학생의 본거지였던 전남도청 건물은 계엄군에 의해 완전히 점거되었다.

기자는 아침 6시 30분, 진압된 후의 시내로 들어갔다. 큰길 사거리에서 진지를 구축한 육군부대 1개 소대가 총구를 시내로 향한 채 배치되어 있었고, 시내 도처에는 자동소총을 손에 든 군인들이 흩어져 있었다. 군인들은 야간작전 시 자기들끼리의 충돌을 방지하기 위하여 전원 헬멧에 흰 띠를 두르고 있었다. 이날 7시가 지나면서 도청 방면에서 맨 처음 투입된 부대가 대형트럭 10대에 나눠 타고 들어왔다.

이제 동포에게 총구를 겨눈 것에 대해 전원이 승리에 찬 표정을 띤 것처럼 보여졌다. 일부 군인들은 미소 띤 얼굴에 손까지 흔들고 있었다. 이어서 체포된 사람을 태운 대형트럭 3대가 들어왔다. 전원 좌석에 엎드려 있고 양손을 머리 위에 올렸다.

그렇다면 과연 국내 신문들의 사설과 기사는 어떠했을까.

먼저, 《조선일보》는 5월 25일 「도덕성을 회복하자」라는 사설에서 "57년 전 일본 관동대지진 때 조선인 학살의 역사가 반면교사적으로 우리에게 쓰라린 교훈을 주고 있다. 우리에겐 지난날 대구와 제주의 폭동 사건 그리고 여순반란 사건 그리고 성남시와 사북에서의 소요사태 등의 경험이 또한 있다. 형용할 말이 없는 어려움을 당해서 슬기롭게 대처할 민족적 긍지와 지혜를 모으자"라고 주장하며, 엉뚱하게 '제주폭동' 사건과 '여순반란' 사건 등을 연상하게 만들려는 논지를 보였다.

이 신문은 특히 5월 28일 자 사설 「악몽을 씻고 일어서자」에서 악의적인 곡필을 서슴지 않았다. 이 사설의 주요 내용은 다음과 같다.

지금 오직 명백한 것은 광주시민 여러분은 이제 아무런 위협도, 공포도, 불안도 느끼지 않아도 될, 여러분의 생명과 재산을 포함한 모든 안전이 확고하게 보장되는 조건과 환경의 보호를 받게 됐고 받고 있다는 사실이다. 그리고 그것은 머지않은 평시에로의 회복을 또한 분명하게, 그리고 어김없이 약속하는 조건이고 환경이라는 사실이다.

광주사태를 진정시킨 군의 어려웠던 사정을 우리는 알고 있다. 30년 전 6·25의 국가적 전란 때를 빼고는 가장 난삽했던 사태에 직면한 비상계엄군으로서의 군이 자제에 자제를 거듭했던 사실을 우리는 알고 있다. 군, 곧 국군은 광주시민을 포함한 온 국민의 아들이고 동생들이며, 그래서 국민의 국군이며, 국민으로 구성된 국가의 국군이다.

그러한 국군이 선량한 절대다수 광주시민, 곧 국민의 일부를 보호하기 위해 취한 이번 행동에 어려움이 따를 수밖에 없었음은 당연한 일이었을 것이다. 때문에 신중을 거듭했던 군의 노고를 우리는 잊지 않는다.

계엄군은 일반이 상상했던 것보다 훨씬 극소화한 희생만으로 사태를 진정시키는 데 성공했다. 계엄군은 계엄사령관이 지시했듯이 계속 국민의 생명과 재산을 보호하고 국민의 군대로서의 사명을 다해줄 것을 우리도 거듭 당부해 마지않는다.

《조선일보》는 광주의 엄청난 학살사태를 두고 군이 "자제에 자제를 거듭"했다거나, "상상했던 것보다 훨씬 극소화한 희생만으로" 사태를 진정시켰다고 주장한다.

낯뜨거운 언론들의 광주항쟁 보도 작태

《경향신문》은 사태 초기에 기자 6명이 광주항쟁 보도와 관련해 용공 혐의로 구속되는 등의 시련을 겪었다. 이 신문은 광주항쟁이 발생하자 초기에는 가장 용기 있게 대처하는 모습을 보여주었다.

22일 자 1면에 실린 「광주일원 심각사태」라는 보도는 다른 신문과 분명 차별되는 기사였다. 또한 23일과 24일에는 계속 관련기사를 삭제당해 급조된 광고로 대체하기도 했다. 그러나 사설과 논평을 쓴 간부 언론인들은 어느 신문에 못지않게 곡필을 일삼았고, 현지 취재기자들도 왜곡에 열을 올렸다.

《경향신문》은 5월 29일 자 「최 대통령의 성명과 비상사태 전국 확대를 보고」라는 사설에서 광주 문제를 일절 언급하지 않은 것은 물론 비상계엄 전국확대를 '단안'이라고 받아들였다.

이 사설은 "최 대통령이 우려한 대로 소요는 '과열·폭력화되어감으로써 극심한 사회혼란을 야기하고 치안력의 투입을 강요하는 사태로 발전되어' 정부는 '국가를 보위하고 국민생존을 수호하며 안정 속에 성장과 발전을 바라는 다수 국민의 여망에 부응하여' 단안을 내리게 된 것이다"라고 정부 측의 논리를 그대로 답습했다.

《경향신문》은 5월 29일 자에 한 면을 할애해 「취재기자들의 방담으로 엮어본 사태현장」이라는 특집을 꾸몄다. '시위 도중 총기사용 분위기 악화' '대부분의 관공서, 방송국, 목재소, 철근상회도 큰 피해' 등의 제목을 붙인 이 방담 기사는 특히 다음의 내용 등이 눈에 띄었다.

"눈만 빠끔하게 나오게 하는 복면, 수건으로 입을 가린 사람 등등 정말 여러 모습이더군. 왜 그런지 이들 가운데 상당수가 불량배로 보이기도 했지."

"특히 은행, 농협, 귀금속상 등이 가장 불안 속에 있었는데 다행히 사고는 많지는 않았던 것 같아."

"이날 아침 전남대병원에 들어온 시체 2구를 검안한 의사가 총기오발 사고로 숨진 것 같다고 하더군."

광주항쟁 때 은행이나 귀금속상이 털린 곳은 하나도 없었다. 그런데도 굳이 "많지는 않았던 것 같다"라는 발언이나 '상당수가 불량배' 운운은 그 의도성이 빤한 왜곡이라 하겠다.

《중앙일보》의 논평 태도 역시 여타 신문과 다르지 않았다.

5월 19일 자 사설 「자제와 화합으로 국가적 시련 극복하자」는 "이런 관점에서 보면 계엄령의 확대 시행은 그 목적이 사회질서·사회 활동의 정상화를 위한 불가피한 수단일 수밖에 없다"라고 5·17 조치의 정당성을 역설했다.

또 5월 26일과 27일에 「거듭 국민적 화합을 호소한다」, 「마음의 상처를 씻어주자」라는 사설을 연거푸 실어 신군부의 잔혹한 살상문제 등에 관해서는 일언반구의 언급도 없이 추상적인 화합론으로 일관했다.

특히 「거듭 국민적 화합을 호소한다」라는 사설에서는 "우리는 다시 한번 사태의 심각성을 절감하면서 지금은 뭣보다도 더 이상의 유혈참극을 막기 위한 과감한 조치가 취해지기를 두 손 모아 기구할 따름이다"라고 하여 '과감한 조치'를 촉구하고 있다.

5월 27일 새벽, 계엄군은 무력으로 전남도청 등을 공격해 '과감한 조치'를 취하면서 숱한 인명을 살상했음은 이미 다 아는 바와 같다.

《한국일보》는 5월 18일 자 사설 「시국수습 단안의 방향」에서 시국수습에 관해 "정부와 정치인이 최선을 다해주기 바란다"라는 하나 마나 한 일반론을 전개하더니, 20일 자 사설 「위기 속의 생존권 수호」에서는 "5·17 조처의 불가피성을 강조한 최 대통령의 특별성명에 접하고 우리 겨레의 슬기, 즉 이지理智의 힘을 일깨울 때라고 믿는다"라고 완곡한 표현으로 이 조처를 인정했다.

《한국일보》는 급기야 23일 자 사설 「광주일원의 비극적 사태」에서 온갖 둔사遁辭로써 광주항쟁을 호도한다. 사설은 서두에서 "18일

이후 광주일원에서 전개되고 있는 비극적 사태는 이미 진행된 것만으로도 국사상 두고두고 기록될 사건임에 틀림이 없겠다. 다음에 올 것이 무엇이고 또 어떤 것이냐에 관해서는 누구도 예측 못 하거나 혹은 말할 바 못 된다. 우리 모두는 방금 이 순간에 국운의 백척간두와 국민의 사생안위의 가름에 서서 후세의 역사 앞에 경건한 마음으로 옷깃을 여미어야 할 것이다"라고 썼다.

처절한 살욕극을 지켜보면서 '국사상 두고두고 기록될 사건'이라는 표현이나, '후세의 역사 앞에 경건한' 따위의 어휘는 언어의 유희, 용기 없는 언론의 둔사일 수밖에 없다. 이 사설은 이어 엉뚱한 방향으로 논지를 전개한다.

"돌이켜 보면 한국적 심성에 깃들인 '한'이라는 누적된 역사적 불행에 연유한 것으로 심적인 공감대를 가리킨 말이다."

"양반층의 '청한문학', 근대화 선각자들의 '계몽문학', 현실도피형의 일부 소외권 지식인에 의한 '멋의 문학'을 제외하고는 대중적 기반을 가진 온갖 문학예술이 한에 젖어 있었다고 말해도 과언이 아니다."

"한편 미학 범주로서의 '멋'이란 도피 형식의 비사회적 반응임에 그쳤다. 그것은 한의 일시적 발산형태이지 해결의 출로일 수는 없었던 것이다."

"누가 겨레의 한을 풀 수 있을까. 우리 자신이다. 그러기 위해 무엇을 할까. 우리 모두의 슬기와 날램을 한데 모아 진정한 화합을 지향해야 한다."

'광주일원의 비극적 사태'라는 초미의 현안을 다루는 7~8장짜리 사설에서 문화사나 문학사상에서나 다룰 만한 '한'과 '멋'에 관해 장황히 설명하면서 정작 언급해야 할 대목에서는 꼬리를 감추고 있다.

이 신문은 「광주사태 속의 북괴동향」(5. 24), 「광주사태의 평화적 수습책—대화로 해결하려면 무기 반환해야」(5. 27), 「광주사태의 수습단계」(5. 28) 등의 사설을 잇달아 게재했다.

특히 「광주사태 속의 북괴동향」에서는 "필시 서울의 학생데모와 광주사태를 바라보면서 김일성은 지금 대남정세 상황판 앞에 쭈그리고 앉았을 것이다. 그러다가 그 무슨 결정적인 시기와 여건이 닥쳐왔다고 보면 불장난을 좀 하려 들지 모른다"라고, 예의 안보논리를 적용하여 광주항쟁을 '주눅' 들이고자 했다.

사태 초기 5일간 무사설로 결기를 보였던 《동아일보》는 「북한은 오판 말라」(5. 26)라는 사설을 실어 언론의 '북한 신드롬'을 내보였다. 이 사설은 "김일성은 행여 어떤 희망을 걸고 대남적화 책동에 열을 더 내는 일은 즉각 중단하고 평화통일의 기본조건인 남북대화에 성심으로 임해줄 것을 촉구하며 한국의 반공태세를 오판하지 말도록 거듭 경고하는 바이다"라고 썼다.

한국의 신문들이 이처럼 하나같이 북한 문제를 들고 나선 것은 혼란기에 발생할지 모르는 북한의 책동을 경계하자는 경고의 의미도 있겠지만, 기본적으로는 관심을 밖으로 돌리려는 제도언론들의 통속성이 작용한 것이다.

《동아일보》는 5월 28일 자 사설 「계엄군 투입 이후의 과제」에서

사태의 본질이나 책임규명보다 '민심수습'이라는 추상어로 지면을
채우고 있다.

광주의 《투사회보》와 《민주시민회보》

국내 제도언론이 제구실을 못 하자 광주에서는 각종 '지하언론'이
나돌아 항쟁 소식을 전하고 시민들의 용기를 북돋웠다. 다음은 광
주시민민주투쟁협의회가 5월 24일에 발행한 《투사회보》 제7호 내
용이다.

드디어 제1차 전남도민 시국궐기대회를 가지다.

5월 23일(금요일) 오후 4시, 도청 앞 광장에서 2만여 도민(학생, 시민, 노
동자, 농민)이 참석한 가운데 시국에 관한 각계의 주장을 밝히고 구체적인
결의를 다짐.

△ 결의사항

· 흉악무도한 전두환은 모든 공직에서 사퇴하라.

· 불법 비상계엄령은 즉각 해제하라.

· 현 최규하 과도정부는 물러가라.

· 민주인사 구국내각을 구성하라.

· 신고 않은 무기 소지자는 시민군의 무기회수에 반드시 따르라.

△ 보라! 그동안의 참혹한 만행을!

· 사망 확인, 미확인자 무려 6백여 명

· 중·경상자 수 무려 3천여 명.

민중은 결코 잊지 않으며 광주항쟁은 끝나지 않았다. 민중의 불만은
총으로 억압되지 않으며, 20년 전으로 후퇴시키려는 전두환 일당의 음
모는 실패할 것이다.[1]

광주시민학생구국위원회(구 수습대책위원회)가 5월 26일 제작한 《민
주시민회보》 제10호는 「무등산은 모든 것을 알고 있으리라」라는 제
호를 달고 다음과 같이 보도했다.

1. 우리는 명분 없는 비상계엄의 해제와, 반민족적이요 역사를 역행하
   는 유신세력의 일소를 위해 끝까지 싸운다. 이는 민족사의 요청이다.
2. 우리는 전두환 쿠데타 세력이 득세하는 현 정부당국을 국민의 정부
   로서 인정할 수 없다.
3. 온 국민의 평화와 안정을 수호하고 자립경제를 이룩하고 복된 사회
   를 건설코자 납입한 피와 땀(세금)으로 페퍼포그·최루탄 및 총기를 수
   입하여 국민의 배를 가르고 가슴에 총을 쏘아 죽일 수 있단 말인가.
   우리 광주시민은 이들 유신 미치광이들을 위한 세금이요 방위성금이
   라면 단 한 푼이라도 납입하기를 거부한다.
4. 광주의거에 관한 계엄사의 발표 일체가 거짓임을 밝힌다. 또한 이를
   신뢰할 사람은 한 명도 없다(사상자 천 명 이상—수습대책위 통계).
5. 우리 80만 광주시민은 앞면의 '광주시민 장송곡'을 누구나 부를 수가

제4차 민주수호 범시민궐기대회.

있어야 한다. 이를 위해 회보를 입수하신 분은 모든 수단과 방법을
이용하여 보급 및 전파에 최대의 힘을 역주하여야 할 것이다.

6. 군인들이여! 그대들은 지금 누구를 위해서 일하고 있는가!

자신의 왼쪽 가슴 위에 손을 얹고 대답하라. 조국과 민족을 위해서인
가? 아니면 온 국민의 희망을 저버리고 사리사욕에 광분하는 전두환
일당을 위해서인가? 우리가 지난날 국토방위 임무에 충실했던 국군
이었듯, 그대들도 조국과 민족을 사랑하는 민간인이 아니었단 말인
가? 당신 일개인의 반기가 조국과 민족을 구하는 길임을 명심하라![2]

'광주학살 5적'은 누구인가?

광주민주화운동은 전두환 정권에서 금제^{禁制}의 대상이었다.

광주에서는 유가족과 부상자, 생존자들이 중심이 되어 진상 규명과 학살자 처벌을 처절하게 요구했다. 그러나 군사독재권력의 폭압에 억눌려 좀처럼 세상에 알려지지 않았다. 5공 정권 당시 체제 순응적인 야당이나 언론도 이 문제를 제대로 제기하지 못했다.

1987년 6월항쟁은 이렇게 진상 규명조차 제대로 하지 못했던 광주 문제가 다시 부상하는 계기가 되었다. 극심한 피해자 중의 한 사람인 김대중이 평화민주당(평민당)을 창당하고, 평민당이 여소야대의 노태우 정권에서 제1야당으로 자리 잡으면서 국회에 '광주특위'가 구성되었다.

5·18 당시 31사단장으로 신군부의 명령을 이행하지 않고 예편되었던 정웅이 평민당 소속으로 국회의원에 당선되었다. 정웅은 1988년 7월 5일 국회에서 "광주항쟁은 12·12 사태를 통해 정권의 실세를 장악한 전두환 등 일부 정치군인이 대통령직을 탈취하기 위해 사전에 계획한 음모"라고 주장하고, "발포 명령은 당시 전남북계엄분소장과 정호용 공수특전사령관이 내린 것"이라고 폭로했다.

이 폭로는 즉시 '발포 명령자 논쟁'으로 비화되었다.

국회에 구성된 5공특위의 활동은 전두환 등 신군부 세력의 주도로 만든 민주정의당(민정당)의 발목잡기로 지지부진했다. 그때 재야와 학생운동 그룹이 6월에 '광주학살 책임자 처벌을 위한 범국민 진상조사위원회(범조위)'를 구성하고 조사에 착수했다.

범조위가 조사해 발표한 '광주학살 책임자'에 관한 내용은 다음과 같다.

광주학살 책임자

1. 범국민 진상조사위원회 1, 2, 3 조사단 1차 결과에 의한 학살 책임자로서 이후 조사 및 처벌 대상.

   전두환(당시 보안사령관 겸 중앙정보부장서리, 전직 대통령) ─ 광주학살의 총책임자.

   노태우(당시 수경사령관, 현 대통령) ─ 광주학살의 주범.

   정호용(당시 공수특전사령관, 현 민정당 국회의원) ─ 광주학살 현장 지휘자.

   신우식(당시 공수특전단 제7여단장) ─ 광주학살 현장 지휘자.

   최웅(당시 공수특전단 제11여단장, 현 대사) ─ 광주학살 현장 지휘자.

   최세창(당시 공수특전단 제3여단장, 현 합참의장) ─ 광주학살 현장 지휘자.

   소준열(당시 전남북계엄분소장) ─ 광주학살 현장 지휘자.

   위컴(당시 한미연합사령관) ─ 광주학살 지원 공범자.

   글라이스틴(당시 주한 미대사) ─ 광주학살 지원 공범자.

2. 범국민 진상조사위원회의 1차 조사에 근거하여 학살 책임에 대한 죄상의 철저한 규명과 처벌을 이루어내기 위해,

   1) 광주학살의 직접 책임자인 전두환, 노태우, 최웅, 최세창, 소준열의 8인에 대한 출국 정지가 단행되어야 한다.

   2) 위 8인의 죄상이 명백해지는 즉시 현 공직에서 퇴진하여야 한다.

   3) 80년 당시 군 지휘체계에 대한 모든 자료를 즉시 공개하여야 한다.

4) 미국의 광주학살 개입 부분에 대한 진상과 책임 소재를 명확히 하기 위해 80년 당시 미국 국무성 대사관의 모든 관계 자료가 즉각 공개되어야 한다.

5) 광주학살의 지원 공범자인 위컴과 글라이스틴을 즉각 한국으로 소환 수사하여야 한다.[3]

이 자료에 따르면 광주시민 학살의 총책임자는 전두환이고, 주범은 노태우, 현장 지휘자는 정호용·신우식·최웅·최세창·소준열, 지원 공범자는 위컴(당시 한미연합사령관)과 글라이스틴(당시 주한 미국대사)이었다.

당시 '화려한 휴가'라는 학살작전을 총지시한 것은 보안사령관 전두환(육사 11기, 전 대통령)이고 수도경비(방위)사령관 노태우(육사 11기, 현 대통령)는 학살의 병력동원 책임자였다.

노태우는 80년 5월 20일 20사단 사단장 박준병에게 "진지를 동국대로 옮기고 사태에 대비하라"고 지시한 후, 21일 용산역을 거쳐 광주로 병력을 이동시키는 등 학살만행에서 맹활약을 하였다.

공수부대 병력을 동원한 특전사령관 정호용(육사 11기, 현 민정당 국회의원)은 전두환·노태우와 함께 쿠데타를 일으킨 후 광주학살 때는 전두환에게 정공법(전차를 앞세워 진압하는 방식)을 건의하고 5월 26일에는 광주에서 제20사단, 제3여단, 제7여단, 제11여단장을 소집, 27일 새벽 4시 학살작전을 직접 지시하였다.

또한 제20사단장 박준병(육사 12기)은 광주에서 직접 시민학살을 담당

광주진압 관련 대대장급 지휘관[4]

이 름	당시 직책	이 름	당시 직책
전두환	보안사령관	임수원	3공수여단 11대대장
노태우	수경사령관	김완배	3공수여단 12대대장
정호용	특전사령관	변길남	3공수여단 13대대장
이희성	계엄사령관	박종규	3공수여단 15대대장
전종채	2군사령관	김길수	3공수여단 16대대장
소준열	전교사사령관	이병우	20사단 60연대 1대대장
박준병	20사단장	윤재만	20사단 60연대 2대대장
신우식	7공수여단장	길영철	20사단 60연대 3대대장
최 웅	11공수여단장	차단숙	20사단 60연대 4대대장
최세창	3공수여단장	정영진	20사단 61연대 1대대장
정수화	20사단 60연대장	김형곤	20사단 61연대 2대대장
김동진	20사단 61연대장	박재철	20사단 61연대 3대대장
이병년	20사단 62연대장	강영욱	20사단 61연대 4대대장
권승만	7공수여단 33대대장	오성윤	20사단 62연대 1대대장
김일욱	7공수여단 35대대장	이종규	20사단 62연대 2대대장
안부웅	11공수여단 61대대장	유효일	20사단 62연대 3대대장
이재원	11공수여단 62대대장	김인환	20사단 62연대 4대대장
조창구	11공수여단 63대대장		

한 자로 그 공로로 노태우의 뒤를 이어 보안사령관이 된 후, 지금은 민정당 사무총장이 되어 있다.

"진상조사특위 명칭에 의거, 민중항쟁으로 쓰려면 진상조사를 할 필요도 없다" "작전 책임없다"(정호용)느니, "광주사태 당시 붉은 기가 나부낀 사실 등을 분명히 조사해 당당히 밝힌다면 모든 문제가 해결될 것"(박준병)이라는 등의 망언을 하고 있는 이들 전두환, 노태우, 정호용, 박준병과 미국을 가리켜 우리는 흔히 '광주 5적'이라 부른다.[5]

전국의 시민사회단체가 연대하여 1994년 5월 13일 결성한 '5·18 진상규명과 광주항쟁정신계승 국민위원회'는 광주학살의 책임을 물어 전두환과 노태우를 비롯해 35명을 고발했다. 이들은 광주에 진압군으로 투입된 계엄군 중 대대장급 이상의 지휘관들(앞 쪽의 표 〈광주진압 관련 대대장급 지휘관〉 참조)이다.

광주학살 원흉 7적의 죄상

세간에는 광주학살에 절대적인 역할을 한, 세칭 '광주학살 원흉 7적'으로 전두환, 노태우, 정호용, 박준병, 이희성, 존 위컴, 제임스 릴리를 꼽는다.

전문 연구가 못지않게 연구성과를 낸 노가원(소설가)은 「광주학살 원흉 7적의 현주소」라는 글에서 원흉 7적이 광주항쟁 당시 어떤 역할이 수행했는지 자세하게 들려준다. 그 내용의 일부를 살펴보자.

전두환

5월 27일 도청 등 집단 발포가 있던 날 허정환 당시 505 광주보안부대 수사관의 '양심선언'이다.

"서울에서 전두환 보안사령관이 직접 광주 K-57 비행장에 도착, 상무대 전투병과 교육사령부에서 사태 진행과정에 대한 브리핑을 받은 후 헬기로 광주 일원을 살펴보고 상경한 후 전교사 기밀실에서 505보안부장 이재우 대령, CAC 사령관 윤흥정 중장, 공수특전사령관 정호용 소장, 11공수 여단장 최웅 준장, 7공수 여단장 신우식 준장, 3공수 여단장 최세창 준장, 전교사 부사령관 김기석 소장, 전교사 참모장 장사복 준장 등 계엄관계관 회의가 개최되었는바 (중략) 그리고 그날 수사회의 과정에서 상기 505 대공과장 서의남 중령은 오늘 사령관님께서 부대에 들르시지는 않았지만 광주를 다녀가셨고 전교사 회의 결과 역시 자위력 구사를 최종결정했으니 폭도들에게 곧 사살명령이 내릴 것이다. (중략) 그때 저는 '아! 이것이 정식 발포 명령이구나, 그리고 정말 역사적 순간이구나' 하는 생각과 함께 4·19 의거 당시 발포 문제로 시비가 있었던 점을 회상했다"라고 기록하고 있다.

즉 자위권 발동과 관련된 것인데, 전두환은 그날 상오 계엄사령관실에서 결정한 군 수뇌부의 '자위권' 건을 갖고 직접 광주에 내려와 광주 505보안부대와 공수부대 지휘관을 통해 21일 오후 6시 현지 전교사 지휘관회의에서 공식 결정토록 한 것이다.

노태우

5·17 당시 수경사령관이었던 그는 전군주요지휘관회의에서 이렇게 발

언했다.

"국민이 원하는 정부의 힘이 부족하면 군이 도와드려야 합니다. 정치는 완전히 불신입니다. 이렇게 나가면 정당은 없습니다. 학원은 무정부주의입니다. 여러 기업들도 항의하고 있습니다. 영세 기업이 50~60만 달러 계약이 취소됐다고 원성을 높이고 있습니다. 우리가 정부를 도와야 하는 시기에 왔습니다. 무기력하고 소신 없는 것이 개탄스럽고 생존과 안정, 국민이 바라는 민주역량 비축의 장애요소를 제거해야 합니다. 각종 부패, 소신 없는 사항과 자기반성과 난국수습에 군이 이바지할 것을 건의합니다."

광주사태에 관한 한 그는 아직 베일에 싸여 있다. 수경사령관의 임무가 수도권의 방어이며, 역대 수경사령관이 정치에 민감했던 것과 전두환·정호용 등과 함께 육사 11기라는 관계, 무엇보다도 12·12의 핵심인물이라는 점과 5공화국 출범과 함께 그가 기능해온 역할에서 광주와 그는 '불가분'이라고 보여지지만, 역시 광주사태에 대한 직접적인 개입은 확인할 수 없다. 물론 그는 앞에서도 언급했다시피 5·17을 주도한 사람 중의 한 명이었고, 광주사태 기간 동안 전두환 보안사령관과 행동을 같이했다.

정호용

광주사태 당시 가장 바빴던 사람 중의 한 명은 정호용이었다. 그동안 발간된 자료들에 의하면, 5월 18일 현지보고를 받은 그는 제3공수특전여단 최세창 준장에게 광주로 출동할 준비를 갖추도록 지시한 다음, C-54 특별기를 타고 광주로 내려갔다. 현지를 시찰, 보고를 받고 급거

상경, 전두환 등 군 수뇌부들과 대책회의를 하면서 "계엄군을 증파해야겠다"고 건의했다.

이희성(계엄사령관): "서울에도 산발적인 움직임이 있는데……."

정호용: "서울은 더 확대되지 않습니다.…… 제3여단장에게 출동준비를 지시했는데 11여단도 동시에 내려보내겠습니다."

전두환: "20사단도 함께 진입시키는 게 좋겠어."

5월 26일 하오 정호용은 광주비행장 사령관실에서 제20사단장 박준병과 3여단장 최세창, 7여단장 신우식, 11여단장 최웅을 불러놓고 이렇게 지시했다.

"TOT(목표상 행동개시)는 내일 새벽 정각 4시다. 절대로 정보가 누설되어서는 안돼."

광주사태 후 정호용은 충무무공훈장을 받았다. 이후 승진을 거듭, 83년 정규 육사 출신으로 최초의 육군참모총장이 된 그는 85년 대장으로 예편했다.

박준병

5·17 전군주요지휘관회의에 그는 유일한 사단장급으로 참석했다. 육본 직할의 하나밖에 없는 서울 주둔 부대장으로 참석한 것이다.

소위 '경복궁팀' 중의 한 사람으로 12·12에 참여했던 그는 5월 20일 밤 10시 휘하 부대를 광주로 투입시키고, 자신은 21일 새벽에 사단사령부와 추가로 보내는 1개 연대를 이끌고 광주로 갔다.

광주사태를 둘러싼 주요 쟁점 중의 하나는 진압작전이다. 그는 88년 7월 한 월간지와의 인터뷰에서 이렇게 말했다.

"당시 계엄군의 광주 진입은 우리 사단을 포함해서 31사단의 일부 병력, CAC의 보병학교·포병학교 병력, 그리고 공수단 등도 함께 나누어 맡았습니다. 그중 우리가 가장 넓고 중요한 부분을 맡았다고 생각합니다. 당시의 작전명령은 지금 원본이 있을 거라고 생각하는데, 아무튼 5월 25일 오전 CAC 사령부에서 26일 D데이라는 명령이 내려왔어요. 그 명령을 근거로 이후 사단에 명령을 내렸습니다."

– 진압작전을 할 때 20사단은 어떤 역할을 했습니까?

"당시 광주 시내의 도청·YMCA·사직공원에는 상당히 조직화된 시민군이 있다는 전제하에 그 지역은 일단 공수단이 제압한 후 우리에게 인계해주기로 했어요. 나는 우리 사단의 책임구역을 바둑판처럼 구분, 주요지역, 우리가 장악해야 할 지역마다 번호를 붙이고, 각 단위부대별로 책임져야 할 지역을 분담시켰습니다. 모두 27일 새벽 4시 반까지 책임지역에 도착하라고 명령했습니다. 새벽 1시경에는 모두 주둔지를 떠났습니다."

그와 그의 휘하부대 20사단은 광주사태가 진압된 후에도 한 달 가까이 광주에 있다가 철수했다.

이희성

80년 2월 18일 이희성은 1군, 2군, 3군 사령관과 특전사령관(정호용), 수경사령관(노태우) 앞으로 특별한 지시를 내렸다. 돌발적 소요사태에 대비하여 신속정연한 조치를 강구할 수 있도록 폭동진압 교육훈련, 일명 '충정훈련'을 실시하라는 것이었다. 당시는 국내 소요가 거의 없었다. 그러나 그의 특별지시에는 1) 매분기 1회씩 주기적인 교육을 실시하되 1·4

분기는 2월 중에 완료할 것. 2) 폭동진압 장비사용에 관한 훈련 중에 화염방사기와 진압봉의 조작요령이 들어 있었다.

광주사태 초기에 공수부대원의 진압봉은 많은 사상자를 냈다. 광주사태의 원인 중의 하나가 과잉진압이었다는 전제 아래 진압봉이 그 일익을 담당했음은 말할 나위도 없다. 이희성은 광주사태 초기인 5월 19일 「작상전 제0-215호」에 의해 공수부대뿐만 아니라 2, 3군과 수도군단에 총 1만 개의 진압봉을 수령토록 지시했다. 광주에서 18~19일에 진압봉에 의한 소요진압이 작전상 큰 효과를 보이자 이를 전국에 추가 보급토록 한 것이다.

광주역에서 군에 의한 최초의 집단 발포가 개시된 다음 날인 5월 21일, 이희성은 계엄사령관실에서 관계지휘관 및 참모들을 참석시키고 대책회의를 열었다. 이 회의에서 결정한 사항은 △ 계엄군을 광주 시내로부터 외곽으로 전환 재배치 △ 자위권 발동 △ (공수) 1개 연대를 추가 투입 △ 폭도소탕작전은 5·23 이후에 의명(依命) 실시 등이었다.

이로써 광주사태와 관련한 최초의 자위권(발포권)이 군 수뇌부에 의해 결정되었을 뿐만 아니라 소위 폭도소탕작전(상무충정작전)을 5월 23일 이후 명령에 따라 실시할 것을 결정했다.

존 위컴

광주사태 당시 미8군 사령관 존 위컴. '쿠데타 조종의 명수'라고 알려진 위컴은 전임 사령관 존 베시의 임기가 끝나기 전에 교체됐다. 1961년 주한미군 1기갑사단 제5연대 작전장교로 근무하면서 한국 장교와의 인맥관계를 긴밀히 유지해온 것으로 알려진 위컴은 월남전쟁에서 전두환·노태우 등과도 교류가 있었다.

광주사태가 발생하기 3일 전인 80년 5월 14일 위컴은 휴가 중으로 워싱턴에 있었다. 그러나 당시 매스컴에서는 그의 귀국이 한반도 주변 정세 및 한국 내 사태 등에 대해 워싱턴 당국과 협의하기 위한 것이었다고 보도했다. 위컴은 27일까지의 워싱턴 일정을 취소, 광주사태가 발생하던 18일 오후 서울로 돌아왔다.

미 국방성 로스 대변인은 그해 5월 22일 처음으로 "존 위컴 주한유엔군사령관 겸 한미연합사령관이 광주사태의 진압을 위해 일부 부대에 대한 작전권을 한국 측에 이양했다"고 밝혔다. 또한 《워싱턴 포스트》지는 "한국의 장성들이 광주사태 진압을 위해 일반 예비병력 중 4개 연대의 병력을 요청, 미국 측의 허락을 받았다"고 보도하기도 했다.

제임스 릴리

제임스 릴리 전 주한대사는 88년 한 월간지와의 인터뷰에서, "협상이 실효를 거두지 못하자 글라이스틴 씨는 20사단이 민간인들을 다루는 데에 경험이 있었기 때문에 20사단을 광주로 보내는 데에 찬성하는 것이 최선책이라고 생각했으며, 또 그는 20사단은 특전부대들보다는 덜 잔인하게 문제를 다룰 것이라고 생각했었습니다"라고 털어놓았다.

20사단의 광주투입에 관해서는 유병현 당시 합참의장도 "거의 매일 위컴 대장과 만나 광주사태에 관하여 논의하였다"고 전제, "20사단의 이동에 대해서는 내가 위컴 사령관에게 통보하였습니다. 20사단은 연합사 작전통제권 바깥에 있는 부대이므로 통보를 하지 않아도 되지만 대부대의 이동이므로 알린 것입니다"고 말했다. [6]

전두환 무기징역과 노태우 징역 15년 등 중형 선고

1997년 4월 17일, 대법원(재판장 윤관 대법원장)은 전두환과 노태우 등 12·12 군사반란과 광주학살 7적(국내 인사 5명)을 포함하여 5·18 광주학살 주범과 공범들에게 준엄한 판결을 내렸다.

군사반란과 광주학살 등의 혐의로 구속된 전두환과 노태우는 각각 1심에서 사형과 무기징역, 2심에서 무기징역과 징역 15년을 선고받았고, 대법원은 이를 확정해 '성공한 쿠데타'를 단죄했다. 이들과 함께한 공범들도 중형을 선고받았다.

'상무충정작전' 관련자들에 대한 판결문의 내용의 일부는 다음과 같다.

원심은 그 내세운 증거를 종합하여, 광주재진입작전(이른바 '상무충정작전') 계획은 1980년 5월 21일경부터 육군본부에서 여러 번 논의를 거친 후 최종적으로 피고인 이희성이 같은 달 25일 오전에 김재명 작전참모부장에게 지시하여 육본작전지침으로 이를 완성하여, 같은 날 12:15 국방부 내 육군회관에서 피고인 전두환, 황영시, 이희성, 주영복 등이 참석한 가운데 같은 달 27일 00:01 이후 이를 실시하기로 결정하였는데,

피고인 황영시는 같은 달 25일 오후 김재명 작전참모부장과 함께 광주에 내려가 전투병과교육사령부 사령관 육군소장 소준열에게 이를 직접 전달하는 한편, 위와 같이 광주재진입작전이 논의되던 중인 같은 해 5월 23일 12:30경 김기석 전교사 부사령관에게 무장 헬기 및 전차를 동원하여 시위대를 조속히 진압할 것을 지시하였고,

피고인 정호용은 광주에 투입된 공수여단의 모체부대장으로서 공수여단에 대한 행정, 군수지원 등의 지원을 하는 한편, 소준열 전교사령관에게 공수여단의 특성이나 부대훈련상황을 알려주거나 재진입작전에 필요한 가발, 수류탄과 항공사진 등의 장비를 준비하여 예하부대원을 격려하는 등 광주재진입작전의 성공을 위하여 측면에서 지원하였으며,

위 작전지침에 따라 전교사령관 소준열이 공수여단별로 특공조를 편성하여 전남도청 등 목표지점을 점령하여 10사단에 인계하기로 결정하는 등 구체적인 작전을 개시한 이래 같은 달 27일 06:20까지 사이에 전남도청, 광주공원, 여자기독교청년회YWCA 건물 등을 점령하는 과정에서 그 특공조 부대원들이 총격을 가하여 이정연 등 18명을 각 사망하게 한 사실을 인정한 다음,

광주재진입작전을 실시하여 전남도청 등을 다시 장악하려면 위와 같은 무장을 하고 있는 시위대를 제압하여야 하며, 그 과정에서 이에 저항하는 시위대와의 교전이 불가피하여 필연적으로 사상자가 생기게 되므로, 피고인 전두환 및 위 피고인들이 이러한 사정을 알면서 재진입작전의 실시를 강행하기로 하고 이를 명령한 데에는 그와 같은 살상행위를 지시 내지 용인하는 의사가 있었음이 분명하고, 재진입작전명령은 위에서 본 바와 같은 시위대의 무장상태 그리고 그 작전의 목표에 비추어 볼 때 시위대에 대한 사격을 전제하지 아니하고는 수행할 수 없는 성질의 것이므로,

그 실시명령에는 그 작전의 범위 내에서는 사람을 살해하여도 좋다는 발포 명령이 들어 있었음이 분명하며, 당시 위 피고인들이 처하여 있는 상황은 광주시위를 조속히 제압하여 시위가 다른 곳으로 확산되는

12·12 및 5·18 사건 대법원 판결[7]

이 름	당시 직책	죄 명	1심 선고형량	2·3심 선고형량
전두환	보안사령관	반란·내란수괴·내란목적 살인·상관살해미수· 뇌물수수 등	사형 추징금 2,259억여 원	무기징역 추징금 2,205억 원
노태우	9사단장	반란·내란중요임무종사· 상관살해미수·뇌물수수 등	징역 22년 6월 추징금 2,838억여 원	징역 17년 추징금 2,628억여 원
황영시	1군단장	반란·내란중요임무종사· 내란목적 살인	징역 10년 (내란목적 살인 무죄)	징역 8년 (내란목적 살인 유죄)
정호용	특정사령관	반란·내란중요임무종사· 내란목적 살인	징역 10년 (내란목적 살인 무죄)	징역 7년 (내란목적 살인 유죄)
허화평	보안사 비서실장	반란·내란중요임무종사	징역 10년	징역 8년
이학봉	보안사 수사국장	반란·내란중요임무종사	징역 10년	징역 8년
허삼수	보안사 인사처장	반란·내란중요임무종사	징역 8년	징역 6년
이희성	계엄사령관	반란·내란중요임무종사· 내란목적 살인	징역 8년	징역 7년
유학성	국방부군사차관보	반란중요임무종사 등	징역 8년	징역 6년, 사망으로 공소 기각
최세창	3공수여단장	반란중요임무종사	징역 8년	징역 5년
주영복	국방부장관	반란·내란중요임무종사· 내란목적 살인	징역 7년	징역 7년
차규한	수도군단장	반란중요임무종사·반란· 내란모의 참여	징역 7년	징역 3년 6월
장세동	30경비단장	반란중요임무종사	징역 7년	징역 3년 6월
신윤희	수병사 헌병부단장	반란중요임무종사	징역 4년	징역 3년 6월
박종규	3공수 15대대장	반란중요임무종사	징역 4년	징역 3년 6월
박준병	20사단장	반란중요임무종사	무죄	무죄

것을 막지 아니하면 내란의 목적을 달성할 수 없는, 바꾸어 말하면 집권에 성공할 수 없는, 중요한 상황이었으므로, 광주재진입작전을 실시하는 데에 저항 내지 장애가 되는 범위의 사람들을 살상하는 것은 내란의 목적을 달성하기 위하여 직접 필요한 수단이었다고 할 것이어서, 위 피고인들은 피고인 전두환과 공동하여 내란목적살인의 책임을 져야 한다고 판단하였다.

기록에 비추어 살펴보면, 원심의 위와 같은 사실인정 및 판단은 정당하고, 거기에 상고이유로 지적하는 바와 같은 채증법칙 위반이나 심리미진 또는 내란모의에 관한 법리오해 등의 위법이 있다고 할 수 없다.

12·12와 5·18 광주 관련 주요 피고인들의 죄명과 선고형량은 앞쪽의 표 〈12·12 및 5·18 사건 대법원 판결〉과 같다.

탄압 속에서도 꺼지지 않는 불꽃

살인마들의 집권과 저항자들의 수난

국가폭력이 자행한 살육의 고통과 역사(사실) 왜곡의 참담한 시대가 지속되었다.

전두환은 대통령이 되고, 신군부 학살자들은 모두 높고 기름진 감투를 썼다. 공수특전부대 사령관 등 학살 관련 66명에게는 각종 훈장이 수여되었다. 야비한 무리들이 야습을 통해 야욕을 채운 야만의 계절이었다.

오월

꽃잎처럼 금남로에 뿌려진 너의 붉은 피
두부처럼 잘리워진 어여쁜 너의 젖가슴
오월, 그날이 다시오면 우리 가슴에 붉은 피 솟네.

왜 쏘았지 왜 찔렀지, 트럭에 실려 어디 갔지
망월동에 부릅뜬 눈 수천의 핏발 서려 있네

오월, 그날이 다시오면 우리 가슴에 붉은 피 솟네.

산 자들아 동지들아, 모여서 함께 나가자

욕된 역사 고통없이 어찌 깨치고 나가니

오월, 그날이 다시 오면 우리 가슴에 붉은 피 솟네.

광주 5월항쟁의 대표적인 노래 〈오월〉은 작사자도 작곡가도 알려지지 않은 채, 이후 광주의 대학가에서 시작되어 전국적으로 불리게 되었다.

5·18은 "왜 쏘았지 왜 찔렀지, 트럭에 실려 어디갔지"라는 노래만 불리는 채 특정인의 정치야심 때문에 발생한 '폭도'들이 일으킨 '지역 문제'로 색칠되고, 전두환과 그 일당의 5공 시대가 열렸다.

"한국인의 속성은 들쥐(레밍) 떼와 같아서 어떤 지도자가 나와도 따를 것"이라는 '들쥐 발언'으로 한국인을 욕보인 존 위컴이 1980년 8월 7일에 "전두환 국보위 상임위원장이 한국의 새로운 지도자가 될 경우, 미국은 그를 지지할 것"이라고 언명한 대로, 전두환은 최규하를 밀어내고 8월 27일 유신헌법의 사생아 통일주체국민회의에서 대통령 후보에 단독출마해 당선되었다.

이에 앞서 8월 23일 자《조선일보》는 3면에 전두환을 예찬하는 장문의 기사 「인간 전두환」을 실어 '전두환 시대'를 예고했다.

기사를 읽으면 읽을수록 낯이 뜨거워지지 않을 수 없다. "전 장군의 밑을 거쳐 간 부하 장교는 그의 통솔 방법을 3분의 1만 흉내 내면 모범적 지휘관이란 평을 얻을 수 있다는 게 군 내의 통설"이라면서 그가 지방색과 파벌은 가리지 않은 리더라고 칭송했다. 불과 3개월 전, 전라도 광주에서 아비규환의 살상을 자행한 인물을 '지방색'을 가리지 않는 지도자라고 예찬한 것이다.

《조선일보》의 예찬은 다음과 같이 이어진다.

"그에게서 높이 사야 할 점은 수도승에게서나 엿볼 수 있는 청렴과 극기의 자세인 듯하다. 지난날 권력 주위에 맴돌 수 있었던 사람치고 거의 대개가 부패에 물들었지만 그는 항상 예외였다. 서울 서대문구 연희동 302의 2, 그의 자택에선 요즘 흔한 족자 한 폭, 값나가는 골동품을 찾을 수 없고, 팔목에 차고 있는 투박한 미 특수부대용 시계도 월남 연대장 시절부터 애용하고 있는 싸구려다."

전두환이 대통령이 되고, 그의 막료들이 권력의 핵심을 꿰차고, 어용언론들이 '전비어천가'를 소리 높여 외칠 때 광주에서는 여전히 피울음이 그치지 않았다. 계엄사는 7월 3일에 연행자 중 679명을 석방하고 375명은 더 조사한다는 방침으로 풀어주지 않았다. 그들은 주로 김대중으로부터 자금을 받아 '폭동'을 일으켰다는 진술을 강요받고 고문을 당하기도 했다.

9월 5일, 계엄사령부는 이들 중 175명을 내란 및 포고령 위반으로 계엄보통군법회의에 기소하고, 174명은 기소유예로 석방했다. 광주항쟁으로 구속 기소된 175명에 대한 재판은 10월 25일 상무대 군법회의 법정에서 열리고, 정동년·김종배·박남선·배용주·박소정 등 5명에게는 사형, 홍남순·정상용·허규정·윤석추 등 7명에게는 무기징역을 각각 선고했다.

이 밖에 김성용 등 11명에게는 징역 20년에서 10년, 152명은 10
년에서 5년의 징역을 선고하고, 나머지 80명은 집행유예로 석방했
다. 계엄사는 10월 30일 군법회의 관할관의 확인과정을 통해 감형
과 형집행정지로 일부를 풀어주고, 항쟁 10개월여가 지난 1981년 3
월 3일에 이른바 3·1절 특사로 176명, 1982년 12월 25일에 크리스
마스 특사로 관련자 전원을 석방했다.

내란을 일으켜 군권과 정권을 찬탈한 자들이, 이에 저항한 시민
들을 내란죄 등의 혐의로 사형·무기·20년 등 극형과 중형을 선고
했다가, 언제 그런 일이 있었느냐는 듯이 국내외의 여론에 밀려 모
두 석방한 것이다. 민주시민들에게 씌운 '혐의'가 얼마나 날조였는
지를 스스로 드러낸 셈이다.

혹독한 탄압에도 5월정신 기려

누가 네 상복을 입어주랴?
오월의 애닲은
혼들이여.
올해도 금남로 가로수는
파릇하게 짙어가고
네가 흘린 핏자국은
아스팔트 깊숙이
젖어 있다.

아직 걷히지 않은 구름

쌓여 있는 한恨

너를 그리는 광주의 하늘은 오늘 비를 내리고 있다.

천주교 광주대교구 정의평화위원회가 5·18 항쟁 3주기에 지은 〈영원히 살아 있는 혼들에게〉의 앞부분이다.

'상복'을 입은 광주의 5·18 유족이나 부상자, 수형자, 실직자, 제적된 학생, 실종자의 가족 등이 겪은 고통은 헤아리기 어렵다.

초기에는 계엄 당국이, 얼마 뒤부터는 정보기관과 경찰의 뒷조사와 감시 등으로 억울함을 호소하는 집회나 결사는 물론, 본인과 가족의 취업이 제한되거나 저지되기 일쑤였다. 항쟁기간은 계엄 당국의 보도 통제라는 핑계라도 댈 수 있었지만, 이후에는 길들여진 습성 때문이었는지 언제까지나 5·18은 '폭도들의 폭거'로 지탄되었다.

전두환은 최규하의 '잔여임기 대통령'이 못마땅했다. 그래서 처음부터 품어온 야심대로 밀어붙여, 대통령을 간접선거로 뽑고 대통령의 임기를 7년 단임으로 하는 개헌을 단행했다. 결국 전두환은 1981년 2월 26일에 선거인단 투표라는 간접선거에서 90.23%의 득표로 제12대 대통령에 선출되었다.

위컴의 말대로였을까. '90.23%의 들쥐들'이 모여 그를 대통령으로 뽑았다. 이로써 한국 사회는 박정희의 유신체제와 난형난제를 이루는 전두환의 5공체제가 열리고, 광주는 탄압과 소외와 망각의 고도가 되었다.

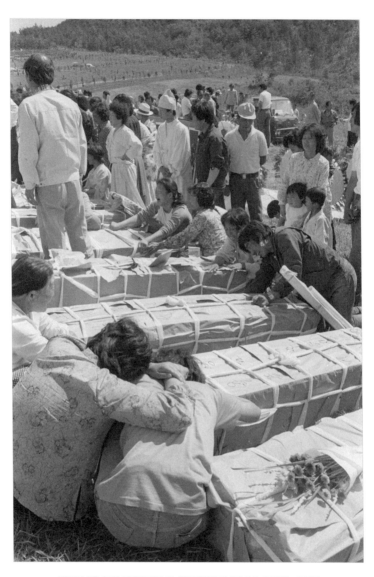

1980년 5월 29일, 망월동에서 일제히 진행된 장례식에서 오열하는 유족들.

5공 정부는 유족회의 구성도, 사무실의 현판도 내걸지 못하게 하고, 망월동 묘지의 1주기 추도식도 경찰을 동원해서 제지했다. 유족회를 분열시키고자 망월동 묘지에서 유해를 이장시키는 공작도 벌였다. 그런 상황에서도 유족들은 달마다 정기적으로 망월동 묘지에서 만나 민주화를 위해 먼저 간 가족들의 유지를 잇고자 다짐하고 결속하여 투쟁했다.

부상자들의 모임도 다르지 않았다. 부상자는 계엄사의 발표와는 달리 확인된 숫자만 1천여 명이 넘었다. 이들은 민주화의 싸움에서 부상당했다는 자부심으로 5공의 탄압에 맞서면서, 1981년 8월 1일에 어렵사리 5·18광주민중항쟁부상자동지회를 결성할 수 있었다. 이후 진상 규명과 학살자 처벌 등을 줄기차게 요구했다.

구속자가족회가 구성되고, 구속자가 모두 석방된 뒤에는 구속자협의회로 발전하고, 이어서 전남사회운동협의회, 5월청년동지회, 5월자주동지회, 5월항쟁동지회 등으로 승계되었다. 이들의 창립정신은 하나같이 5·18 정신을 계승하여 군부독재를 중단시키고, 참다운 민주주의와 민족자주통일을 실현시키는 데 이바지한다는 것이었다. 이렇게 조직하고 활동하는 데에는 물론 온갖 탄압과 이간분열책이 뒤따랐다.

아아, 광주여, 무등산이여!

중앙언론기관은 어용·관제성을 벗어나지 못한 채, 전두환의 나팔수 역할을 충실히 수행했다. 그럴 때 광주 현지의 언론은 달랐다.

그들은 처절했던 현장을 체험했고, 또한 그들을 지켜보는 예리한 시선들이 많았기 때문이었을 것이다.

《전남일보》와 《전남매일신문》은 항쟁기간에 발행을 중단했다가 13일 만인 6월 2일 자로 속간했다.

《전남일보》는 1면 8단 광고란에 "광주사태 희생자의 명복을 빕니다"라는 애도의 광고를 실었다. 계열사인 전일방송도 같은 내용을 내보냈다.

백미는 《전남매일신문》의 1면에 실린 김준태의 〈아아, 광주光州여!〉라는 87항의 장시였다. 원제는 〈아아, 광주여, 우리나라의 十字架(십자가)여!〉인데 검열에서 '우리나라의 十字架(십자가)여!'는 삭제되고 말았다.

당시 전남고교 교사인 김준태 시인의 시는 무등산과 광주시를 배경으로 하여 더욱 시각적인 감동을 주었다. 당시의 상황에서 이런 시를 쓴 시인이나 '겁 없이' 실은 신문사의 결기는 높이 살 만했다. 시의 일부분을 소개한다.

아아, 광주여, 무등산이여
죽음과 죽음 사이에
피눈물을 흘리는
우리들의 영원한 청춘의 도시여

우리들의 아버지는 어디로 갔나
우리들의 어머니는 어디서 쓰러졌나

우리들의 아들은 어디에서 죽어 어디에 파묻혔나
우리들의 귀여운 딸은
또 어디에서 입을 벌린 채 누워있나
우리들의 혼백은 또 어디에서 찢어져 산산이 조각나 버렸나

하느님도 새떼들도
떠나가버린 광주여
그러나 사람다운 사람들만이
아침저녁으로 살아남아
쓰러지고, 엎어지고, 다시 일어서는
우리들의 피투성이 도시여
죽음으로써 죽음을 물리치고
죽음으로써 삶을 찾으려 했던
아아, 통곡뿐인 남도의
불사조여 불사조여 不死鳥여.

전두환은 심성이 잔혹한 인물이다. 광주항쟁 기간인 5월 24일에
유신의 '심장'을 저격한 김재규의 사형을 집행하고, 1981년 1월 23일
에는 김대중에게 사형을 선고했다.

광주시민을 학살하고, 집권 이후에도 탄압을 계속하면서 지금까
지도 반성이라고는 추호도 하지 않는 것은 호남과 김대중에 대한
적대적 감정 때문이다. 호남차별과 호남 출신 정치인 김대중에 대
한 박해는 박정희의 유산을 전두환과 그 무리가 승계한 것이다.

리처드 워커 전 주한미국 대사는 이를 다음과 같이 증언했다.

DJ에 대한 전 씨의 적대감은 DJ에 관한 문제가 제기될 때마다 일그러지는 그의 표정에서 그대로 드러났다. 이 같은 적대감은 수십 년간 이어진 지역감정에 따른 고질적인 상호불신과 경멸감 때문에 골이 더욱 깊어진 듯했다. 지역감정은 나의 업무를 더욱 꼬이게 했다.[1]

전두환과 신군부가 유독 호남에서 사달을 일으키고, 이후 치유를 거부하는 것을 경제사회학자 박현채는 다음과 같이 분석했다.

"역사적 반동의 길은 광주에서가 아니었더라도 다른 곳 어디에서든지 일어나게 되어 있었지만, 박정희 체제의 후계를 노리는 '군부의 작은 고양이들'은 정치권력을 장악하기 위한 승부처를 끈덕진 저항의 역사를 가지면서 경제력에서 약하고 역사적 투쟁에서 싸움의 좌절과 좌절 속에서 처절하게 익숙해져 있을 뿐만 아니라 좌절 속에서 체념을 배운 전남에서 선택"하였다.[2]

5·18 민중항쟁을 "한국 내부의 계급 간의 갈등이라기보다 한국 민과 미국 및 매판세력 간의 싸움"[3]으로 인식하는 시각도 있다.

"그 근거로 광주시민의 민주화 요구를 총칼로 짓밟은 것은 미국의 작전 지휘권 아래 있는 한국군이었다는 점, 극소수의 경찰간부, 고급공무원을 제외한 거의 대부분의 광주시민이 민주화를 요구하며 투쟁을 벌였다는 점, 식민지 민족해방운동의 일반적 투쟁형태, 즉 이란이나 니카라과의 민족해방운동과 비슷한 양상을 보여주었다는 점 등을 제시한다. 이런 주장은 한국의 (신)식민지적 상황을 극단적으로 강조하는 것이다."[4]

이 분야를 학문적으로 많이 연구해온 정근식 교수는 다음과 같이 말한다.

광주민중항쟁을 세계자본주의 체계에 종속되어 있는 독점자본가 계급이 자기들의 이익을 보장하는 강경 군부집단을 내세워 노동계급을 중심으로 농민, 학생, 중간층, 그리고 일부 중소자본가 집단까지를 포함한 범민주세력을 강타한 폭력적 투쟁으로 규정한다. 1980년 전후의 위기상황에서 한국사회의 독점자본은 민중의 투쟁에 직면하여, 계속적인 축적과 재생산을 보장받기 위한 정치적 지배구조의 재편을 필요로 하였다.

　1980년까지 꾸준히 성장한 노동계급의 체제에 대한 도전을 잠재우고 보다 효율적인 지배를 위한 제도적 장치의 마련이 시급한 상황이었다. 정치적 재편의 방향을 둘러싸고 시작된 지배계급 내부의 갈등과 여기에서 승리한 강경 군부집단은 자신들의 전면적 진출을 위한 계기를 필요로 하였고, 이를 광주민중들에 대한 탄압에서 구했다. 민중들과 독점자본의 투쟁은 직접적인 계급적 대립의 양상으로가 아니라 지역적 외피를 쓰고 진행되었다.[5]

남은 과제와 제언 그리고 기억

학살자 재심 등 8가지 제안

'5·18'을 당시 신군부와 수구언론은 '광주폭동' 또는 '광주소요'라 부르고, 일반적으로는 '광주사태'라 불렀다. 당사자들과 시민들은 '광주항쟁'이라 불렀다. 그러다가 1997년에 '5·18 광주민주화운동'이 공식명칭으로 정립되었다. 일각에서는 '광주무장봉기'라고 불러야 한다는 주장도 제기됐다.

'동학혁명'이 1970년대까지 '동학란', '동학반란' 등으로 불리다가 뒤늦게 정명을 찾았듯이, 광주민주화운동도 '폭동'과 '사태'를 거쳐 오래지 않아 정명을 회복했다. 기간이 단축된 것은 그만큼 국민의 역사의식이 성장했기 때문이었다.

5·18이 정명은 회복했으나 40년이 되는 지금까지 풀어야 할 과제와 쟁점은 여전히 남아 있다. 따지고 보면 명칭 하나 바뀐 것 말고는 대부분이 미제상태로 남겨졌다.

국회 청문회와 몇 차례 진상조사위원회의 활동이 있었다. 그러나 5공의 후예들이기도 한 수구기득권 세력의 방해와 저항, 자료의 폐기 또는 은폐로 제대로 확인된 것은 없다. 그렇다면 앞으로 우리가 해결해야 할 과제는 무엇이 있을까?

첫째, 사망자 숫자다.

계엄사의 민간인 144명, 군인 22명, 경찰 4명 등 모두 170명이 사망했다는 발표는 믿을 사람이 없는 허수에 불과했다. 광주민주화운동 관련자 보상현황(2018년 12월 현재)에 따르면 사망자의 경우 신청자는 223명, 보상자는 155명이고, 상이 후 사망의 경우 신청자 140명, 보상자 113명이다.

행불자는 신청 448명, 보상 84명, 상이자는 신청 5,928명 보상 2,504명이다. 이렇게 행불자에 차이가 심한 것은 당시 무연고자들이 많았기 때문으로 풀이된다. 사망자와 행불자에도 무연고자들이 많을 것으로 보아 세밀한 조사가 요구된다.

둘째, 시신 암매장지 발굴이다.

최근 보도에 따르면 광주민주화운동 기간에 군 헬기가 광주에서 경남 김해로 여러 차례 비행한 사실이 드러났다. 시체를 옮겼다는 증언도 있다. 그동안 시신 암매장지로 전해온 광주 인근의 발굴작업에서 한 구도 찾지 못한 것은 외지로 이송하여 암매장한 때문일 것이다.

셋째, 헬기 총격이다.

여러 증언과 자료에 따르면 항쟁기간 광주 상공에서는 여러 차례 군 헬기가 시위대에 총격을 가한 것으로 나타났다. 실상과 지휘책임자들을 밝히는 작업이 중요하다.

넷째, 미국의 책임이다.

미국은 신군부의 군권찬탈과 광주학살 과정에서 묵시적인 지원과 명

시적인 지원을 병행한 것이 사실이다. 광주시민들은 호소문 등에서 "지금 부산에는 미항공모함 2대가 광주시민들을 지원하기 위해 정박 중"이라고, 애타게 지원을 기대했는데 그 반대였다. 미국은 합당한 사과와 관련 자료를 공개해야 한다.

다섯째, 충정작전 등으로 국가로부터 포상을 받은 자들의 포상 이유를 모두 밝히고 부당한 포상을 치탈해야 한다. '충정작전 유공 포상자'는 다음(다음 쪽 표—필자)과 같다.

여섯째, 여전히 수구 정치인과 언론·지식인들은 광주민주화운동을 폭동·불순분자들의 소행, 북한군 조종 등 허무맹랑한 망언을 서슴지 않는다. 이들의 망언을 뿌리 뽑기 위해 독일의 '반나치법Anti Nazi Laws'과 같은 법률(사실은 독일형법 86조와 86a)의 제정이 필요하다. 독립적인 입법을 하거나 독일처럼 형법을 개정하여, 일제지배를 찬양하는 토착왜구를 포함, 부마항쟁·광주항쟁·6월항쟁·촛불항쟁 등 민주주의 수호운동을 왜곡·비난하는 자들을 처벌함으로써 역사정의와 사회정의를 지키는 노력이 중요하다.

일곱째, 가해자들의 반성과 재심이다. 전두환을 비롯, 가해자들은 지금까지 하나도 반성하거나 자중하지 않았다. 또한 충정작전 지휘계통의 학살자들과 시체 운반자 등 새로운 사실이 드러난 경우가 많기 때문에 사법부 재심의 조건이 충분하다. 재심을 통해 실체를 밝히고 용서와 화해는 그다음, 가해자들이 잘못을 뉘우치고 참회할 때에 해도 늦지 않을 것이다.

여덟째, 향후 개헌을 할 경우 헌법 전문의 4·19 정신과 더불어, 부마항쟁·광주민주화운동·6월항쟁·촛불혁명 등의 정신을 추가함으로써

충정작전 유공 포상자 명단[1]

성 명	소속부대	직 책	포상 구분	포상일시	포상 이유
정호용	특전사령부	사령관, 육군 소장	충무무공훈장	1980. 6. 20.	충정작전에 참가하여 혁혁한 전공을 세움
박준병	보병 제20사단	사령관, 육군 소장			
최세창	제3특전여단	여단장, 육군 준장			
조창구	제11특전여단 63대대	대대장, 육군 중령	화랑무공훈장		
임수원	제3특전여단 11대대	대대장, 육군 중령			
편종식	제3특전여단 11대대 1지역대	지역대장, 육군 대위	안헌무공훈장		
최 웅	제11특전여단	여단장, 육군 준장	대통령표창		
신우식	제7특전여단	여단장, 육군 준장			
단 체	특전사령부		대통령표창		
단 체	보병 제20사단				
안부웅	제11특전여단 61대대	대대장, 육군 중령	국무총리표창		
권승만	제7특전여단 33대대	대대장, 육군 중령			

민주주의를 보호하고 군인의 정치개입을 원천적으로 차단하는 조치가 필요하다.

시민군이 전두환 일당과의 전쟁에서 승리하지 못하고 패배함으로써 우리 역사는 이른바 삼청교육대 등에서 나타난 바처럼 폭력사회로 전락하였다. 전두환 정권은 유태인 학살에서 권력의 근거를 찾은 나치 정권이나 무자비한 테러와 보복으로 암흑가를 지배하는 마피아와 같은 폭력조직에 불과하였으며, 우리 역사에 영원히 지울 수 없는 반문명反文明의 시대를 남긴 것이다.

또 그들은 반민주적이고 반민족적인 집단을 양성하여 우리 사회에 뿌리 깊게 정착시켜놓았다. 이들은 민주적인 사회 발전을 억제하였고 국민의 역량이 변화를 향해 결집하는 것을 방해하였다. 이로부터 정당한 공권력보다는 폭력과 테러가 우선하였고, 올바른 가치관과 건전한 윤리보다는 극단적 이기심이 만연하였다. 이 때문에 초래된 역사의 퇴보는 단지 그들이 집권한 13년간으로 국한되지 않았다. [2]

〈임을 위한 행진곡〉 그리고 〈라 마르세예즈〉

지금 우리나라의 대표적인 민중가요를 들라면 대부분 〈임을 위한 행진곡〉을 뽑을 것이다. 대학가와 노동계의 행사는 물론 시민운동에서도 이 노래는 빠지지 않는다. 최근에는 홍콩을 비롯해 중국·대만·캄보디아·태국·말레이시아·프랑스 등 여러 나라의 민중시위에서 현지어로 번안되어 불리고 있다. 한국에 파견되었다가 귀국한 이주노동자들에 의해 전파되거나 각 나라의 인권운동가들이 한국의 민주화운동을 연구하는 과정에서 알게 되면서 퍼지고 있다.

이 노래는 5·18 민주화운동 1주년인 1981년 5월에 만들어졌다. 작가 황석영이 사회운동가 백기완의 옥중시 〈묏뵈나리〉의 일부를 차용해 가사를 지었고, 전남대 재학생인 김종률이 작곡했다. 처음에는 〈님을 위한 행진곡〉이었으나 우리말 표준어 규정에 따라 〈임을 위한 행진곡〉이라고 부른다.

황석영은 5·18 당시 전남도청을 사수하다가 계엄군의 총격으로 숨진 시민군 대변인 윤상원과 광주에서 '노동야학'을 운영하다가 사망한 노동운동가 박기순의 영혼결혼식에 헌정하기 위해서 이 노래의 가사를 지었다고 한다. 윤상원과 박기순은 함께 '노동야학'에서 일한 동지였다.

1982년 2월, 윤상원과 박기순의 유해를 광주 망월동 공동묘지(현 국립 5·18민주묘지)에 합장하면서 영혼결혼식을 거행할 때 이 노래가 처음 공개되었다. 이후 대학가와 노동계를 중심으로 널리 퍼지게 되고, 대표적인 민중가요로 자리 잡았다.

〈임을 위한 행진곡〉은 해마다 5·18 광주민주화운동 추모행사에서 유족과 시민들이 함께 부르는 애창곡이 되고, 각급 행사에서도 빠지지 않았다. 그러나 5공과 그 아류 세력은 이 노래를 배척했다.

이명박 정권은 2009년부터 광주 망월동 묘지에서 거행된 5·18 추모행사에서 〈임을 위한 행진곡〉의 제창을 제외했는가 하면, 박근혜 정권은 아예 행사장에서 이 노래 부르는 것을 폐지하며 파행을 예고했다. 이 때문에 5·18 단체들은 2010년부터 정부가 주관하는 5·18 기념식을 거부하고, 별도의 기념식을 거행하면서 〈임을 위한 행진곡〉을 불렀다.

2013년, 박근혜 정부의 국가보훈처는 이 노래 대신 별도의 기념곡을 제정하겠다고 나섰다. 그러나 5·18 단체와 시민들은 이에 강력히 반발했고, 결국 이런 어처구니없는 시도는 성사되지 못했다.

임을 위한 행진곡(1절)

사랑도 명예도 이름도 남김 없이

한 평생 나가자던 뜨거운 맹세

동지는 간 데 없고 깃발만 나부껴

새 날이 올 때까지 흔들리지 말자

세월은 흘러가도 산천은 안다

깨어나서 외치는 뜨거운 함성

앞서서 나가니 산 자여 따르라

앞서서 나가니 산 자여 따르라.

우리나라의 〈임을 위한 행진곡〉을 이야기할 때 비유되는 행진곡이 있다. 바로 프랑스의 국가 〈라 마르세예즈La Marseillaise〉이다.

1792년에 프랑스혁명군 대위 루제드릴이 작사하고 작곡했다. 마르세유 시민군이 파리로 행진하면서 이 노래를 불렀기 때문에 '라 마르세예즈'라는 이름이 붙었고, 나중에 프랑스 국가가 되었다.

라 마르세예즈

나가자!
조국의 아들 딸들아
영광의 날이 왔다
압제에 맞서는 우리들
피 묻은 깃발은 달린다
피 묻은 깃발은 달린다

보라!
저 비열한 압제자의 칼날이
우리의 형제 자매와
처자식들을 베고 있다.

무기를 들어라!
대오를 꾸려라!
나가자! 나가자!
우리 함께
압제자의 피로 소매를 적시자!

기억 그리고 역사의 길

1982년 4월, 5·18 당시 전남대 총학생회장으로 시위를 주도했던 박관현이 2년여의 도피 끝에 붙잡혔다. 그는 징역 5년을 선고받고 광주교도소에 갇혔다. 그는 살아남았다는 죄책감으로, 교도관들의 폭력에 대한 항의로 옥중에서 40여 일 동안 단식투쟁을 벌였다. 그리고 1982년 10월 12일, 29살의 젊은 나이에 끝내 숨을 거두었다. 그는 운명하기 전 뼈만 남은 앙상한 모습으로 법정에서 다음과 같이 최후진술을 남겼다.

언젠가 역사는 이 정권을 심판할 것입니다.
　우리 시민들이, 아니 항쟁의 거리를 빠져나간 부끄러움을 간직한 제가 시민들과 함께 심판할 것입니다. 구천으로 떠나가 아직도 너무 원통해 두 눈을 감지 못하고 있을 내 동포, 내 형제의 영령들에게 부끄럽지 않게 분명히 우리는 정확히 심판해야 할 것입니다.

5·18 때 시위에 참가했다가 계엄군의 총탄에 숨진 고등학생 박용준은 마지막 날 일기에 이렇게 썼다.

우리의 피를 원한다면
이 조그마한 한 몸의 희생으로
자유라는 대가를 얻을 수 있다면
희생하겠다.
헬기 소리, 또 총소리
싸우다 쓰러져간 학우
그리고 광주시민

나도 부끄럽지 않게 일어서리라.

광주가 계엄군에 진압당하고 4일 뒤인 5월 31일, 서강대 학생 김의기는 기독교회관 6층에서 투신했다. 자신의 목숨을 던지면서 '우리는 지금 무엇을 하고 있는가?'라고 절규했다. 그가 몸을 날리며 뿌린 「동포에게 드리는 글」에는 다음과 같이 적혀 있었다.

동포여, 우리는 지금 무엇을 하고 있는가?
무장한 살육으로 수많은 선량한 민주시민들의 뜨거운 피를 뜨거운 5월의 하늘 아래 뿌리게 한 남도의 봉기가 유신잔당들의 악랄한 언론탄압으로 왜곡과 거짓과 악의에 찬 허위선전으로 분칠해지고 있는 것을 보는 동포여, 우리 지금 무엇을 하고 있는가?

1980년 5월 23일, 전남도청 앞 광장에서 '제1차 민주수호 범시민 궐기대회'가 열렸다. 오후 3시경, 시민 15만여 명이 모인 이 궐기대회에 고등학생 최치수가 연단에 올라 자신과 같은 학생들을 향해 외쳤다.

고등학생 여러분! 제가 이 자리에 올라온 것은 고등학생 여러분에게 데모를 하자거나 누구를 쳐부수자고 선동하기 위해서가 아닙니다. 이런 일은 어른들에게 맡겨두고 우리는 거리를 정리하는 등 고등학생들이 할 수 있는 일을 합시다. 제 말에 공감하시는 분들은 도청 민원실 앞에 모여주십시오.

당시 《뉴욕 타임스》 서울주재 기자였던 심재훈은 다음과 같이 증언했다.

나는 5·18 광주항쟁이 아시아의 타 지역에서 발생한 여느 봉기와 다르다는 점을 발견했다. (중략)

그러나 광주는 달랐다. 탄압을 뚫고 진상 규명을 이뤄냈으며 그 불길이 아직도 타고 있다. 특히 아시아 지역의 현대사에 민중이 자발적으로 무장하여 독재정권에 항거한 사건은 광주 한 군데뿐이다. 내가 아는 한 어느 나라에서도 광주와 같은 경우는 없었다.

사형을 선고받고 옥고를 치른 뒤 미국으로 망명했다가 귀국한 김대중은 1986년 5월 18일, 광주항쟁 6주년을 맞아 광주에 가서 망월동 묘지를 참배하고 유족들을 만나 위로하고자 했다. 그러나 새벽부터 경찰 수백 명이 동교동의 김대중 자택을 겹겹이 포위하는 바람에 이 일은 성사되지 못했다.

결국 김대중은 자신을 대신해 부인 이희호와 장남 김홍일을 보냈다. 김대중은 이듬해인 1987년 9월 8일에 망월동을 방문할 수 있었다. 5·18 광주민주화운동이 벌어진 지 7년 만이었다. 그는 그동안 맺힌 한을 토해내듯 추도사를 읽었다.

존경하고 사랑하는 영령들이여!
한없이 한없이 사모하는 영령들이여!
김대중이가 여기 왔습니다. 꼭 죽게 되었던 내가, 하나님과 여러분들의 가호로 죽지 않고 살아서 7년 만에 여기 망월동의 영령 앞에 섰습니다.

광주! 무등산! 망월동!

감옥에서, 미국 땅에서, 그리고 서울 하늘 아래서 얼마나 많은 피눈물을 자아내고 가슴을 떨리게 한 이름이었던가!

이제 나는 그토록 그립고 그토록 외경스러웠던 광주와 무등산과 망월동에 오니, 한편으로는 어머니 품에 안긴 안도감을 느끼고, 한편으로는 준엄한 심판대에 선 것 같은 두려움을 아울러 느끼지 않을 수 없습니다.

여러분의 죽음에 대한 전 세계적인 관심과 동정의 도움으로 구차한 목숨을 부지할 수 있었지만, 나는 과연 여러분과 여러분의 유가족을 위해 무엇을 했단 말입니까? 그리고 무슨 염치로 오늘 여기에 감히 나타날 수 있단 말입니까. 부끄럽기 짝이 없습니다. 오직 죄책감에 몸 둘 바를 모르는 심정입니다.

광주민주화운동의 역사성과 정맥正脈

5·18 광주항쟁은 신군부에 의해 압살당한 우리 민주주의의 맥을 살리고 전승하는 민주화운동이었다.

박정희의 쿠데타와 유신체제로 민주주의가 질식되었다가 10·26 의거로 간신히 소생하던 것을 전두환의 5·17 쿠데타와 광주학살로 명맥이 짓밟혔다.

광주항쟁이 아니었으면 우리는 더 긴 세월 압제에 시달리고 민주

5·18 전경화 〈슬픈 전쟁〉. 계엄군의 무력 진압에 시민군은 마지막 선택을 하게 된다.

주의는 지체되었을 것이다. 광주항쟁을 계기로 학생·노동자·민주인사들이 암흑 속에서 자신을 불태워 민주화의 불꽃을 잇고, 이 불씨들이 모여 마침내 1987년 6월 민주항쟁으로 타올랐다.

4·19 혁명이 민주화의 디딤돌이었다면 5·18 광주항쟁은 징검다리가 되고, 6월항쟁은 건널목이고, 촛불시위로 마침내 광장에 이르렀다고 할 것이다.

그렇다면 5·18의 역사성과 가치, 성과는 무엇이고, 지금 어느 지점에 이르렀고, 어떤 의미가 있는 것일까? 필자가 나름 정리한 5·18의 특징은 다음과 같다.

첫째, 복합적인 시민혁명의 성격을 갖는다. 항쟁에는 근로 빈민·농업·무직·운전기사·영세업자·행상·노점상 등 기층 민중과, 학생·회사원·교수·교사·공무원·성직자·변호사·약사 등 중산층이 두루 참여하고, 사망자·부상자·구속자·실종자의 계층도 다양했다(다음 쪽의 표 〈구속자, 사망자, 부상자, 직업분류〉 참조).

구속자, 사망자, 부상자, 직업분류[3]

분류 직업	구속자	사망자	부상자	계
근로 빈민	127명(35.6%)	37명(35.3%)	9명(10.2%)	173명(31.4%)
대학생	69명(19.3%)	8명(7.6%)	12명(13.5%)	89명(16.2%)
농 업	34명(9.5%)	2명(1.9%)	5명(5.6%)	41명(7.4%)
회사원	22명(6.2%)	9명(8.6%)	9명(10.2%)	40명(7.3%)
무	5명(1.4%)	11명(10.5%)	22명(24.8%)	38명(6.9%)
운전기사	21명(5.9%)	7명(6.7%)	5명(5.6%)	33명(6.0%)
중·고교생	13명(3.6%)	14명(13.3%)	6명(6.7%)	33명(6.0%)
상 업	10명(2.8%)	10명(9.6%)	12명(13.5%)	32명(5.8%)
방 위	10명(2.8%)	1명(0.9%)	2명(2.2%)	13명(2.4%)
영세업자	7명(2.0%)	1명(0.9%)	4명(4.5%)	12명(2.2%)
교 사	12명(3.4%)	—	—	12명(2.2%)
행상·노점상	7명(2.0%)	2명(1.9%)	1명(1.1%)	10명(1.8%)
공무원	6명(1.7%)	2명(1.9%)	1명(1.1%)	9명(1.6%)
성직자	7명(2.0%)	—	—	7명(1.3%)
교 사	3명(0.8%)	—	—	3명(0.5%)
변호사	2명(0.6%)	—	—	2명(0.4%)
약 사	1명(0.2%)	—	—	1명(0.2%)
신민당원	1명(0.2%)	—	—	1명(0.2%)
국교생	—	1명(0.9%)	1명(1.1%)	2명(0.4%)
계	357명(100.0%)	105명(100.0%)	89명(100.0%)	51명(100.0%)

둘째, 5·18의 목표가 뚜렷했다. 민주주의 회복, 불법적인 비상계엄 철폐, 유신잔당 퇴진, 김대중 석방 등 민주주의를 추구하는 데 목적이 있었다. 계엄 당국과 족벌신문 등이 붉은색을 칠하려고 시도했지만, 시민들의 시위구호나 각종 성명서·유인물은 하나같이 민주주의를 목표로 삼았다.

셋째, 5·18은 무장봉기였다. 한국 근현대사에서 동학농민혁명을 제외하고는 민중운동사에서 무장봉기의 경우는 찾기 어렵다. 광주항쟁은 박정희 군부독재 18년을 겪은 시민들이 미국의 지원을 받은 신군부의 계엄 특수부대와 대항하려면 일정한 무장이 요구되었고, 정당방위 차원에서 무장을 갖추게 되었다. 그래서 계엄군으로부터의 희생을 최소화할 수 있었다.

넷째, 민족자주정신을 체현했다. 항쟁 기간 동안 평화통일론이 제기되고, 미군의 역할과 주한 미대사의 망언이 전해지면서 민족자주론이 나오고, 항쟁 후에는 대학생들이 광주미문화원과 부산미문화원 등을 점거하기에 이르렀다. 이런 과정에서 5·18 당시 미국의 책임을 묻게 되고, 일부에서는 주한미군철수론이 제기되었다.

다섯째, 시민공동체 정신을 발현했다. 행정질서가 마비된 상태에서, 그리고 외부와의 연결이 차단된 상황에서 시민들은 질서를 유지하고 생필품을 나눠 쓰고, 헌혈에 앞장서는 등 자치와 코뮌을 이루었다. 우리 역사에서 보기 드문 사례에 속한다.

여섯째, 고도의 도덕성을 유지했다. 항쟁 기간 동안 상당량의 총기가 시민들 손에 들어갔음에도 불구하고 은행·백화점·금은방·부호 등이 단 한 건도 털리거나 습격당하지 않았다는 것은, 세계 각국의 시위 사태에서 나타난 현상과 비교할 때 특수한 경우가 아닐 수 없다. 광주항쟁은 그만큼 도덕성의 바탕에서 진행되고 윤리성이 지켜졌다.

일곱째, 광주항쟁은 신군부에 의해 수립된 전두환·노태우 정권이 국민적 정통성을 갖지 못하도록 만들었다. 5·16 쿠데타와 유신 정변이 반헌법적인 역모였음에도 불구하고 나름의 연속성을 갖는 데 비해 5공과 6공이 역사적인 정당성과 정통성을 갖지 못하게 된 것은 광주항쟁이 있었기 때문이다.

여덟째, 군부의 정치개입에 경각심을 불러일으켰다. 불법적인 계엄군에 광주의 시민군이 맞서고, 항쟁 이후 전두환·노태우 등 주모자들을 법정에 세우면서, 군부 내의 야심가들에게 레드카드가 제시되었다.

아홉째, '박정희→전두환→노태우→김영삼'으로 이어지며 영남 출신 대통령이 정권을 독점해온 것을 광주항쟁의 정신이 호남 출신의 김대중으로 잠시나마 교체됨으로써 지역평준화를 이루게 되었다. 김대중의 집권은 해방 후 최초의 여야 간 수평적 정권교체임과 더불어 지역교체의 의미를 갖는다. 그런 뜻에서 정치발전의 큰 요인으로 지목된다.

열째, 광주항쟁은 민족사의 면면한 저항의 맥락을 승계하고 확산했다. '동학혁명→만민공동회→의병→3·1 혁명→임시정부→의열단→독립군→광복군→4월혁명→부마항쟁→광주민주화운동→6월항쟁→촛불혁명'으로 이어지는 민족사의 정맥正脈을 잇고, 향후 민주화와 민족통일운동의 동맥動脈으로 작용할 것이다.

《한겨레》(2020년 4월 27일 자)에 따르면, "5·18 민주화운동 당시 계엄군이 1980년 5월 21일뿐만 아니라 27일 옛 전남도청 진압작전에도 무장 헬기 사용을 계획"했다고 한다. "27일 도청 진압작전을 앞두고 무장 헬기 편성을 사전 계획한 문건(전교사 충정작전계획)"에서 확인된 것이라고 한다. 앞으로도 거짓과 왜곡 속에 가려진 진실들이 만천하에 드러나고, 광주민주화운동이 역사의 정좌正座에 자리 잡을 수 있도록 학살자들의 재심을 비롯해 망언자들의 처벌 등이 뒤늦게나마 이루어지기를 기대한다.

주_註

들머리에

1. 강만길, 「5·18 광주민중항쟁의 민족사적 성격」, 한국현대사사료연구
   소, 『역사와 현장 1』, 남풍, 1990a, 28쪽.
2. 박현채, 「80년대 민족민주운동에서 5·18 광주민중항쟁의 의의와 역
   할」, 위의 책, 55쪽.

신군부 쿠데타의 전사_{前史}

1. 고나무, 『아직 살아 있는 자 전두환』, 북콤마, 2013, 28쪽.
2. 광주매일 '정사 5·18' 특별취재반, 『정사_{正史} 5·18: 상_上』, 사회평론,
   1995, 94~95쪽.
3. 위의 책, 101쪽.

광주학살의 배경

1. 정상용 외, 『광주민중항쟁』, 돌베개, 1990, 98쪽.
2. 김진경, 『5·18 민중항쟁』, 민주화운동기념사업회, 2004, 49쪽.
3. 정상용 외, 앞의 책, 100쪽.
4. 「미국 정부의 성명서」, 제26항; 여기서는 위의 책, 138~140쪽, 재인
   용.
5. 위의 책, 140쪽.

6. 위의 책, 118~119쪽.

7. 위의 책, 139~140쪽.

8. 육군본부, 「작전상황일지」, 요약.

9. 김정남, 「광주민주화운동의 전야: 전두환 군부와 남도의 저항」, 《생활성서》, 2002년 10월호, 생활성서사, 2002, 46쪽.

10. 강준만, 『한국 현대사 산책: 1980년대 편⑴』, 인물과사상사, 2003, 120쪽.

11. 박현채, 앞의 글, 48~49쪽.

12. 위의 글, 50쪽.

13. 강준만, 『전라도 죽이기』, 개마고원, 1995, 58쪽.

항쟁과 학살의 전주곡

1. 정상용 외, 앞의 책, 153~154쪽.

2. 위의 책, 154쪽.

3. 윤재걸, 『작전명령 - 화려한 휴가: 광주민중항쟁의 기록』, 실천문학사, 1988, 90~91쪽.

4. 한국현대사사료연구소, 『광주5월민중항쟁사료전집』, 1990b, 풀빛, 222쪽.

5. 위와 같음.

6. 위의 책, 22~23쪽.

7. 황석영 외, 『죽음을 넘어 시대의 어둠을 넘어(전면 개정판)』, 창비, 2017, 62쪽.

8. 한국현대사사료연구소 편, 앞의 책, 1990b, 22쪽.

9. 광주매일 '정사 5·18' 특별취재반, 앞의 책, 145쪽.

10. 위와 같음.

11. 위와 같음.

도청 앞의 첫 격돌과 시내시위

1. 윤재걸, 앞의 책, 92쪽.

2. 위와 같음.

3. 황석영 외, 앞의 책, 67쪽.

4. 광주매일 '정사 5·18' 특별취재반, 앞의 책, 165쪽.

5. 한국현대사사료연구소, 앞의 책, 1990b, 25쪽.

6. 윤재걸, 앞의 책, 93~94쪽.

7. 《월간 말》, 1988년 5월호, 민주언론운동협의회, 1988.

8. 윤재걸, 앞의 책, 93쪽.

9. 위의 책, 94쪽.

10. 광주매일 '정사 5·18' 특별취재반, 앞의 책, 166쪽.

11. 위의 책, 158쪽.

12. 한국현대사사료연구소, 앞의 책, 1990b, 26쪽.

13. 위와 같음.

14. 위의 책, 27쪽.

둘째 날의 항쟁과 진압

1. 한국현대사사료연구소, 앞의 책, 1990b, 28쪽.

2. 위의 책, 28~29쪽.

3. 광주매일 '정사 5·18' 특별취재반, 앞의 책, 158~159쪽.

4. 위의 책, 182~183쪽.

5. 위의 책, 31쪽.

6. 위의 책, 37쪽.

7. 최영진, 『한국 지역주의와 정체성의 정치』, 오름, 1999, 286~287쪽; 여기서는 강준만·김환표, 『희생양과 죄의식: 대한민국 반공의 역사』, 개마고원, 2004, 206쪽, 재인용.

8. 박남선, 『피고인에게 사형을 선고한다』, 샘물, 1999, 121~122쪽.

9. 5·18광주민중항쟁유족회, 『광주민중항쟁비망록』, 남풍, 1989, 235쪽.

10. 정상용 외, 앞의 책, 194~195쪽.

11. 한국현대사사료연구소, 앞의 책, 1990b, 33쪽.

12. 강준만·김환표, 앞의 책, 207쪽.

13. 광주광역시 5·18사료편찬위원회, 『5·18광주민주화운동자료총서 ⑵』, 광주광역시, 1997, 22쪽.

14. 위와 같음.

셋째 날의 항쟁과 살육

1. 한국현대사사료연구소, 앞의 책, 1990b, 32쪽.

2. 최정운, 『오월의 사회과학』, 풀빛, 2005, 137쪽.

3. 광주광역시 5·18사료편찬위원회, 앞의 책, 23쪽.

4. 김영택, 『5월 18일 광주: 광주민중항쟁 그 원인과 전개과정』, 역사공
   간, 2010; 여기서는 황석영 외, 앞의 책, 135~136쪽, 재인용.

5. 김진경, 앞의 책, 63쪽.

6. 위와 같음.

7. 정상용 외, 앞의 책, 200쪽.

8. 《월간 말》, 1989년 5월호, 민주언론운동협의회, 1989.

9. 위의 책, 205쪽.

10. 황석영 외, 앞의 책, 153~154쪽.

11. 정상용 외, 앞의 책, 203쪽.

12. 한국현대사사료연구소, 앞의 책, 1990b, 37쪽.

13. 위의 책, 42쪽.

14. 광주매일 '정사 5·18' 특별취재반, 앞의 책, 184~185쪽.

15. 위의 책, 185쪽.

16. 위와 같음.

17. 위와 같음.

18. 노영기, 「5·18 항쟁기 민간인 희생자들을 위한 진혼곡」, 《역사비
    평》, 2001년 봄호, 역사비평사, 2001, 217쪽.

19. 김진경, 앞의 책, 63~64쪽.

20. 광주매일 '정사 5·18' 특별취재반, 앞의 책, 274~275쪽.

넷째 날의 항쟁과 살육

1. 윤재걸, 앞의 책, 108쪽.

2. 한국현대사사료연구소, 앞의 책, 1990b, 54쪽.

3. 정상용 외, 앞의 책, 216쪽.

4. 황석영 외, 앞의 책, 186쪽.

5. 윤재걸, 앞의 책, 109~110쪽.

6. 강만길, 앞의 글, 30쪽.

7. 한국기자협회 외, 『5 · 18 특파원리포트』, 풀빛, 1997, 66쪽.

8. 광주광역시 5 · 18사료편찬위원회, 앞의 책, 33쪽.

9. 위의 책, 34쪽.

10. 윤재걸, 앞의 책, 108~109쪽.

11. 정상용 외, 앞의 책, 219쪽.

12. 최정운, 앞의 책, 150쪽.

13. 위와 같음.

14. 강준만 · 김환표, 앞의 책, 204쪽.

15. 노영기, 앞의 글, 224~225쪽.

16. 정상용 외, 앞의 책, 221쪽

17. 위와 같음.

18. 서중석, 「광주학살 · 광주항쟁은 민족사의 분수령이었다」, 《역사비평》, 1989년 여름호, 역사비평사, 1989, 38~39쪽.

19. 정상용 외, 앞의 책, 238쪽.

20. 김영택, 『10일간의 취재수첩』, 사계절, 1988, 111쪽.

21. 광주매일 '정사 5·18' 특별취재반, 앞의 책, 310쪽.

22. 20사단, 『충정작전상보(1980. 5. 21~5. 29)』, 1980.

23. 노영기, 앞의 글, 227쪽.

24. 5·18광주민중항쟁유족회, 앞의 책, 139쪽.

25. 《경향신문》, 2019년 4월 8일 자.

26. 한국현대사사료연구소, 앞의 책, 1990b, 73쪽.

다섯째 날의 항쟁과 질서회복

1. 한국현대사사료연구소, 앞의 책, 1990b, 76쪽.

2. 김영택, 앞의 책, 1988, 279쪽.

3. 황석영 외, 앞의 책, 279쪽.

4. 한국현대사사료연구소, 앞의 책, 1990b, 77쪽.

5. 김영택, 앞의 책, 1988, 279쪽.

6. 윤재걸, 앞의 책, 117쪽.

7. 광주광역시 5·18사료편찬위원회, 앞의 책, 34쪽.

8. 정석환, 「비화, 5·18 당시 정보부 전남지부장 정석환 비망록, 전두환
   은 공수부대장에게 진압격려금 내려보냈다」, 《신동아》, 1996년 1월
   호; 여기서는 강준만, 앞의 책, 2003, 143쪽, 재인용.

9. 이윤재, 『정치지도자의 정신분석』, 태양문화사, 1978, 11쪽.

10. 정상용 외, 앞의 책, 241~242쪽.

11. 「전두환 CIA 부장서리의 발언」, 5·18민주유공자유족회, 『5·18성명
    서 1』, 5·18기념재단; 여기서는 황석영 외, 앞의 책, 298~300쪽, 재

인용.

12. 이상우, 『군부와 광주와 반미』, 청사, 1988, 94쪽.

13. 위의 책, 103쪽.

여섯째 날의 항쟁과 시민 자위

1. 윤재걸, 앞의 책, 117쪽.

2. 한국현대사사료연구소, 앞의 책, 1990a, 92~93쪽.

3. 위의 책, 85쪽.

4. 위의 책, 87쪽.

5. 황석영 외, 앞의 책, 307~308쪽.

6. 강준만, 앞의 책, 2003, 147쪽.

7. 윤재걸, 앞의 책, 120~121쪽.

8. 한국현대사사료연구소, 앞의 책, 1990a, 91쪽.

9. 위와 같음.

10. 윤재걸, 앞의 책, 118쪽.

11. 황석영 외, 앞의 책, 307쪽.

12. 한국기자협회 외, 앞의 책, 117쪽.

13. 위의 책, 85~86쪽.

14. 김영택, 앞의 책, 1988, 134쪽.

15. 국방부, 「광주사태의 실상」, 1980년 5월 23일.

16. 광주광역시 5·18사료편찬위원회, 앞의 책, 44쪽.

17. 위의 책, 45쪽.

18. 위의 책, 48쪽.

19. 한국기자협회·80년 해직언론인협의회, 『80년 5월의 민주언론』, 나남출판, 1997, 80~81쪽.

항쟁과 수습대책

1. 김영택, 앞의 책, 1988, 153쪽.

2. 위의 책, 156쪽.

3. 한국현대사사료연구소, 앞의 책, 1990a, 104쪽.

4. 대한민국재향군인회, 『12·12, 5·18 실록』, 1997, 300쪽.

5. 황석영 외, 앞의 책, 319~320쪽.

6. 윤재걸, 앞의 책, 123쪽.

7. 황석영 외, 앞의 책, 320쪽.

8. 위와 같음.

9. 한국현대사사료연구소, 앞의 책, 1990a, 105쪽.

10. 위와 같음.

11. 노영기, 앞의 글, 228쪽.

12. 정상용 외, 앞의 책, 277쪽.

여덟째 날: 시민자치와 계엄 당국의 음모

1. 한국현대사사료연구소, 앞의 책, 1990a, 106쪽.

2. 강준만, 앞의 책, 2003, 151쪽.

3. 윤재걸, 앞의 책, 125쪽.

4. 한국현대사사료연구소, 앞의 책, 1990a, 106쪽.

5. 광주광역시 5·18사료편찬위원회, 앞의 책, 63쪽.

6. 정재호, 『오월꽃 피고 지는 자리』, 전라도닷컴, 2004, 113쪽.

7. 육군본부, 『소요진압과 그 교훈: 광주사태의 종합분석』, 66쪽.

8. 위의 책, 114쪽.

9. 위의 책, 63쪽.

10. 정상용 외, 앞의 책, 295쪽.

11. 위의 책, 296~297쪽.

12. 광주광역시 5·18사료편찬위원회, 앞의 책, 66쪽.

최후까지 협상 시도했지만

1. 윤재걸, 앞의 책, 128쪽.

2. 정상용 외, 앞의 책, 298쪽.

3. 윤재걸, 앞의 책, 128쪽.

4. 한홍구, 「광주민중항쟁과 죽음의 자각」, 《창작과 비평》, 2010년 여름
   호, 창비, 2010, 402쪽.

5. 위와 같음.

6. 정상용 외, 앞의 책, 298쪽.

7. 윤재걸, 앞의 책, 129~130쪽, 재인용.

8. 위의 책, 130~131쪽, 재인용.

9. 광주광역시 5·18사료편찬위원회, 앞의 책, 96쪽.

10. 위의 책, 73쪽.

11. 황석영 외, 앞의 책, 381쪽.

12. 윤재걸, 앞의 책, 135쪽.

13. 광주광역시 5·18사료편찬위원회, 앞의 책, 86쪽.

14. 위의 책, 82쪽.

15. 위의 책, 83쪽.

16. 위의 책, 80쪽.

17. 황석영 외, 앞의 책, 390쪽.

18. 한국기자협회 외, 앞의 책, 133쪽.

19. 김영택, 앞의 책, 1988, 238쪽.

20. 전남사회문제연구소, 『윤상원 평전: 들불의 초상』, 풀빛, 1991, 120~121쪽.

21. 노명식, 『프랑스 혁명에서 파리 꼼뮨까지: 1789~1871』, 까치, 1980, 284쪽.

22. 황석영 외, 앞의 책, 383~384쪽.

재진입한 계엄군의 무자비한 학살

1. 한국기자협회 외, 앞의 책, 43~44쪽.

2. 한국현대사사료연구소, 앞의 책, 1990a, 115쪽.

3. 정상용 외, 앞의 책, 310쪽.

4. 최영태 외, 『5·18 그리고 역사: 그들의 나라에서 우리의 나라로』, 도서출판 길, 2008, 131쪽.

5. 위와 같음.

6. 위의 책, 132쪽.

7. 위와 같음.

8. 정상용 외, 앞의 책, 312쪽.

9. 위와 같음.

10. 위와 같음.

11. 위와 같음.

12. 황석영 외, 앞의 책, 423쪽.

13. 위와 같음.

14. 한국현대사사료연구소, 앞의 책, 1990a, 118쪽.

15. 황석영 외, 앞의 책, 409쪽.

16. 정상용 외 앞의 책, 315~316쪽.

17. 위의 책, 410쪽.

18. 하종강, 「하종강의 노동과 꿈」; 여기서는 한홍구, 『지금 이 순간의 역사』, 한겨레출판, 2010, 402쪽, 재인용.

19. 위의 책, 402~403쪽.

20. 황석영 외, 앞의 책, 411쪽.

21. 위의 책, 410쪽.

22. 윤재걸, 앞의 책, 137쪽.

23. 전남사회운동협의회, 『죽음을 넘어 시대의 어둠을 넘어』, 풀빛, 1985; 여기서는 강준만, 앞의 책, 2003, 156쪽, 재인용.

24. 노영기, 앞의 글, 266쪽.

25. 위의 책, 266~267쪽.

신군부의 무자비한 진압 실상

1. 《한국일보》, 1980년 6월 1일 자.

2. 여성신문사 편집부, 「조아라: 나는 아직도 광주가 생생합니다」, 『이야기 여성사 1: 한국 여성의 삶과 역사』, 2000; 여기서는 강준만, 앞의 책, 2003, 159~160쪽, 재인용.

3. 정재호, 앞의 책, 133쪽.

4. 강준만, 앞의 책, 2003, 160쪽.

5. 아널드 A. 피터슨, 정동섭 옮김, 『5·18 광주사태』, 171쪽, 풀빛, 1995; 여기서는 강준만, 앞의 책, 2003, 160쪽, 재인용.

6. 브루스 커밍스, 김동노·이규선·이진준·한기욱 옮김, 『브루스 커밍스의 한국 현대사』, 창비, 2001.

7. 정재호, 앞의 책, 133쪽.

광주 두 번 죽인 왜곡보도와 학살자들

1. 광주광역시 5·18사료편찬위원회, 앞의 책, 48쪽.

2. 위의 책, 98쪽.

3. 「광주민중항쟁진상규명운동」, 《흐름》, 1988년 9월 창간호, 46~47쪽.

4. 황석영 외, 앞의 책, 483쪽.

5. 「광주민중항쟁진상규명운동」, 《흐름》, 1988년 9월 창간호, 48~49쪽.

6. 《월간 말》, 1990년 5월호, 민주언론운동협의회, 1990.

7. 《한국일보》, 1997년 4월 18일 자.

탄압 속에서도 꺼지지 않는 불꽃

1. 리처드 워커, 이종수·황유석 옮김, 『한국의 추억』, 한국문원, 1988, 43쪽.

2. 정근식, 「광주민중항쟁과 지역문제」, 김종철·최장집 편, 『지역감정연구』, 학민사, 1991, 140~141쪽.

3. 임진철, 《대학신문》, 1988년 5월 16일 자.

4. 정근식, 앞의 글, 140~141쪽.

5. 위와 같음.

남은 과제와 제언 그리고 기억

1. 국방부가 국회에 제출한 '충정작전 유공 포상자 명단'.

2. 안병욱, 「5·18, 민족사적 인식을 넘어 세계사의 지평으로」, 학술단체협의회 편, 『5·18은 끝났는가』, 푸른숲, 1999, 28쪽.

3. 전남민주청년운동협의회(전청협), 《광주》, 제3호, 1985년 5월 10일.

지은이_**김삼웅**

독립운동사 및 친일반민족사 연구가로, 현재 신흥무관학교 기념사업회 공동대표를 맡고 있다. 《대한매일신보》(지금의《서울신문》) 주필을 거쳐 성균관대학교에서 정치문화론을 가르쳤으며, 4년여 동안 독립기념관장을 지냈다. 민주화운동관련자 명예회복 및 보상심의위원회 위원, 제주 4·3사건 희생자 진상규명 및 명예회복위원회 위원, 백범학술원 운영위원 등을 역임하고 친일반민족행위진상규명위원회 위원, 친일파재산환수위원회 자문위원, 국립대한민국임시정부기념관건립위원회 위원, 3·1운동·임시정부수립100주년기념사업회 위원 등을 맡아 바른 역사 찾기에 부단히 노력하고 있다.
역사·언론 바로잡기와 민주화·통일운동에 큰 관심을 두고, 독립운동가와 민주화운동에 헌신한 인물의 평전 등 이 분야의 많은 저서를 집필했다. 주요 저서로『한국필화사』,『백범 김구 평전』,『을사늑약 1905 그 끝나지 않은 백년』,『단재 신채호 평전』,『만해 한용운 평전』,『안중근 평전』,『이회영 평전』,『노무현 평전』,『김대중 평전』,『안창호 평전』,『빨치산 대장 홍범도 평전』,『김근태 평전』,『독부 이승만 평전』,『안두희, 그 죄를 어찌할까』,『10대와 통하는 독립운동가 이야기』,『몽양 여운형 평전』,『우사 김규식 평전』,『위당 정인보 평전』,『김영삼 평전』,『보재 이상설 평전』,『의암 손병희 평전』,『조소앙 평전』,『백암 박은식 평전』,『나는 박열이다』,『박정희 평전』,『신영복 평전』,『현민 유진오 평전』,『송건호 평전』,『외솔 최현배 평전』,『3·1 혁명과 임시정부』,『장일순 평전』,『의열단, 항일의 불꽃』,『수운 최제우 평전』등이 있다.

꺼지지 않는 오월의 불꽃: 5·18 광주혈사

1판 1쇄 인쇄   2020년 5월 11일
1판 1쇄 발행   2020년 5월 18일

지은이   김삼웅 **펴낸이**   조추자 **펴낸곳**   도서출판 두레
등 록   1978년 8월 17일 제1-101호
주 소   (04207) 서울시 마포구 마포대로 14가길 4-11
전 화   02)702-2119(영업), 02)703-8781(편집)
팩스 / 이메일   02)715-9420 / dourei@chol.com
기획·편집 장우봉 **디자인** 최진아 **영업** 신태섭

글ⓒ김삼웅, 2020
사진: 57·65·75·103·127·149·252·263·279·297·320쪽 ⓒ 나경택(5·18기념재단 제공), 89·119·138·220쪽 ⓒ 이창성(5·18기념재단 제공), 187쪽 ⓒ 찰스 베츠 헌틀리(5·18기념재단 제공), 9·341쪽 ⓒ 5·18기념재단

ISBN 978-89-7443-130-3 03910